GPT 时代的

量化交易

底层逻辑与技术实践

罗勇　卢洪波　等编著

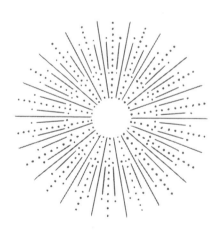

电子工业出版社
Publishing House of Electronics Industry
北京•BEIJING

内 容 简 介

ChatGPT 的横空出世，使得量化交易编程工具的使用门槛迅速降低，掌握量化交易的底层逻辑就成了重中之重。本书着重介绍量化交易模型的底层逻辑和技术实践，梳理了基本面量化、资产配置量化、贝塔量化、阿尔法量化和另类量化这 5 种量化交易策略，并给出了相应的实战案例及代码，初步探索了运用 GPT 来实现其逻辑的技术路径，从理论到实践，助你轻松上手量化交易。

本书适合对量化交易感兴趣的广大投资者，尤其适合希望转型量化交易的程序员参考阅读。

图书在版编目（CIP）数据

GPT 时代的量化交易：底层逻辑与技术实践 / 罗勇等编著. —北京：电子工业出版社，2023.9
ISBN 978-7-121-46247-4

Ⅰ．①G… Ⅱ．①罗… Ⅲ．①人工智能－应用－投资－量化分析 Ⅳ．①F830.59-39

中国国家版本馆 CIP 数据核字（2023）第 167692 号

责任编辑：孙学瑛
印　　刷：三河市龙林印务有限公司
装　　订：三河市龙林印务有限公司
出版发行：电子工业出版社
　　　　　北京市海淀区万寿路 173 信箱　　邮编 100036
开　　本：787×980　1/16　印张：18.75　字数：327.8 千字
版　　次：2023 年 9 月第 1 版
印　　次：2024 年 3 月第 2 次印刷
定　　价：118.00 元

凡所购买电子工业出版社图书有缺损问题，请向购买书店调换。若书店售缺，请与本社发行部联系，联系及邮购电话：（010）88254888，88258888。

质量投诉请发邮件至 zlts@phei.com.cn，盗版侵权举报请发邮件至 dbqq@phei.com.cn。

本书咨询联系方式：sxy@phei.com.cn。

专家赞誉

时代呼唤，应运而生。本书系统阐述了量化投资的底层逻辑和实践方法，提供了丰富的量化交易策略，有利于投资者完善量化交易体系和投资框架。

如开此卷，定有裨益。

杨晓光

杨晓光，中国科学院数学与系统科学研究院研究员、博导，中国科学院管理、决策与信息系统重点实验室副主任，中国科学院预测科学研究中心副主任，中国青年科技奖、国家杰出青年科学基金、北京市科学技术进步奖一等奖、教育部科学技术进步奖一等奖、茅以升青年科技奖等奖项的获得者，是国务院特殊贡献专家。

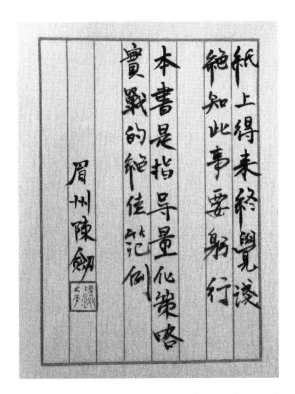

纸上得来终觉浅，绝知此事要躬行。

本书是指导量化策略实战的绝佳范例。

眉州 陈剑

陈剑，马里兰大学史密斯商学院管理科学博士，复旦大学泛海国际金融学院金融学实践教授，成都市复旦西部国际金融研究院研究员，信风金融科技的创始人兼CEO，联科熙和碳中和产业战略研究院研究员，中国资产证券化论坛信息披露专委会主席。

大数据和超级算力把证券投资交易行业带进智能时代，传统的投资思想结合智慧投资技术必将在证券投资市场大放异彩。本书让我们看到在这个新世界中会发生的改变。

卢申林

纽约大学柯朗数学研究所博士

上海睿值私募基金管理有限公司　总经理

随着 GPT 时代的来临，量化交易成为大势所趋，本书非常全面地诠释了量化投资的体系与实践，相信读者能从本书中得到更多启发。

何晓敏

五矿证券研究所　研究员

前言
万物皆可量化

德国哲学家恩格斯说："任何一门科学的真正完善在于数学工具的广泛应用。"换句话说，任何一门学科，只有能用数学来描述，才是科学的。故而，有了"万物皆可量化"的底层认知。基于此，30 年来，我一直坚信"数学"是拨开投资迷雾的必由之路。

当我们把投资当作"数学"来研究的时候，投资就不再是一门无法预测的艺术。市场变化的背后应当有其数学逻辑，这也是我一直强调的"在投资中，底层思维逻辑最重要，而具体的工具不重要"的原因。没想到，技术进步很快让这句话变成了现实。

在写书的过程中，ChatGPT 横空出世，这让广大投资者可以更加方便地使用各类编程工具。当工具的使用门槛迅速降低时，掌握量化交易的底层逻辑就成了重中之重。而在当下的图书市场中，讲量化交易编程工具的书很多，但讲量化交易模型底层逻辑的书很少。

无巧不成书，2022 年，我在互联网上做了 10 节量化交易直播课，主要针对的是全国想转型量化交易的程序员，因此课程的重点就放在了量化交易的底层逻辑而非编程实现上。没想到，这个课程很受大家欢迎，再加上出版社约稿，于是就有了这本书，而本书的重点就是量化交易的底层逻辑。

　　尤其让我感动的是，课程的很多学员主动参与了本书的写作和修订。他们有的是金融行业的领军人物，有的是大厂的资深程序员，还有的是纵横市场多年的实战者。在大家的帮助下，本书的内容获得了极大的丰富和深化，出乎我的意料。

　　在量化交易的世界里，每位投资者选择的交易策略是千差万别的，具体可以概括成 5 种交易策略：基本面量化、资产配置量化、阿尔法量化、贝塔量化和另类量化。在每种交易策略上，我们都可以看到世界级投资大师们留下的足迹。本书没有偏向任何一种量化交易策略，而是将选择权交给读者，我相信总有一种量化交易策略会与你的人生观和认知观相匹配。

　　在写书的过程中，中国市场迎来了巨大的变化，全面注册制让股票市场的慢牛开始酝酿成熟，个人养老金的推出也让更多机构开始寻找量化交易模型进行长期投资。再过 10 年，我相信在"万物皆可量化"的路上，会有更多的投资者与我们同行。

罗勇

2023 年 8 月

目录

1

第 1 章
量化交易基础入门

1.1　量化交易的基本定义

维基百科对于量化交易的定义：

量化交易又称量化价值交易，是一种根据财务报表细项、经济数据、非结构化数据等基本数据来系统分析的价值投资方式。从业者在量化交易时会涉足统计/经验金融或数学金融、行为金融、自然语言处理和机器学习等领域。

本书对于量化交易的定义：

量化交易是通过在不确定的金融市场中寻找确定性，从而在特定范围内利用概率（然率、机会率或可能性）优势取得超额收益的方法。其核心假设是：①上帝视角（基于概率的系统思维）；②没有全局最优解，只有局部最优解；③市场普遍存在超额收益（非理性）。

在量化交易实践中，投资者通常会交叉运用数学、统计学、计量经济学、物理、化学等多学科知识，结合人工智能、大数据挖掘、神经网络等多种信息技术方法，用量化交易系统代替传统的手动交易。投资者借助量化交易系统从海量数据中寻找能够带来超额收益的"大概率"策略，并严格按照这些策略构建量化模型，进而利用量化模型辅助投资，且不断更新量化模型因子，形成一整套系统性的投资方法。在量化交易的过程中，一旦确定了规则，系统就将严格按照既定的规则执行各种操作，以克服人们在面对市场大幅度波动时所产生的恐惧和贪婪等弱点，从而力求最大程度上获得与预期一致的收益。

1.2　量化交易的研究对象

从狭义来看，量化交易的研究对象包括股票、期货、期权、外汇、黄金、数字货币等各类金融产品。由于不同的金融产品在特定的交易时间点有不同的交易价格数据，所以可以通过研究交易品种价格变量的观察值及其变动模式，建立推测其未来交易品种价格变化的模型，从而为量化交易提供数据分析的基础。

从广义来看，一切可投资的领域均可进行数据分析（万物皆可量化），以数据分析的结果辅助作投资决策：从利用海量研报提取需重点关注的可交易的股票，到高考志愿填报（可以看作对人生的投资）。

1.3　量化交易的发展历程

1.3.1　量化交易的萌芽

在 250 年前的日本，本间宗久凭借迅捷的信息传递和超前的技术分析，在米市期货交易中屡获成功，成为全球最早的量化交易大师。早年交易短暂受挫的本间宗久，在受到禅宗大师的点拨悟道后，前往大阪的堂岛交易所入市交易。本间宗久初期并未急于入场交易，而是先记录每一次大米交易的价格——开盘价、最高价、最低价、收盘价的数值。他根据自己收集的历史价格，以取光照明的蜡烛的形象，绘制出世界上第一幅日本蜡烛图，量化交易由此萌芽。同一时期，他还利用根据大米交易历史价格发明的日本蜡烛图，观察总结出了头肩顶、阻力线等技术分析规律。自此以后，本间宗久在大米期货交易中再也没有失手，赚取了约合现在 100 亿美元的利润。

本间宗久被誉为当时的"市场之神"。一方面，他对当今资本市场最重要的贡献是发明了日本蜡烛图（也称 K 线图）；另一方面，他不仅在江户时代名扬万里，其睿智的投资技巧和金句名言也代代相传，直到今天还在影响着资本市场。1991 年美国人史蒂夫·尼森（Steve Nison）从一名日本经纪商那里得知了日本蜡烛图的存在，便出版了《阴线阳线》一书，把本间宗久发明的日本蜡烛图引进西方，从而使其在全世界传播开来。

1.3.2　量化交易的国内外发展历程

量化交易建立在一代代巨匠的理论基础之上，并逐步发展和成长起来。自 20 世纪 50 年代的马科维茨（1990 年诺贝尔经济学奖得主）的投资组合理论，到 20 世纪 70 年代布莱克、斯科尔斯（1997 年诺贝尔经济学奖得主）的 B-S 期权定价模型，再到 20 世纪 90 年代尤金·法玛（2013 年诺贝尔经济学奖得主）的三因子模型，量化交易在这些理论的支撑和推进下稳健前行。量化交易以诸多投资理论为基础，借助计算机、大数据、人工智能等先进技术，完成自动化或半自动交易。

1. 国际量化交易发展历程

（1）量化交易的产生

爱德华·索普（Edward Thorp），加州大学洛杉矶分校物理学博士、麻省理工学院教授，擅长运用科学的方法研究赌术，其研究对象包括百家乐、21 点等。20 世纪 60 年代，他发明了基于 21 点原理的量化股票市场系统，并将其运用于可转债套利。此后他成立了普林斯顿-纽波特合伙公司，成为最早采用纯数学技术赚钱的大师之一，并被世人誉为"宽客教父"。

索普在 1959 年利用电脑进行数据处理，获得了盈利模型和模式。随后，在香农的帮助下，他于 1961 年向美国数学会提交了题为《财富密码：21 点常胜策略》的论文，因此一举成名。1965 年，索普前往加州大学欧文分校，与金融学教授希恩·卡索夫合作，从事股票权证定价研究。1967 年，二人的合著 *BEAT THE MARKET:A Scientific Stock Market System* 出版，该书是量化交易的开山之作，提出世界上第一个精确的纯量化交易策略，它可以正确地给可转债定价估值。

索普的观点与有效市场假说（Efficient Market Hypothesis，EMP）相同，但结论却并不一致。EMP 是由芝加哥大学金融学教授尤金·法玛在 20 世纪 60 年代提出的，其基本假设是市场运动遵循随机漫步原理，当前股价已经包含了所有公开信息，因此持续战胜市场几乎是不可能的。但索普通过对布朗运动、价格随机漫步和钟形曲线图的研究，得出了一个结论：虽然不能准确预测价格的变化，但价格变化的概率是可以被测量的。因此他认为，随机价格的波动性是可以被量化的。

1969 年 11 月，索普和里根开设了"可转换货币对冲合伙基金"。1975 年，该基金被更名为 Boss 基金，开始使用可转债套利策略。该策略使用他们自行开发的权证定价模型计算权证价格。如果权证价格过高，基金就会卖空它，并同时买入等量的股票作为对冲，或者进行相反的操作。

事实证明，该基金在索普的操作下表现确实远胜于市场平均水平，连续 11 年从未出现年度和季度亏损。在 1970 年，基金上涨了 3%（标普下跌了 5%）；在 1971 年，基金上涨了 13.50%（标普上涨了 9%）；在 1972 年，基金上涨了 26%（标普上涨了 14.30%）；在 1974 年，基金上涨了 9.70%（标普下跌了 26%）。由于其卓越的表现，许多对冲基金也开始模仿其量化交易策略，包括肯·格里芬的美国城堡投资集团。

（2）量化交易的兴起

费希尔·布莱克和迈伦·斯科尔斯在 1973 年发表论文"The Pricing of Options and Corporate Liabilities"，提出了著名的"布莱克-斯科尔斯"公式，从而形成了期权定价理论。该理论假设价格随机游走，价格的运动方向是钟形曲线的正中央，价格不会大幅地跳动。这与索普的模型计算结果相似。同年，芝加哥期权交易所成立，华尔街快速接受了这一理论，标志着量化革命的开始。

1983 年，格里·班伯格（当时是摩根士丹利大宗商品交易部门的程序员）在为大宗商品交易部门编写配对策略软件时，偶然发现了统计套利策略。这是迄今为止最强大的交易策略，不论市场如何波动都能获利。其原理是利用价差，即在一组相对应的股票短暂出现异常情况时，通过卖空高价股票并买入低价股票，在它们的价格恢复到历史平均水平时进行平仓，从而获利。

这个时期，许多基金公司已经开始使用统计套利策略来赚钱，例如格里·班伯格加入普林斯顿-纽波特合伙公司，并创立了 BOSS 基金；APT 小组由耶鲁大学物理学硕士农西奥·塔尔塔利亚领导，后来由彼得·穆勒接替；斯坦福计算机专业的大卫·肖创立了肖氏对冲基金。

（3）量化交易的繁荣发展

量化交易的繁荣，还得靠理论的推动。1990 年，马科维茨、夏普和默顿三位经济学家荣获诺贝尔经济学奖，在理论层面推动了对量化交易的研究。马科维茨提出了资产组合选择理论，该理论最早采用风险资产的期望收益率（均值）和方差（或标准差）来代表风险，它的提出被称为"华尔街的第一次革命"。现代投资组合理论的核心目标是解决投资风险。该理论认为，某些风险与其他证券无关，因此分散投资对象可以降低个别风险（独特风险或非系统风险），这样一来，单一公司的信息就不那么重要了。个别风险属于市场风险。市场风险一般分为两类：个别风险和系统风险。前者是指单个投资收益的不确定性；后者指整个经济体所面临的风险，无法通过分散投资来减少。

芝加哥大学、麻省理工学院、加州大学伯克利分校、哥伦比亚大学、卡内基梅隆大学、普林斯顿大学、纽约大学柯朗数学科学研究所也相继开设量化交易相关课程。资本资产定价模型、市场有效性理论、期权定价理论、套利理论（APT）等一系列模型和理论陆续被提出，并逐渐发展成熟，助力量化交易行业的崛起、繁荣。每当市场价格偏离价值的时候，量化交易系统就会向错误定价的投资标的"猛扑"过去，使市场重归合理秩序。高算力的计算机就像雷达一样时刻扫描着全球市场，寻找赚钱的机会；量化模型可以帮助投资者随时发现市场价格的偏离。

1988 年，詹姆斯·西蒙斯和詹姆斯·埃克斯两位投资大师设立了大奖章基金。初期，大奖章基金将 15% 的仓位用于短期投资，并将剩余 85% 的仓位分配给传统的趋势跟踪策略，但效果并不理想。1990 年，大奖章基金被重新启动，这次他们将短期投资作为核心逻辑，运行的第一年，收益率就高达 56%。大奖章基金的雇员大多为物理学家、数学家、生物学家及计算机专家，几乎不雇用华尔街金融人士。又因为西蒙斯是密码破译专家，所以团队核心成员也多是密码破译专家。据报道，大奖章基金擅长高频交易，是一个典型的多策略基金，在 20 年里收益率高达 70%。但大奖章基金的投资策略始终对外秘而不宣。

在那个繁荣的年代，有许多著名的量化团队诞生。例如，1990 年，哈佛大学经济学本科生肯·格里芬在索普的帮助下，创立了美国城堡投资集团。1991 年，普林斯顿大学数学系毕业生彼得·穆勒在由伯克利大学经济学教授巴尔·罗森伯格创立的 Barra 量化基金中发明了阿尔法量化交易策略；1992 年，获得芝加哥大学金融博士学位的克里夫·阿斯内斯，发明了价值和动量策略（Option-Adjusted Spread，OAS）。他在进入了高盛资产管理公司从事宽客业务后，建立了内部的全球阿尔法基金，取得了第一年收益率 95%、第二年收益率 35% 的惊人成绩。

在那个繁荣的年代，还诞生了许多理论研究成果。例如，1993 年，谢里丹·蒂特曼教授发表了量化交易领域里程碑式论文《回到赢家和远离输家：对股票市场效率的启示》，量化交易的普适性在理论上首次被证实。这也迫使有效市场假说之父尤金·法玛在一次采访中间接认可了量化交易的底层逻辑。

（4）量化交易的低谷时期

自 2000 年互联网泡沫破灭后，大量资金涌入对冲基金。面对高盛资产管理公司全球阿尔法基金和摩根士丹利过程驱动小组的竞争，投资银行纷纷成立自营部门，转型成为巨型对冲基金。为筹措资金，对冲基金开始通过证券市场上市，但由于行业平均盈利率的下降，杠杆越来越大。为了追求更大的利润，各种策略如高频交易策略等被开发，并引入计算机进行交易，使交易速度得到显著提升，速度成为交易的关键。同时，互联网的高速发展将金融系统与计算机紧密结合在了一起。

华尔街的公司如所罗门兄弟公司、德意志银行等不断开发出各种金融衍生工具，如抵押担保债务（Collateralized Mortgage Obligation，CMO）、担保债务凭证（Collateralized Debt Obligation，CDO）、信用违约互换（Credit Default Swap，CDS）和合成型担保债权凭证（Sythetic Collateralized Debt Obligation，SCDO），将大量资产证券化。上万亿美元的次级抵押贷款债券被打包成 CDO，并被分成四级。此外，几乎所有的 CDO 经理和交易员都使用布莱克-斯科尔斯模型来确定价格。2008 年，美国房地产泡沫开始破裂，使得房地产抵押贷款市场出现违约，次贷违约导致 CDO 价格下跌，债务人去杠杆化导致 CDO 价格进一步下跌，从而诱发新一轮的次贷违约。

量化交易在这 10 年中不断受到质疑，直到 2008 年，尤金·法玛在美国金融协会的采访中首次承认了动量（Momentum）的存在，这才让量化交易走入更多投资者的视野。

（5）美国量化元年开启

2011 年，美国的量化元年正式开启。2013 年，阿斯内斯等人在 *The Journal of Finance* 上发表了影响深远的论文《价值和 Momentum 无处不在》。2015 年，巴伦在接受《巴伦周刊》采访时这样评价巴菲特："他可能正在失去他（价值投资）的魔力。"

2015 年 12 月，WorldQuant（世坤投资）公布了 101 个阿尔法表达式，并声称其中 80%的因子仍然在实盘中被使用。

2. 中国量化交易发展历程

萌芽阶段：2002—2010 年，国内市场交易制度与投资工具不甚完善，量化技术难以发挥真正的威力。在 2002 年，国内第一只指数增强型量化基金——华安上证 180 指数增强型基金成立，这也预示着中国开启了自己的量化交易时代。

起步阶段：2010—2015 年，中国的量化交易开始起步。2010 年 4 月 16 日，中国第一只股指期货——沪深 300 股指期货（IF）上市，标志着中国做空机制与杠杆交易的开始。此时公募基金的量化交易策略基本上都在采用量化选股策略和量化对冲策略。与公募基金相比，私募基金的量化交易策略更加丰富，例如，CTA 策略、期权策略、债券策略等也是私募基金量化的常用策略。2015 年 4 月 16 日，中证 500 股指期货上市，这意味着量化基金拥有了更多的发挥空间，量化基金也开始得到更多人的关注。

成长阶段：2016 年至今，量化基金在中国如雨后春笋一般。2016 年，随着 WorldQuant 阿尔法 101 因子的公开，中国的量化元年正式开启。2017 年 6 月，国泰君安证券发布了 191 个阿尔法因子，其形式跟 WorldQuant 的阿尔法 101 因子比较类似。2019 年 6 月，证监会发布了公募基金参与转融通业务指引；同年 8 月，"两融标的增加 650 只（不含科创板），中小板、创业板股票占比提升，同时科创板股票自上市首日起即可成为两融标的，也成为标的扩容的重要组成部分"。这些制度上的变革为量化交易的发展提供了更多的条件。

时至今日，ChatGPT 的横空出世，让更多的人可以更方便地使用人工智能。因此，我们相信在不远的将来，以 GPT 为辅助手段的新的量化交易方法将成为一个重要的方向。

1.4　量化交易策略的主要分类

量化交易分狭义量化交易和广义量化交易。人们心目中的量化交易通常是狭义量化交易，因为很多人都以为量化交易就等于对冲，但实际上，对冲策略只是量化交易的"冰山一角"。

迄今为止，那些成功的传奇大师们无一不在强调，他们所进行的交易完全出于理性而非智商，这个"理性"即"可量化"。因此，从广义上来讲，对于这些大师们所使用的交易方法，我们都是可以通过构建模型来进行复制和追踪的。

如果按广义来分类，全景式量化交易策略可以分成五类：**基本面量化交易策略、**

资产配置量化交易策略、阿尔法量化交易策略、贝塔量化交易策略和另类量化交易策略。它们之间既有相同点，也有不同之处，并都有各自的代表人物。

1.4.1　基本面量化交易策略

基本面量化交易策略的代表人物当属巴菲特。2022 年，在伯克希尔·哈撒韦公司的股东大会上，巴菲特亲自透露，在苹果公司一季度的股价连续三日下跌之后，伯克希尔马上大举"抄底"买入了大约价值 6 亿美元的苹果公司股票。

很多价值投资者都是在股价下跌的时候买入股票的。但实际上，真正厉害的价值投资者应当是巴菲特这样基本面反转的观察者和参与者。表 1.1 为基本面量化交易策略情况简表。

表 1.1　基本面量化交易策略情况简表

策略逻辑	定期对所有行业进行景气度排名，滚动持有景气度增长的行业
策略使用说明	买入入选的行业指数，卖出非入选的行业指数
适用对象	价值投资者
代表人物	巴菲特

以 A 股行业基本面景气增强量化交易策略为例，2022 年 4 月 26 日，其新入选的行业是大气治理、科技和建材。如图 1.1 所示，这个量化交易策略在过去 6 个月跑赢沪深 300 指数超过 50%，收益十分惊人。

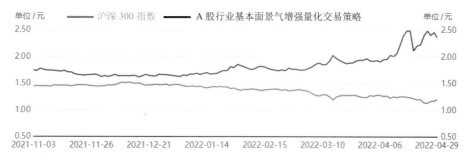

图 1.1　A 股行业基本面景气增强量化交易策略收益简图

1.4.2 资产配置量化交易策略

美国的 401K 养老金计划采用的就是资产配置量化交易策略。全球最大的对冲基金桥水基金的创始人瑞·达利欧采用的也是这个方法，具体的细节在他所写的《原则》一书中有所体现。这一策略特别适用于超大规模的资金，对于中国即将开启的个人养老金计划和家族资产传承基金具有直接的指导意义。表 1.2 为资产配置量化交易策略情况简表。

表 1.2   资产配置量化交易策略情况简表

策略逻辑	对各大类资产进行收益排名，在大类资产中进行轮动配置
策略使用说明	将资产按最新比例进行再平衡
适用对象	超大规模资金
代表人物	瑞·达利欧

2022 年年初，达利欧在接受采访时表示，他发现中国正在崛起。在资产配置的大逻辑下，这里以类似美国 401K 养老金计划的中国全天候产品组合配置量化交易策略为例。如表 1.3 所示，其在股票、债券和现金 3 个维度上进行定期再平衡，以期取得类似美国 401K 养老金计划的惊人收益。

表 1.3   中国全天候产品组合配置量化交易策略

股　　票		债　　券		现　　金	
本次	上次	本次	上次	本次	上次
20%	20%	20%	30%	60%	50%

图 1.2 是该策略所获收益与美国 401K 养老金计划的对比图，时间跨越了 15 年。

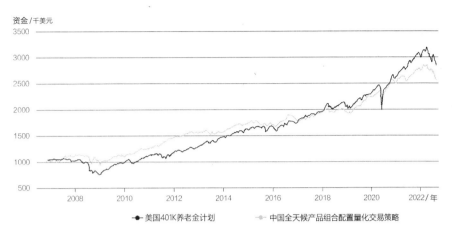

图 1.2　中国全天候产品组合配置量化交易策略与美国 401K 养老金计划 15 年收益对比图

该策略与美国 401K 养老金计划的各风险指标对比情况如表 1.4 所示。前者取得了 6.18% 的复合年增长率，而最大回撤被控制在–17% 左右。在穿越牛熊市的能力上，很少有策略可以达到这样的效果，最重要的是该策略可以配置超大规模的资金。

表 1.4　中国全天候产品组合配置量化交易策略与美国 401K 养老金计划各风险指标对比情况表

指标名称	中国全天候产品组合配置量化交易策略	美国 401K 养老金计划
复合年增长率	6.18%	6.86%
年化波动率	7.27%	11.62%
夏普比率	0.86	0.63
索提诺比率	1.12	0.74
最大回撤	–17.80%	–35.31%
当前回撤	–10.36%	–10.78%
最长回撤时间	17 个月	28 个月

1.4.3　阿尔法量化交易策略

最近的 20 多年里，随着量化交易之父西蒙斯被世人所熟知，阿尔法量化已经成为量化交易的代名词。西蒙斯团队取得的平均 60% 的年化收益率，让所有其他类型的投资都黯然失色。

当今，阿尔法量化已经为世人所知晓，数以万计的因子被挖掘出来用于量化交易。但这种方法的难点在于需要不断挖掘有效因子，换句话说，要想找到当下市场中比较隐蔽的有效因子，这依旧是一个难题。表 1.5 为阿尔法量化交易策略情况简表。

表 1.5　阿尔法量化交易策略情况简表

策略逻辑	定期寻找市场中的有效阿尔法因子，在增长中博取收益
策略使用说明	对标的指数中的股票，买入有效阿尔法因子排名靠前的股票，卖出靠后的股票
适用对象	狭义量化
代表人物	西蒙斯

以指数群因子策略为例，如表 1.6 所示，该策略通过跟踪全市场、中证 500 指数和涨停个股，利用因子对不同指数群中的有效性进行投资。

表 1.6　指数群因子策略

全　市　场	中证 500 指数	涨停个股
市盈率（越低越好）	60 日涨幅（越小越好）	市净率（越大越好）

1.4.4　贝塔量化交易策略

贝塔量化交易策略源自 200 年前世界上最古老的量化交易策略，即对趋势的追踪。而在这个领域里，曾经涌现过无数大师，但经过大浪淘沙，大师们的方法中还能沿用至今的并不是太多。最近两年，贝塔量化交易策略在大宗商品里斩获颇丰，其代表人物斯坦利·克罗的投资方法仍在大放异彩。当然，类似的方法也可以被应用到中国的股票市场上。表 1.7 为贝塔量化交易策略情况简表。

表 1.7　贝塔量化交易策略情况简表

策略逻辑	定期观测市场量价时空的趋势性变化，用门限来决定多空
策略使用说明	空头市场中空仓观望，多头市场中择时持有
适用对象	技术派
代表人物	斯坦利·克罗

表 1.8 列举了 2 个市场上运行的贝塔量化交易策略：PTSS 择时量化策略和 RSRS 择时量化交易策略。大家可以从表 1.8 中看到，此类策略对大盘下跌的完美规避。

表 1.8　PTSS 择时量化策略和 RSRS 择时量化交易策略

基于量价时空（PTSS）的市场择时		基于相对强度（RSRS）的市场择时	
状态	持续时间	状态	持续时间
空头市场	50 个交易日	空头市场	75 个交易日

1.4.5　另类量化交易策略

另类量化交易策略的思路，要么是利用人性的弱点去等待市场崩溃，要么是利用古怪的因子去等待消息扩散。总之，它的思路不但听起来难以复制，而且实施起来也困难重重，例如，利用卫星数据进行分析。创建量子基金的乔治·索罗斯一向以杀伐果断而著称，他是另类量化交易策略的代表人物，而在利用市场恐慌方面，他是顶尖高手。表 1.9 为另类量化交易策略情况简表，它其实就是定期寻找热点，并在热点中追涨杀跌。

表 1.9　另类量化交易策略情况简表

策略逻辑	定期寻找情绪驱动的热点，利用信息差获取收益
策略使用说明	做多热点概念，寻找超额收益，延续时间取决于接力涨停的数量
适用对象	另类投资者
代表人物	乔治·索罗斯

事件驱动量化交易策略举例如表 1.10 所示。

表 1.10　事件驱动量化交易策略举例

本次入选热点概念	上次入选热点概念
IP 概念	氮化钾、虚拟现实

投资世界的信仰是多元的，所以才有了多空博弈，进而有了交易对象价格的随机游走。当下，这五大类策略已经占据了市场的绝大部分，市场发展的最终方向一

定是博弈平衡点。当然，如果你一定要用极简的思维去理解这个市场，那么，"所有的阿尔法都是贝塔"这句话就可以概括一切。而本书之所以将量化交易策略分成五大类去详述，就是为了让普通投资者更好地从不同角度去理解这个市场。

1.5　量化交易的未来发展

量化交易的未来发展方向主要有 3 个：智能化、全球化和机构化。

1.5.1　量化交易的智能化

量化交易中策略的重要性是显而易见的。随着量化交易领域的发展，对策略的需求也越来越迫切。因此，数据分析和挖掘的价值也得到越来越多研究者的重视。行业内对数据分析的要求日益提高，传统的数据分析手段已经无法满足人们的需求。因此，越来越多的人工智能技术被应用于量化交易中。当然，人工智能技术不仅仅被用于投资执行部分，还更多地被用于投资策略的智能化和自动化。

1. 人工智能算法

从数学的角度来看，人工智能算法是一种非线性建模方法。历史数据中存在多种非线性成分。即使线性成分完成交易后，也会出现一些非线性现象，需要利用人工智能来进行学习和处理。

2. 结构化数据

除了结构化数据，量化交易中还需要用到诸如声音、图像和文本等非结构化数据。这些非结构化数据没有办法被数据模型直接处理，所以需要采用人工智能的方法来进行结构化，最后再由数据模型对其进行处理。目前，ChatGPT 已经风靡全球，其核心能力之一就是可以将非结构化数据更快地转换成结构化数据，这也为未来的量化交易扫清了障碍。

3. 元知识学习

目前来说，元知识学习是人工智能发展的一个比较难的领域，要想将其运用至量化交易领域，相应的技术尚待突破。一般说来，元知识是指"关于知识的知识"，描述特定知识或知识集合所包含的内容、基本结构及一般特征。若无元知识，人们便无法描绘、应用和认识知识。在自动控制与人工智能等系统领域中，一般把使用和控制该系统领域知识的知识称为元知识。它并非特定知识领域，无法解决具体的问题，而是管理、掌控和使用知识的知识，含有各领域知识的性质、结构、功能、特征、规律、构成与使用。目前，人工智能已被广泛应用于量化交易中，利用不同策略作出不同的投资选择。而元知识学习能使我们掌握如何用机器进行投资策略的选择，相关的技术在未来将有更大突破。

1.5.2　量化交易的全球化

对于投资本身而言，范围越广泛越好，因此选择全球市场进行对冲交易就显得很重要。1949 年，最早的对冲基金正式成立，其初始资金只有 10 万美元。经过了40 多年的发展，美国对冲基金的管理资产规模已经达到了 200 亿美元；欧洲则大概用了 40 年的时间，使其对冲基金的管理资产规模在 2002 年达到了 200 亿美元。

1.5.3　量化交易的机构化

在中国目前的市场上，量化交易策略的夏普比率为 2.50%~3.00%，这一市场情况与我国当前散户和机构的相互关系一致，这就表示量化交易在我国的发展还有很长的一段路要走。另外，考虑到成本费用因素，投资顾问咨询服务都需要降低成本。投资顾问业务的智能化发展，可以帮助降低相应人工服务的成本，提升量化交易的利润。将来金融元宇宙中智能投顾业务的发展，有望为量化交易降低相关成本，促进量化交易的机构化。

2

第 2 章
量化交易的策略及实战案例

2.1　基本面量化交易策略

"君子爱财，取之有道。"在投资领域，各种投资流派"你方唱罢我登场"，他们在不同的时期都取得过耀眼的成就，各类投资思想也如繁星般在投资的历史长河里熠熠生辉。而其中"价值投资"这一派的理念大气沉稳、不计一时之得失，与"道"的精神最为契合。

2.1.1　基本面量化交易策略的底层逻辑

"价值投资"这一理念是 1934 年由投资大师本杰明·格雷厄姆（Benjamin Graham）和他的助理戴维·多德（David Dodd）在他们的经典著作《证券分析》（*Security Analysis*）中首次提出的，该著作到现在已经有将近 90 年的历史了，而《证券分析》至今都被誉为投资领域的"圣经"。

价值投资的底层逻辑一共有四条，前三条由格雷厄姆提出，最后一条来自巴菲特：

（1）持续创造价值很重要，买股票的本质是买企业；

（2）要关注安全边际，用低的价格买入；

（3）要忽略市场的短期波动；

（4）守住自己的能力圈，不懂的行业不要碰。

价值投资的核心思想就是：用低的价格买入好企业的股票，然后耐心等待其升值。价值通过价格来体现，但是价格就像一只情绪不稳定的上蹿下跳的猴子。在市场情绪乐观的时候，交易价格持续上涨，常常会超过企业的真实价值；在市场情绪悲观的时候，交易价格却又会不断地下跌，甚至会跌破企业的真实价值。在短期内，价格的波动可能会非常剧烈；但是长期来看，价格最终趋向于企业的真实价值。价值就像定海神针一样，指引着价格未来的波动方向。所以价格即使短期波动幅度很大，最终还是会慢慢回归到企业价值的正常区间中的。正因为这种波动的存在，投资者可以在企业价值被低估的时候买入该企业的股票，然后在企业价值被高估的时候将其卖出，从而实现财富的增长。

价值投资的基本思路是：市场价格波动具有投机色彩，但长期看必定会回归"基本价值"，不应追随短期波动，而应专注于找到价格低于企业真实价值的股票。选择那些被严重低估、价格明显低于基本价值的股票可确保投资安全，因为这些股票几乎没有下跌空间，从而可提供足够大的安全边际。最后，耐心等待价格从谷底反弹。持有这些股票可以以较小的风险获得较大的收益。

按照价值投资的思想，买股票就是在买企业。投资的时候要假定：你买了这家企业的股票后，企业即使退市了，你仍然愿意继续长期持有这家企业的股票。价值投资的本质就是以企业拥有者的身份共享企业成长的价值，其第一要务是寻找好企业。

衡量一家企业好不好，对于大多数普通投资者来说，直接进入上市企业内部调研显然不太现实。其实，企业的经营情况在它们的财务报表中都有体现，投资者可以仔细衡量企业每个季度、每一年的经营状况，通过财务报表看企业有没有在成长，判断企业的竞争优势是否依然存在。用财务报表来研判企业的经营情况更为方便快捷，像格雷厄姆这样的投资大师就对财务报表极为重视。

财务数据为基本面分析提供了重要的数据来源，是进行投资判断的一个重要依据。通过了解企业产品和阅读企业的财务报表，利用经济常识长期跟踪研究某一家企业，用理性来判断其是不是值得投资。基本面量化交易策略在本质上仍然基于价值投资的理念，但相比于传统的价值投资，基本面量化交易策略更偏重于从基本面数据中寻找企业价值增长的驱动因素，结合计算机技术进行分析与预测，形成较可靠的预期估值，并将其与市场价格比较后作出决策，从而避免了传统价值投资中人的非理性决策导致的风险。

2.1.2　基本面量化交易策略的代表人物及其投资逻辑

本杰明·格雷厄姆是价值投资领域开山鼻祖式的人物，且在基本面分析方面，格雷厄姆是巴菲特的老师，是彼得·林奇等投资大师的启蒙者。

格雷厄姆于 1928 年在美国哥伦比亚大学教授"证券分析"这门课程，并于 1934年年底完成了《证券分析》这部划时代的著作。在此之前的华尔街不仅混乱，而且缺乏法律规范（美国证券交易委员会恰巧也在 1934 年成立）。那个时候的企业对外只披露极其简单的财务报表，一些企业会通过会计技巧来隐藏企业资产和收益，而另一些企业则虚报各种数据，让投资者误以为企业的经营状况很好。所以那个时候的证券投资者，对企业财务报表数据根本不重视也不相信。在内幕交易没有被禁止的年代，打探企业重组、并购或其他能够影响市场股价走势的内幕消息，是当时投资者赚大钱的方式。正如格雷厄姆在回忆录中提到的那样："在老华尔街人看来，过分关注枯燥无味的统计数据是非常愚蠢的行为。"

因此，那个时代的投资者更多利用他们从不同渠道得到的各类真真假假的信息，加上自己的直觉，形成对市场的判断，并根据主观判定的市场趋势来预测证券的未来价格走势。所以可想而知，当时的投资者无法获得稳定的投资收益，整个市场充满了投机的情绪。

而格雷厄姆和他的《证券分析》的横空出世，帮助投资者走出了迷雾。格雷厄姆将股票市场投资从一种基于直觉、情感和冲动的狂热投机活动，转变为一种基于严格公式、谨慎分析和系统择时的严谨科学。巴菲特曾虔诚地说："在许多人的罗盘上，格雷厄姆就是到达北极的唯一指针。"

格雷厄姆将衡量一家上市企业的"内在价值"（Intrinsic Value）作为投资准则，从而开创了基础分析的投资方法论：投资经营完善、红利可靠（即具备内在价值且能够持续创造价值）、价位低且有足够安全边际的企业；分散投资于大量的股票和债券；有耐心，忽略市场的短期波动，独立思考。格雷厄姆让世人明白了掌握有关企业过去和现在业绩的基本面信息的意义。

1. 格雷厄姆的价值投资理论

格雷厄姆的价值投资理论可以被概括为：投资就是价值回归或者价值发现的过程。我们可以从以下几点来理解格雷厄姆的价值投资理论。

（1）内在价值

市场从短期来看是一个"投票机"，从长期来看是一个"称重计"，但并非是一个能精确衡量价值的"称重计"。要投资某一家企业，就要先搞清楚该企业的内在价值有多少。但内在价值是一个难以捉摸的概念，所以只需要对内在价值有个大致的估计，能够为投资提供合理的依据就可以了，没必要也没办法确定一个企业的内在价值到底有多少。

（2）内在价值评估中的定量分析和定性分析

针对股票内在价值的评估包含历史数据和未来预期两部分。历史数据是可以准确测算的，被称为定量分析；而未来预期则需要根据事实来合理推论，被称为定性分析。

定量分析可以参考企业的各类统计数据，包括损益表和资产负债表中所有有用的项目，还包括和以下方面相关的其他数据，如产量、单位价格、成本、产能、未完成订单等。

对内在价值进行评估的难点不在于定量分析，而在于定性分析。根据一家企业过去的数据进行分析，并对其历史形成评价并不难，但要想预测其未来的发展就没那么容易了，需涉及非常复杂的定性分析，比如：行业是不是前景明朗，该企业的管理层是不是优秀，业务性质有无变化，等等。

定量分析和定性分析都必须结合在一起，不能抛弃任何一种方法。定量分析是定性分析的基础和前提。核定内在价值时，定性因素应该参考定量因素，而不应该凭感觉臆测。没有事实支撑的想象只会带来风险，单纯基于感觉的投资策略是十分危险的。

（3）安全边际

格雷厄姆提出使用安全边际原则来筛选股票：购买价格低于投资者所衡量的最低内在价值的股票。此处的内在价值不是账面价值，而是结合了定量分析与定性分析，以定量分析为必要条件，以成长性为依据的价值。

评估一只股票的内在价值时，应当尽可能预估低价。如果当前市场价格低于原估值，则可将差额视为"安全边际"，而折扣幅度越大，则安全边际就越大。

2. 格雷厄姆的投资原则

我们可以从以下几点来理解格雷厄姆的投资原则。

（1）分散投资

投资组合应该采取多元化策略。正如俗话说的"鸡蛋不能都放在一个篮子里"，建议投资者建立一个广泛的投资组合，将其投资分布在各个行业的多家企业中，从而减少风险。

（2）价值投资

价值投资是根据企业的内在价值的估值，而不是根据市场的价格波动进行投资的。

（3）利用平均成本法进行有规律的投资

平均成本法是指投资固定数额的现金，并保持有规律的投资间隔。类似于定投策略，当价格较低时，投资者可以买进较多的股票和基金；当价格较高时，就少买一些。暂时的价格下跌提供了获利空间，最终卖掉股票的所得会高于平均成本。

在《证券分析》最早的版本中，格雷厄姆提出了一种量化交易的选股方法，如下所示。

（1）市盈率（PE）的倒数（即股票的盈利收益率）应大于 AAA 债券收益率的 2 倍。例如，若某只股票的市盈率为 10 倍，则盈利收益率为 10%，如 AAA 债券收益率为 4%，则该只股票的盈利收益率满足条件；

（2）股票的市盈率应小于最近 5 年内所有股票平均市盈率的 40%；

（3）股息率大于 AAA 债券收益率的 2/3；

（4）股价低于每股有形账面价值的 2/3；

（5）股价低于每股净流动资产价值（NCAV）的 2/3，净流动资产价值的定义为流动资产（每股收益）减去流动负债；

（6）债务权益比率（账面价值）必须小于 1，即总负债要小于有形资产净值；

（7）流动比率（流动资产/流动负债）要大于 2；

（8）负债小于净流动资产价值的 2 倍 ；

（9）每股收益（EPS）历史增长（至少过去 10 年）大于 7%；

（10）在过去 10 年中，盈利的下降不超 2 年。

去除时间过长的因素（9）和因素（10）后，剩余的 8 个因素可以被分成两组：前 5 个因素和后 3 个因素。比起后 3 个因素，前 5 个因素之间的关联性更强，是在衡量股票的廉价程度。在前 5 个因素中，前 2 个因素是在比较企业的股价与其报告的盈利，投资者应购买市盈率低于某一阈值的股票；接下来的 3 个因素将股票价格与其股利、账面价值和净流动资产价值进行比较。总体上，前 5 个因素是在告诉我们，要购买那些价格相对于内在价值更低的企业。

与前 5 个因素相比，后 3 个因素不涉及股票价格。后 3 个因素可以被看作一个整体，来度量企业的质量或优秀程度，这些因素都是基于基本面指标的。因素（6）～因素（8）是在衡量债务（杠杆）及短期流动性（偿付能力）；因素（9）和因素（10）是对企业的历史盈利增长率和增长的一致性的度量。

简而言之，格雷厄姆推荐购买杠杆率低、偿债能力高、一段时间内的盈利增长率表现不错的企业。一般而言，高增长、稳定增长、低杠杆和流动性良好的企业都是质量不错的企业。

斯坦福大学商学院的 Charles Lee 教授及其学生在此基础上根据当前的情况更新了部分选股方法，例如，以自由现金流收益率替换股息率，只需要过去 5 年而非 10 年的收益增长。他们还利用美国 1999 年 1 月 2 日至 2013 年 11 月 9 日的数据对这种方法进行了回溯测试。结果发现，这个已 80 多岁的选股方法即使放到现在也能取得不错的成绩。

从年化收益率来看，使用这个选股方法选出的前 2 个十分位数股票的年化收益率平均约为 14%，而最后 2 个十分位数股票的年化收益率平均约为 5%。作为比较，价值加权的标普中型股 400 指数在同一时期的年化收益率为 8.5%。该回测结果证明了在将近 14 年的美股市场上，更便宜和更高质量的股票最终赚取了更高的收益。

格雷厄姆经历了 1929 年之前投资市场的疯狂和之后的美国经济大萧条，也切身感受过投资失败后的巨大痛苦。但是他痛定思痛，给整个投资行业带来了《证券分析》这部经典著作，并积极地传播价值投资的理念，帮助投资者区分投资与投机，并且提出了投资的数量分析方法，解决了投资者的迫切问题，带领投资者回归理性，也给现代的基本面量化交易提供了理论基础，其历史意义不可估量。

2.1.3　实战案例：巴菲特的量化交易策略

1. 巴菲特量化交易策略的发展历程

提到价值投资，就不得不提到历史上最伟大的价值投资者之——沃伦·巴菲特（Warren Buffett）。在 2008 年公布的福布斯世界富豪排行榜中，巴菲特以 620 亿美元的资产位居榜首。而在投资了巴菲特掌管的伯克希尔·哈撒韦公司的人中，有数以万计的人成为亿万富翁。仅在巴菲特的家乡奥马哈，就有近 200 名亿万富翁是由巴菲特造就的。这样的致富成就，历史上很难再找到其他例子了。伯克希尔·哈撒韦公司的净资产年化收益率近 20%，并且这个 20% 的净资产年化收益率竟然持续了 50 多年之久。对于投资的操盘手来说，保持一段时间的高收益很容易，但是持续稳定地保持几十年的高收益就实在太难了，所以说巴菲特的投资成就简直是一个奇迹。

巴菲特在哥伦比亚大学师从于价值投资理念的开创者——格雷厄姆，而且巴菲特是在哥伦比亚大学的投资课上唯一一个被格雷厄姆给予了"A＋"的最优秀的学生。巴菲特在老师格雷厄姆的价值投资原则的基础之上，增加了能力圈原则。巴菲特只投资自己能够理解的行业，但是他的能力圈不是固定不变的，他在不停地学习、不断地拓展自己的能力圈。具备如此的专注度和学习能力的投资者，是值得我们学习的榜样。

2. 巴菲特量化交易策略的底层逻辑

那么巴菲特是怎么将价值投资的理念落实到选股方法上的呢？大道至简，其核心是寻找优质企业并且长期持有这些企业的股票。

选择优质企业就需要分析各企业的基本面指标。我们在互联网上能很方便地找到巴菲特的选股言论，且这些言论在他每年发布的给股东的信里也随处可见，总结起来就是 4 个指标：净资产收益率、毛利率、净利率、市盈率。

我们先来介绍一下这 4 个指标。

（1）净资产收益率

净资产收益率（Return On Equity，ROE）的计算公式为：净资产收益率=净利润/平均净资产。

判断一家公司的质量，首先要看其净资产收益率。净资产收益率反映的是一个公司的盈利能力。净资产收益率越高，反映出公司的盈利能力越强。净资产收益率高的公司很多，而好公司和普通公司的区别在于：好公司的净资产收益率会长时间维持在一个很高的水平。如果想要可靠地找到优秀的公司，就需要看每个公司过去 5 年乃至 10 年的净资产收益率。

现在公司的年报、季报都有各种归纳好的数据，即使是不懂会计原理的人，也只需简单学习就可以运用这些数据。除了少数特殊周期股和科技股，一般而言，优秀企业的年净资产收益率不应该低于 15%，而且持续时间越长越好。对于净资产收益率这一指标，最好是看其 5 年均值，最少也应该看其 3 年均值，并且要看其平均净资产收益率是否都在 15%以上。净资产收益率介于 10%～15%的公司也可以被纳入关注范围，只要其指标趋势是逐步向上的，从基本面可以找到强有力的逻辑作为支撑，也能说明该企业的发展逐步向好。

值得注意的是，在关注净资产收益率的同时还需要注意财务报表中可能存在的"猫腻"，例如，财务杠杆偏高可以提高净资产收益率，但这也意味着企业的经营风险较高。2018 年前后，A 股很多公司爆雷、巨亏就和负债过高有关系。

（2）毛利率

毛利率的计算公式为：毛利率=毛利润/销售收入。

相较于净资产收益率，毛利率的计算更简单：它的分子和分母都来自利润表。其中，分子是用主营业务收入减去主营业务成本，分母是主营业务收入。虽然毛利率这个指标很简单，但是却非常重要。毛利率反映了企业把销售收入转化为经济效益的能力，代表了企业的核心竞争力和核心盈利能力。

毛利率既能反映所处行业的发展状况，也能反映一个企业在行业中的定价权。

如果一家企业有核心竞争力，那么毛利率一定是不低的。它的核心产品的定价能力就体现在毛利率上面，所以一般建议选择毛利率高一点的企业进行投资。

一家有发展前景的企业，销售收入应逐年增长，且即使营业成本、销售费用、管理费用、折旧和摊销费用等也在相应增长，但后者的增长幅度应该低于销售收入的增长幅度。随着销售收入的大幅度增长，企业的毛利率应该保持不变或进一步增长。如果毛利率节节下降，则预示企业有衰退的可能性。因此，我们要寻找毛利率保持不变或有所增长的企业。而且即使拉长时间，企业的毛利率也一般比较稳定，除非外部环境有重大变化，否则不会有大幅波动。我们可以在同一行业内横向对比，该企业的毛利率与行业内其他企业的差异一般不会特别大。如果一个企业的毛利率有异动，而同行业其他企业的毛利率数据正常，那么投资者就需要仔细分析。

在同一个行业中，不同企业的毛利率差异可能很大。在同一个行业中，"护城河"优势比较大的企业能够执行差异化的价格竞争战略，所以产品定价高、成本低、毛利率高。没有"护城河"优势或"护城河"优势比较小的企业，就不得不参与异常残酷的价格竞争，产品定价不高、成本不低、毛利率偏低。

在不同行业中，产品的毛利率差别可能非常大。拥有核心产品或核心技术的企业，它们通常有较强的产品定价能力，所以毛利率一般比较高。而在属于"夕阳产业"的行业中，即使是行业龙头，无论再怎么努力，也都是强弩之末，苦苦支撑而无法进一步发展，更别提行业中的其他中小公司了。巴菲特投资的伯克希尔·哈撒韦公司就是一个例子。巴菲特后来反思，这不是一次成功的投资，因为伯克希尔·哈撒韦公司所在的纺织业正处于"夕阳"时期，到了后来甚至需要用其他领域的收益来给伯克希尔·哈撒韦公司"输血"。所幸巴菲特坦然地面对了这次失败，并且尽快关闭了这家公司的原有业务。所以，巴菲特说要在伟大的行业中寻找伟大的企业，而不能在糟糕的行业中苦苦寻觅。

（3）净利率

净利率的计算公式为：净利率=净利润/销售收入。

净利率同样反映了企业把销售收入转化为经济效益的能力。

不同行业之间净利率的高低存在巨大差异，其原因在于不同行业的竞争格局不同。有些行业门槛低，竞争白热化，产品和服务同质化，企业之间不停地打价格战，所以净利率很低，在可见的未来还会维持较低的净利率。有些行业门槛比较高，几乎没有竞争或者没有充分竞争，产品和服务差异化非常大，企业之间可以差异化定价，净利率比较高，在未来很长一段时间内还会维持较高的净利率。

（4）市盈率

市盈率（Price Earnings Ratio，PE）的计算公式为：市盈率=每股市场价格/每股税后收益。

企业的市盈率是判断该企业股价是否便宜的标准，表示条件不变的情况下收回成本的期限。例如，以 10 倍的市盈率去投资一家公司，光靠分红的话，大概需要 10 年才能收回投入的成本。

市盈率越低，说明企业估值越低，通俗来说就是股价越低。总体来看，低市盈率策略的确可以带来超额收益。但是不加甄别地买入低估值股票，不免会落入"低估值陷阱"的圈套——买入的股票不仅不安全，而且无法带来投资收益，甚至可能造成巨大的投资损失。

投资大师菲利普·费雪也曾有过类似的经历。费雪是另一位对巴菲特产生了重大影响的老师，甚至可以说费雪帮助巴菲特进行了投资理念的升级。巴菲特曾认真学习过费雪的著作，并将它们融会贯通，形成了自己新的投资思想。巴菲特坦诚地说自己 85%像格雷厄姆，剩下的 15%像费雪。费雪曾满仓买入 3 只被低估的股票，其中 1 只的市盈率在当时已低到不可思议的地步。可是 3 年之后，这 3 只股票的价格依然在持续下跌。费雪发现，这些公司的市盈率依旧很低，甚至比 3 年前买入时还要低。后来费雪反思道："低市盈率并不能保证什么，反而有可能是一个预警信号，指出这家公司可能存在着缺点。"

所以市盈率低并不总是意味着更高的投资收益率，市盈率要和其他指标结合起来使用才能更好地发挥作用。

3. 巴菲特量化交易策略的实战流程及案例

我们来看一下巴菲特的量化选股标准。

（1）净资产收益率

巴菲特曾提到过，如果非要用一个指标进行选股，那么他会选择净资产收益率。他选择的公司，都是净资产收益率超过 20%的公司。所以，第一个指标的量化标准是：

$$ROE>20\%。$$

（2）毛利率

巴菲特曾提醒投资者：如果一个行业的平均毛利率低于 20%，那么几乎可以断定这个行业存在着过度竞争，在这样的行业中，很难会有一家公司能在同行竞争中创造出可持续性的竞争优势。我们可以观察伯克希尔的长期持仓股票，毛利率通常都在 40%左右，比如可口可乐公司股票的毛利率是 60%、苹果公司股票的毛利率是 40%。因此，第二个指标的量化标准是：

$$毛利率>40\%。$$

（3）净利率

关于净利率，巴菲特没有说具体指标，他只是说要有优秀的管理层，这样就可以做到"以最小的成本获得最大的收益"。业内通常将其总结为，净利率至少要在 5%以上。所以第三个指标的量化标准是：

$$净利率>5\%。$$

上述是巴菲特的量化选股标准，接下来介绍一下巴菲特的止盈止损标准。

格雷厄姆所定义的市盈率安全范围是 10 倍之内，而巴菲特在投资实践中设定的市盈率安全范围则是 15 倍以内。

那么，A 股市场的市盈率又是多少才合理呢？我们将 2000 年以来 A 股的 3 个重要底部数据情况列出来对比一下。由于时间跨度较长，为了避免 A 股不同时期上市公司数量和规模差异带来的误差，我们使用中位数来进行对比：2005 年 6 月市盈率为 21.49 倍；2008 年 10 月市盈率为 15.94 倍；2013 年 6 月市盈率为 27.81 倍。

通过历史数据可以看到，即使 A 股在底部的时候，市盈率还是高于巴菲特设定的范围，所以我们可以把市盈率设定在 20 倍到 40 倍之间。

策略逻辑如下。

①回测区间：从 2010 年 6 月到 2022 年 12 月，初始投入 10 万元，每次买入一手。

②选股标准：如前文所述，一般看企业过去 5 年的指标，所以设定股票考察期为 5 年，具体标准如下。

第一，近 5 年净资产收益率大于 20%；

第二，近 5 年公司毛利率大于 40%；

第三，近 5 年公司净利率大于 5%。

③交易频率：1 年交易一次。

④止盈止损标准：市盈率低于 20 倍就买入，高于 40 倍就卖出，不符合选股标准的就卖出。忽略市场波动，赚企业价值回报的钱，获得的年化收益十分接近巴菲特在美股的投资。

4. 巴菲特量化交易策略的逻辑思维导图

图 2.1 为巴菲特量化交易策略的逻辑思维导图。

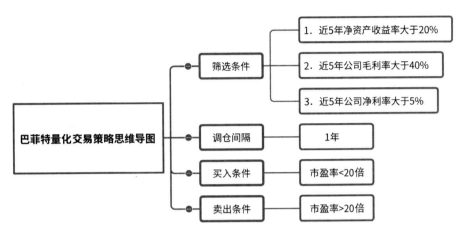

图 2.1　巴菲特量化交易策略的逻辑思维导图

5. 巴菲特量化交易策略的实战代码示例

参考代码如下所示：

```
# 巴菲特量化交易策略代码实现
# 导入函数库
from jqdata import *
# 初始化函数，设定基准，等等
def initialize(context):
    # 设定运行周期
    set_params()
    # 设定沪深 300 指数作为基准
    set_benchmark('000300.XSHG')
    # 为全部交易品种设定固定值滑点
    set_slippage(FixedSlippage(0.02))
    # 开启动态复权模式（真实价格）
    set_option('use_real_price', True)
    # 股票类每笔交易时的手续费是：买入时佣金的万分之二点五，卖出时佣金的万分之二点五
加千分之一印花税，每笔交易佣金最低扣 5 元
    set_order_cost(OrderCost(close_tax=0.001, open_commission=0.0025,
close_commission=0.0025, min_commission=5), type='stock')
    # 输出内容到日志
    log.info('初始函数开始运行且全局只运行一次')
    #每月第一个交易日运行
    run_monthly(market_open, 1 ,time = '9:30')
#设置运行周期
def set_params():
```

```python
    g.months=0
    g.threshold =12
## 开盘前运行函数
def before_market_open(context):
    # 输出运行时间
    log.info('函数运行时间(before_market_open):
'+str(context.current_dt.time())))
## 开盘时运行函数
def market_open(context):
    #创建全部股票的字典
    stock_monitor = {}
    #调用财务数据的年份
    current_year = str(context.current_dt.date())[0:4]
    for i in range(1,4):
        history_year = int(current_year)-i #i 年前
        #获取指标符合条件的股票
        stock_in_scope =
get_fundamentals(query(valuation.code,indicator.gross_profit_margin,in
dicator.roe,indicator.net_profit_to_total_revenue).filter(#通过 filter 语
句筛选出符合条件的股票
        indicator.roe > 20,                 #净资产收益率（ROE）大于20%
        indicator.gross_profit_margin > 40,     #毛利率大于40%
        indicator.net_profit_to_total_revenue > 5,), #净利率大于5%
         statDate=str(history_year))
        stockpool = list(stock_in_scope['code']) #输出列表
        for i in stockpool:
            stock_monitor[i] = stock_monitor.get(i,0)+1
#放入字典，值为符合财务数据的年份的计数
    stock_good = [k for k,v in stock_monitor.items() if v==3]
    #选出3年都符合的股票
    #选出现在市盈率低于20倍的股票
    stock_meet_buy_condition = get_fundamentals(query(
    valuation.code,valuation.pe_ratio ).filter(
    valuation.pe_ratio > 0,
    valuation.pe_ratio < 20,
    ))
    stockpool_buy_target = list(stock_meet_buy_condition['code'])
    stock_to_buy = list(set(stock_good)&set(stockpool_buy_target))
    #选出现在市盈率高于40倍的股票
    stock_meet_sell_condition = get_fundamentals(query(
    valuation.code,valuation.pe_ratio
    ).filter(
    valuation.pe_ratio > 40,
```

```
))
    stock_to_sell = list(stock_meet_sell_condition['code'])
    #获取当前持仓股票
    stockset = list(context.portfolio.positions.keys())
    if g.months % g.threshold == 0:  #判断周期, 1 年交易一次
        print('最终要买的股票为: ' + str(stock_to_buy))
        for stock in stockset:
            if stock in stock_to_sell:
                order_target(stock,0) #市盈率太高, 卖出
            if stock not in stock_good:
                order_target(stock,0) #不符合财务要求, 卖出
        for stock in stock_to_buy:
            order(stock,100) #优质股票, 买入一手
        g.months = 1
    else:
        g.months += 1
## 收盘后运行函数
def after_market_close(context):
    log.info(str('函数运行时间
(after_market_close):'+str(context.current_dt.time())))
    #得到当天所有成交记录
    trades = get_trades()
    for _trade in trades.values():
        log.info('成交记录: '+str(_trade))
log.info('######')
```

2.1.4　基本面投资与基本面量化交易的区别

基本面量化交易的底层逻辑源自基本面投资, 但是基本面量化交易者和基本面投资者又有着很大的不同。两者在考察股票价值时, 面对的信息是相似的甚至完全相同的, 但它们对相同信息的分析方式与投资方法却相差很大。

采取基本面投资的基金经理, 面对的是市场上的数千家上市公司, 不可能对每一只股票进行详尽的研究和分析, 因此通常会先做一个初步的筛选。随后会对筛选之后的他们认为有投资价值的股票进行详细的研究。他们根据自己多年的投资经验或市场感觉、业内人士提供的消息, 甚至是生活中随机对话的启发, 来选择几家重点考察的公司。在经过详尽的分析和预测后, 基金经理往往会选取"最好"的几十只股票构建投资组合, 并对他们认为最有潜力的几只股票给予更大的仓位权重。

采取基本面量化交易策略的基金经理则不同，构建选股模型是他们工作中最重要的一环。量化交易者会投入大量的精力决定选取哪些指标进行股票筛选。通过构建选股模型，基金经理可能会选出最具吸引力的 100～200 只股票，然后按照一定的行业配比优化股票配置。量化交易者会买入所有选出的股票，构建投资组合。

所以，我们可以看到基本面投资和基本面量化交易存在以下差异。

1. 关注点不同

基本面投资关注的是单个公司，而基本面量化交易则重点关注选股模型——如何选取有效的指标。在研究一家公司时，基本面投资者会特别关注目标公司的预期收入增长情况，并且判断当前股价是否已经体现了这方面的信息。相比之下，基本面量化交易者考虑的方向则是选取什么指标来量化公司的成长能力。他们会重点关注历史数据，因为过去收入持续高增长的公司往往有着更高的股票收益，所以基本面量化交易者就会将这些公司纳入自己的投资组合。尽管这两种投资者可能都会因公司收入的高增长特征而买入同一只股票，但他们的决策方式是不同的。

2. 投资风格不同

基本面投资可以说是一种高投资深度、低投资广度的投资风格；而基本面量化交易是一种低投资深度、高投资广度的投资风格。基本面投资者一般只关注少数几十只股票，然后对关注的每家公司单独进行深入的调研、了解和预测。而基本面量化交易者会同时关注大量的公司，他们不会深入分析每家公司的具体信息，而通常运用统计学和概率来找到能有效区分"好股票"和"坏股票"的指标，从而构建选股模型。

3. 对待历史数据的态度不同

基本面投资关注的是未来或预期，基本面量化交易关注的是过去或规律。基本面投资者也会参考历史数据和历史信息，但往往是将历史数据当作预测公司未来情况的依据。基本面量化交易者则完全基于历史数据或历史信息来决定选股模型和投资策略，他们相信历史会重演，并通过对数据的分析来寻找能实现超额收益的"规律"。他们会考察公司的历史财务数据和市场表现数据，进行多次历史数据的模拟测试，来寻找最有效的指标，以此构建选股模型。

4. 关注的风险不同

基本面投资者关注公司层面的风险，基本面量化交易者关注选股模型的风险。基本面投资者对每只股票都进行详尽的分析，重点分析公司层面和社会层面可能存在的风险（如宏观经济风险、行业政策风险等），对风险的度量通常是进行定性分析。基本面量化交易者通过历史数据的回溯测试来研究大量股票呈现的统计规律，他们会在整个投资组合的层次上考虑风险。通过投资组合实现对风险的精确度量，以便有效地控制组合风险。

5. 仓位管理不同

基本面投资者的投资组合仓位通常更加集中，而基本面量化交易者的仓位则更加分散（通常最大持仓股不超过 2%）。基本面投资者关注的股票较少，每只股票的仓位相对更大；基本面量化交易者关注的股票数量多，根据统计规律和投资组合，资金往往更加分散，从而每只股票的仓位更小。

6. 决策方式不同

基本面投资者的分析依赖于分析师的个人能力，而基本面量化交易者的分析离不开计算机的辅助。基本面投资者可能也会使用如 Excel 等软件进行计算和分析，但他们对于估值参数的选取更多地依据主观判断。基本面量化交易者也思考有效指标背后的逻辑，但会更多地参考回溯测试的结果。人类投资者可能会受情绪影响，出现非理性的投资行为，即使是优秀的基金经理也不例外。而计算机没有人类的私心杂念，选股模型会严格地按照基本面量化交易者的设定来运行，只要投资者不去人为干预计算机的执行，就能有效规避非理性行为。

如果把投资定义为科学与艺术的结合，则基本面投资的艺术特质更加突出，而基本面量化交易的科学性更强。

2.2   资产配置量化交易策略

资产配置是政府和企业机构乃至普通民众都要面对的现实问题。对资产配置进行的相关研究不仅可以让我们知道不确定条件下的投资决策，解释投资者的行为，也可以帮助政府、企业机构和普通民众管理有限的自然资源。

生产要素可以实现资产的增值，提高资本的投资效率，分散投资中的风险。在资产配置优化问题中，投资决策者（可以是企业经理、证券市场交易者、基金管理者、家庭成员中的每个人等）在不确定的环境资源约束下，依据一定的准则选择以适当比例持有多种风险资产。这些资产可以是股票、债券、基金等有价证券，也可以是外汇、不动产和私人资本等，还可以是各种金融衍生品、实业投资计划、人力资本等。资产配置优化问题还可以是社会资源的优化利用，企业新产品生产计划安排，养老金计划的制订，养老基金、保险基金的再投资，公共资源的合理开发，等等。

2.2.1   资产配置量化交易策略的底层逻辑

一些投资者认为投资的底层逻辑是"风险博弈"，即若想预测市场，就只能通过平衡收益和风险的方法来赚取市场溢价，其底层算法是市场永远存在基于风险指数曲线重构仓位的"风险锚"。从马科维茨的投资组合理论到默顿的动态资产配置模型，半个多世纪以来，这些方法把投资从单兵作战的时代，推向了流水线作业的工业时代。不论是基于夏普比率的均值-方差模型，还是由桥水基金的全天候资产配置策略演变而来的风险平价模型，都是通过定期动态调整仓位来计算有效前沿，从而完成对市场的博弈的。

1. 投资组合理论

证券及其他风险资产的投资首先需要解决的是 2 个核心问题：预期收益与风险。那么如何测定组合投资的风险与收益和如何平衡这两项指标进行资产分配是市场投资者迫切需要解决的问题。正是在这样的背景下，马科维茨的投资组合理论在 1952年应运而生。

马科维茨把投资组合的价格变化视为随机变量，以它的均值来衡量收益，以它的方差来衡量风险，把投资组合中各种证券之间的比例作为变量，那么寻求收益一定、风险最小的投资组合的问题就被归结为一个线性约束下的二次规划问题，再根据投资者的偏好，就可以进行投资决策。

投资组合理论指若干种证券组成的投资组合，其收益是这些证券收益的加权平均数，但其风险不是这些证券风险的加权平均数，因为投资组合能降低非系统性风险。该理论包含 2 个重要内容：均值-方差模型和投资组合有效边界模型。

均值-方差模型是马科维茨在 1952 年提出的风险投资模型。马科维茨把风险定义为收益率的波动率，首次将数理统计的方法应用到投资组合选择的研究中。这种方法使收益与风险的多目标优化达到最佳的平衡效果。

分析理解均值-方差模型，需要依据以下几个假设。

假设一，投资者在考虑每一次的投资选择时，其依据是某一持仓时间内的证券收益的概率分布；

假设二，投资者是根据证券的期望收益率的方差或标准差来估测证券组合的风险的；

假设三，投资者的决定仅仅依据证券的风险和收益；

假设四，在一定的风险水平上，投资者希望收益最大；相对应的是，在一定的收益水平上，投资者希望风险最小。

根据以上假设，马科维茨确立了证券组合预期收益、风险的计算方法和有效边界理论，建立了资产优化配置的均值-方差模型。模型的目标函数为投资组合 $\sum_i x_i r_i$ 的方差：

$$\sigma^2 = \mathrm{var}\left(\sum_i x_i r_i\right) = \sum_{ij} x_i x_j \mathrm{cov}(r_i, r_j)$$

约束条件为：

$$\sum_i x_i E(r_i) \geqslant \mu, \qquad \sum_i x_i \leqslant 1, \qquad x_i \geqslant 0$$

若证券 i 允许卖空，则可以去掉相应的 $x_i \geqslant 0$ 的约束。这里的 x_i 表示在证券 i 上投入的资金比例，全部投资的总比例 $\sum_i x_i \leqslant 1$ 不超过预算。第 i 只股票的收益 r_i 的期望值为 $E(r_i)$，2 只股票 i、j 的收益的协方差为 $\mathrm{cov}(r_i, r_j)$，所求的投资组合要达到的期望收益为 $\sum_i x_i E(r_i) \geqslant \mu$。为达到目标期望收益 μ，通过调整资金比例 x_i 可使得风险 σ^2 最小。

2. 风险平价模型

风险平价起源自一个目标收益率为 10%、波动率为 10%～12% 的投资组合，是美国桥水基金创始人瑞·达利欧在 1996 年创立的一个投资原则，即全天候资产配置原则，这一原则现在被称为"风险平价"（Risk Parity）。

风险平价是一种为投资组合中的不同资产分配相同风险权重的资产配置理念。先假设某一资产组合 p 由两类资产（如股票与债券）构成：

$$R_p = w_1 R_1 + w_2 R_2,$$

其中 R_1、R_2 分别是两类资产的收益，w_1、w_2 分别是两类资产的配置比重，且有 $w_1 + w_2 = 1$。将风险定义为资产收益的标准差，则组合 p 的风险为：

$$\sigma(R_p) = \sqrt{w_1^2 \sigma(R_1)^2 + w_2^2 \sigma(R_2)^2 + 2 w_1 w_2 \mathrm{cov}(R_1, R_2)}$$

将 $\sigma(R_p)$ 看作 w_1 和 w_2 的函数，定义资产1对组合 p 的边际风险贡献，即资产1的单位配资权重 w_1 的增长引起的组合风险 $\sigma(R_p)$ 的增长：

$$\mathrm{MRC}_1 = \frac{\partial \sigma(R_p)}{\partial w_1} = \frac{w_1 \sigma(R_1)^2 + w_2 \mathrm{cov}(R_1, R_2)}{\sigma(R_p)} = \frac{\mathrm{cov}(R_1, R_2)}{\sigma(R_p)}$$

则资产1对组合的总风险贡献为：

$$\mathrm{TRC}_1 = w_1 \frac{\partial \sigma(R_p)}{\partial w_1} = \frac{w_1^2 \sigma(R_1)^2 + w_1 w_2 \mathrm{cov}(R_1, R_2)}{\sigma(R_p)} = w_1 \frac{\mathrm{cov}(R_1, R_2)}{\sigma(R_p)}$$

组合 p 的总风险可以被拆分成各项资产总风险贡献之和：

$$\sigma(R_p) = \frac{w_1^2 \sigma(R_1)^2 + w_2^2 \sigma(R_2)^2 + 2w_1 w_2 \mathrm{cov}(R_1, R_2)}{\sigma(R_p)} = \mathrm{TRC}_1 + \mathrm{TRC}_2$$

则资产 i 在组合 p 中的风险贡献权重可以表示为：

$$\frac{\mathrm{TRC}_i}{\sigma(R_p)} = w_i \beta_i$$

其中 $\beta_i = \frac{\mathrm{cov}(R_i, R_2)}{\sigma(R_p)^2}$。可见各项资产对组合风险的贡献权重并不一定等于资金配比权重 w_i，而是在 w_i 上乘以一个与该资产和组合的协方差有关的数 β_i。

对于60/40股债组合，假设股票风险为4.50%，债券风险为1.62%，两者协方差为0.02%，则组合风险为2.70%，计算得到股票对组合的风险贡献权重为：

$$\frac{\mathrm{TRC}_{\mathrm{stock}}}{\sigma(R_p)} = 60\% \left[\frac{60\% \times (4.50\%)^2 + 40\% \times 0.02\%}{(2.70\%)^2} \right] = 75.84\%$$

股票风险贡献权重接近80%，可见组合中股票的风险占显著主导地位，组合风险并没有得到有效分散。

风险平价模型要求选择合适的资金配比 w_i，使得组合中各项资产的风险贡献相等，即

$$\mathrm{TRC}_i = \mathrm{TRC}_j$$

或

$$\frac{TRC_i}{\sigma(R_p)} = 1/N$$

式中 i、j 遍历各项资产，N 为资产总数。对于上述股债的例子，在风险平价方法下，计算股票与债券所占组合资金比重应求解以下方程组：

$$w_{stock}^2(4.50\%)^2 + w_{stock} \times w_{bond} \times 0.02\%$$

$$= w_{bond}^2(1.62\%)^2 + w_{stock} \times w_{bond} \times 0.02\%$$

$$w_{stock} + w_{bond} = 1$$

解得 w_{stock}、w_{bond} 分别为 39.97%、60.03%，因此风险平价条件下的组合风险计算结果为 2.27%，股票与债券各自贡献风险为 2.43%、1.11%。

假如无法理解上述计算逻辑，不妨借助下 GPT，本书第 5.5 节有详细的介绍。

2.2.2   资产配置量化交易策略的代表人物及其投资逻辑

资产配置量化交易策略的代表人物首推创建桥水基金（Bridgewater Associates）的瑞·达利欧。

达利欧的投资经历可以追溯到他的少年时代，他将打零工的所得投资给了他的第一只股票——东北航空。但当时的达利欧并不知道，东北航空其实已经濒临破产。在最初挑选投资的公司时，达利欧挑选了他所听说过的股票价格最便宜的公司，就像我们多数人的第一笔投资一样。但达利欧是幸运的，濒临破产的东北航空被另一家公司收购，年少的达利欧因此财富增长了两倍。这使得达利欧开始痴迷于此，也从此开启了达利欧投资的一生。

20 世纪 60 年代的美国经济正处于极盛时期，其经济总量占当时全球经济的 40%。那些年，美国股市很红火，人人都在赚钱，而投资似乎很简单，随便买只股票看着它涨就是了。当时美国人中流行的认知是股市肯定会不停地上涨，因为在此之前的 10 年里，股价已经平均上涨了 3 倍。因此，"成本平均策略"（即我们众所周知的"定投"）被当时大多数人采纳。

创造传奇的人大多都有一段坎坷的经历：遇到挫折，在挫折中吸取教训、总结经验，战胜挫折，遇到新的挫折……这个过程听起来很像 PCDA（Plan，Check，Do，Act）循环（或称戴明环），不断地从每一次失败中吸取教训，总结经验，调整策略，形成准则。

"在交易中赚到钱的人，都必然经历过可怕的痛苦。交易就像跟电打交道，你可能被电击。在做这桩猪腩期货交易及其他交易时，我感受到了电击，以及与之相伴的恐惧。"这是 1974 年达利欧在自己手中持有的猪腩期货连续数天跌停后的感受，这段刻骨铭心的经历让他认识到了风险控制的重要性，也让他意识到"必须确保任何一次押注，甚至赌注组合，都不能使自己的损失超过可以接受的限度。在交易中，你必须既有防御心，又有进攻心。如果没有进攻心，你就赚不到钱；而如果没有防御心，你的钱就保不住"。

当时，8 年的从业经验使得达利欧有超凡的自信，他坚信自己的眼光与对时局的判断力。也就是这份离谱的过度自信，使他失去了全部，一下回到了原点。

1982 年 8 月，随着墨西哥等国家对其债务违约，美国的商业贷款活动陷于停顿。作为对一系列债务违约事件的回应，美联储增加了货币供给。而达利欧在此时预言美国的经济将崩溃，甚至最终有可能发生恶性通货膨胀。达利欧判断美国的信贷问题将会越来越严重，所以他开始买入黄金和美债期货作为对欧洲美元的对冲。但随着资金（以美元计价的资金）大举撤出借债国，大量的美元回到美国，美元在升值的同时使得美国的经济出现了通缩的压力，从而让美联储可以在不加剧通胀的情况下降息，最终驱动了一场经济繁荣。而做出错误判断的达利欧也因此失去了所有。经此之后，达利欧找到了他成功的唯一途径：

第一，寻找最聪明的与自己观点不同的人，以便更好地理解他们的推理；

第二，认清自己在哪些情况下没有明确的观点，不急于下结论；

第三，逐步总结出永恒和普适的原则，对其进行检验，并加以系统化；

第四，通过平衡风险，实现较高的收益和降低下跌波动。

　　这次失败也开启了他的"试炼之路"。就如同丘吉尔所说的那样，"永远不要浪费一次危机"。达利欧将"危"转化成"机"，通过不断总结经验，调整策略，在危机来临之时，使其管理的基金的收益远超其他基金。这使他逐渐走入了人们的视野，从幕后走到了台前。

　　1987 年 10 月 19 日，美国股市出现了历史上的最大单日跌幅，人们将这一天称为"黑色星期五"。而达利欧是少数预见到市场将剧烈下跌的投资经理之一，并在"黑色星期五"来临之前就做空了股票。在"黑色星期五"当天，大多数人的业绩都在下滑之时，达利欧团队的业绩却增长了 22%，更多的人开始关注这个团队，而媒体则称他们是"十月英雄"。

　　2007 年，偿债成本的增速将要超过预期现金流的增速，并且世界各国的利率已经接近于 0。因此，达利欧的团队判断，一场债务泡沫即将发展到崩溃点，因为各国央行在本国利率接近 0 的情况下，难以采取足够有力的货币宽松政策来扭转下滑的经济趋势。这与 1982 年的债务危机爆发前夕类似，但失败的教训以及多年的知识积累让达利欧变得谨慎了许多。他没有像在 1982 年债务危机那样"自以为是"地投入更多的筹码，而是对押注进行了对冲。2008 年 9 月，雷曼兄弟公司倒闭，各大企业开始像多米诺骨牌一样飞速倒下。但当很多投资者的损失都超过了 30%时，达利欧团队所管理的旗舰基金的业绩却增长了 14%。

　　从 2010 年开始，达利欧团队通过他们的分析系统"预见"了欧洲正在"酝酿"着一场债务危机。通过调查一系列欧洲国家的债务情况，以及债券在市场上的流通情况，达利欧团队判断，由于南欧国家的债券可能会出现滞销，因此将会引发如 2008 年那样的甚至情况更糟的债务危机。此时的欧洲决策者就像 2008 年之前的美国决策者一样，即便达利欧已经向他们介绍了接下来将要发生的事情，他们也并不认同达利欧的想法……但不得不说的是，达利欧团队在 2010 年创造了无人能比的收益：2个"纯粹阿尔法"基金的收益率分别接近 45%和 28%，"全天候资产组合"的收益率接近 18%。

　　如今，桥水基金是世界上资金管理规模最大的对冲基金。如表 2.1 所示，在投资杂志《养老金与投资》（*Pension & Investments*）公布的"2022 年前十大对冲基金管理者"中，桥水基金蝉联冠军。截至 2022 年 6 月 30 日，桥水基金以 1264 亿美元的收益仍位居榜首，较 2021 年增长 19.60%。

表 2.1　2022 年前十大对冲基金排行榜

排名	基金名称	2022 年收益/百万美元	2021 年收益/百万美元	变 化 率
1	桥水	126400	105700	19.60%
2	英仕曼集团	73500	63400	15.90%
3	文艺复兴科技	57000	58000	−1.70%
4	千禧管理	54968	52314	5.10%
5	城堡投资	52970	37630	40.80%
6	德劭集团	47861	39738	20.40%
7	双西格玛投资	40969	39550	3.60%
8	戴维森·肯普钠资本管理公司	37450	37350	0.30%
9	法拉龙资本管理公司	37400	38100	−1.80%
10	TCI 基金管理公司	36200	40000	−9.50%

如表 2.2 所示，截至 2022 年 12 月 31 日，桥水基金 2022 年净收益为 62 亿美元，自成立以来累计净收益为 584 亿美元。

表 2.2　排名前 20 的对冲基金及其基金经理

对冲基金	基金经理	自成立以来累计净收益/十亿美元	2022 年净收益/十亿美元
城堡投资	肯·格里芬	65.90	16.00
桥水	瑞·达利欧/鲍勃·普林斯&格雷格·詹森	58.40	6.20
德劭集团	德劭	51.90	8.20
千禧管理	伊斯雷尔·英格兰德	50.40	8.00
索罗斯基金管理	肯·格里芬	43.90	N/A

续表

对冲基金	基金经理	自成立以来累计净收益/十亿美元	2022 年净收益/十亿美元
艾利特	瑞·达利欧/鲍勃·普林斯＆格雷格·詹森	42.10	2.80
维京	德劭	35.00	−3.00
保宝投资	以色列·恩格兰德	33.20	−1.50
法拉龙资本管理公司	索罗斯·乔治/其他	33.10	0.50
阿帕鲁萨	辛格·保罗	32.30	1.60
孤松	哈尔沃森·安德烈亚斯	31.30	−10.90
SAC/Point 72	克拉曼·塞思	30.10	2.40
奥奇兹夫/雕塑家	斯泰耶·汤姆/斯波克斯·安德鲁	29.90	−1.80
TCI 基金管理公司	特珀尔·大卫	28.40	−8.10
布雷文豪华	曼德尔·斯蒂芬/其他	28.10	5.10
埃格顿	科恩·史蒂夫	21.60	−4.10
卡克斯顿	奥奇·丹尼尔/莱文·吉米	19.80	2.10
戴维森·肯普钠资本管理公司	霍恩·克里斯托弗	19.20	−0.40
国王街	霍华德·艾伦	18.70	−0.70
摩尔*	阿米塔奇·约翰	18.60	N/A

2.2.3 实战案例：桥水公司的全天候量化交易策略

1. 桥水公司量化交易策略的发展历程

桥水公司是达利欧于 1975 年在其曼哈顿公寓的一间办公室里创立的。截至 2020 年 4 月，该公司管理的资产约为 1380 亿美元。

桥水公司在 20 世纪 90 年代开发了几种"创新的投资策略"，如通货膨胀指数债券、货币叠加、新兴市场债务、全球债券和"超长期债券"。该公司还开创了"阿尔法和贝塔的分离投资"，并开发了一种被称为"阿尔法叠加"的策略，涉及"20 个不相关的"投资组合，利用了风险或收益的杠杆，并与现金或投资市场基准相结合。

桥水公司于 1991 年推出了纯阿尔法基金（Pure Alpha Fund），并开始推销"便携式阿尔法投资策略"。纯阿尔法基金在 2000 年至 2003 年的市场低迷期表现良好。随着对冲基金的流行，该公司通过与各种资金不足的养老基金的联系扩大了资产，其中一些基金已经成为该公司的客户。1992 年，桥水公司推出了全球债券叠加项目。1995 年，桥水公司高管参加了美国财政部的讨论，为美国联邦政府发展通货膨胀指数债券提供建议。

最近 30 年，桥水公司推出了全天候对冲基金，并在 1996 年开创了风险平价的投资组合管理方法。公司管理的资产从 20 世纪 90 年代中期的 50 亿美元增长到 2003 年的 380 亿美元。2000 年 6 月，桥水公司被《养老金与投资》杂志评为当年和前 5 年里表现最好的全球债券经理。2002 年，桥水公司被 Nelson Information 评为世界最佳资金管理公司，以表彰其国际固定收益项目 16.30% 的收益率。2003 年，桥水公司获得了全球投资者卓越奖——全球债券奖。次年，该公司获得了全球养老金（杂志）年度货币覆盖经理奖，以及 PlanSponsor 运营调查的 2 个同类最佳奖项。

2. 全天候量化交易策略的投资类型及逻辑

所谓的"全天候"（All Weather）量化交易策略，是桥水公司提出的一种基于资产类别的风险平价策略的全新投资哲学，该策略提倡配置风险，而不是配置资产。传统的资产配置方法控制的是绝对风险，也就是整个投资组合的波动性；而风险平价控制的是相对风险，让各资产类别的风险处于相对平衡的状态。

全天候量化交易策略的投资区分（四等分风险分配）：①高增长，股票、大宗商品、公司信用产品、新兴经济体信用产品；②高通胀，通胀联结债券、大宗商品、新兴经济体信用产品；③低增长，普通债券、通胀联结债券；④低通胀，股票、普通债券。

全天候量化交易策略的核心逻辑是桥水公司认为，任何资产的价格都和这 2 个因素有关——经济活动水平（增长、衰退）和价格水平（通胀、通缩）。针对上述 4

种情况配置平衡资产可以有效减小不利波动，并且不需要进行预测。

3. 全天候量化交易策略的实战流程及案例

针对全天候量化交易策略，一般可以采用三步分析法。

第一步，选择低相关性的大类资产。通常来讲，对于规模不是很大的资金，遵循"股票+现金"即可；对于规模超大的资金，除了股票+现金，还需要加入债券、黄金、大宗商品甚至海外资产。

第二步，确定相关参数。包括预期收益区间（计算资产预期年化收益率的历史数据区间）、预期风险区间（计算资产预期年化波动率的历史数据区间）、无风险收益（参考当下利率水平）。

第三步，定时定量计算。通过最优化比例计算，使得各个资产的风险贡献度趋于相等，通过调整仓位降低单个资产引起的风险暴露。

4. 全天候量化交易策略的交易规则与表现

策略来源：托尼·罗宾斯（Tony Robbins）在他的著作《金钱：掌控游戏》中推广了一种适用于希望实施更具机构针对性的全天候基金理念的散户投资者的方法。

投资组合图表提供了一些围绕全天候投资组合的出色分析，以及围绕"四季"哲学的有趣讨论。Lazy Portfolio ETF 使用一组类似的 ETF，并提供了一些关于投资组合如何随时间执行的有趣分析。

对于英国的 QSAlpha 用户，Foxy Monkey 博客提供了一组替代的英国 ETF，可以通过试图复制全天候投资组合理念的 ISA[①]进行投资。

IWillTeachYouToBeRich.com 的 Tony Tran 以美国为中心，使用一组 ETF，概述了如何构建全天候投资组合。

---

① ISA 是英国的一种税收优惠的个人储蓄账户，旨在鼓励个人储蓄和投资。

Candice Elliott 在网站 ListenMoneyMatters 上撰文介绍了全天候投资组合和金蝴蝶（Golden Butterfly）投资组合之间的区别。

策略描述： 全天候投资组合来源于著名的桥水基金的基金经理瑞·达利欧，旨在凭借其资产类别和风险加权理念的组合，"全天候"地提供良好表现。

此处实施的全天候投资组合版本为 5 只低成本流动性 ETF 的集合提供了静态目标分配，这些 ETF 代表美国股票市场的广泛资产类别、不同期限的美国国债、商品和黄金。

为了对资产类别进行"风险加权"，静态配置主要针对固定收益，对股票的配置较少。这是由于债券的历史波动性较低。与传统的 60/40 股债组合相比，全天候投资组合通过增加债券配置，将"同等风险"分配给这 2 个资产类别。

组合构成： 5 只 ETF，即 GLD（跟踪黄金指数）、GSG（跟踪美国大宗商品指数）、IEI（跟踪美国 3—7 年国债指数）、TLT（跟踪美国长期国债指数）和 VTI（跟踪美国全市场指数）。全天候投资组合采用风险加权的方法，倾向于配置风险较低的资产，此处的"风险"即收益的历史波动性。我们在这里实施了该策略，并每月对这 5 只低成本 ETF 进行再平衡。

交易规则： 自 2007 年 1 月 31 日起，在每个日历月的最后交易日确定活期账户净值。将此股权划分为 5 只 ETF 中每只的多头目标分配，并根据需要进行任意再平衡交易以获得正确的比例。

策略表现： 2007 年 1 月 31 日—2023 年 3 月 26 日，该投资组合的复合年化增长率为 5.45%，夏普比率为 0.73，当前配置比例为 GLD（黄金类）7.50%、GSG（大宗商品）7.50%、IEI（中期国债）15%、TLT（长期国债）40%、VTI（股票市场）30%。

如图 2.2 所示，为 2008 年至 2023 年桥水公司全天候投资组合的情况。

投资者可以根据个人风险偏好，自行修改权重以适应个人风格。例如，对资产类别进行平均加权，而不是应用风险加权。

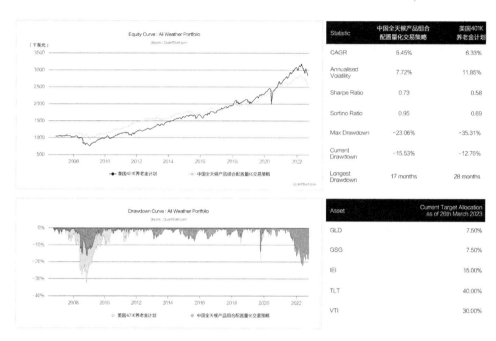

图 2.2   2008—2023 年桥水公司的全天候投资组合图

5. 全天候量化交易策略的逻辑思维导图

图 2.3 为桥水公司全天候量化交易策略的逻辑思维导图。

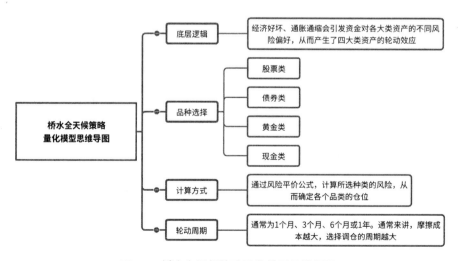

图 2.3   桥水全天候策略量化模型思维导图

6. 全天候量化交易策略的实战代码示例

参考代码如下所示:

```python
#全天候量化交易策略代码实现
# 导入函数库
from jqdata import *
import pandas as pd
import numpy as np
import scipy.optimize as sco
import seaborn as sns
import matplotlib.pyplot as plt
# 资产字典
assetdict = {
            '510300.XSHG':'沪深 300 指数',
            '513100.XSHG':'纳指',
            '518880.XSHG':'黄金',
            '511010.XSHG':'国债'}
# 初始化函数，设定基准，等等
def initialize(context):
    # 设定沪深 300 指数作为基准
    set_benchmark('511880.XSHG')
    # 开启动态复权模式(真实价格)
    set_option('use_real_price', True)
    # 按周运行
    run_monthly(risk_parity, -1, '9:30', '000001.XSHE', False)
    # 风险平价参数
    g.longtime = 60
## 开盘前运行函数
def risk_parity(context):
    # 资产代码
    assetdcode = list(assetdict.keys())
    # 资产数据
    closedata = history(g.longtime, unit='1d', field='close',
security_list=assetdcode, df=True, skip_paused=False, fq='pre')
    # 收益率日数据
    retpct = closedata.pct_change().dropna()
    retpct = retpct.dropna(axis = 1)
    # 获取权重
    weight = portfolio_optimize(retpct)
    # 交易
    for s in assetdcode:
        # 总资产
```

```
        total_value = context.portfolio.total_value
        # 目标占比
        tag_weight = weight[s]
        # 目标金额
        cash = tag_weight*total_value
        order_target_value(s, cash)

'''
风险评价
'''
def portfolio_optimize(ret_mat,cov_shrink=True,method='risk_parity'):
    #time horizon
    T=len(ret_mat)
    t=int(T/4)
    #expect return
    exp_ret=ret_mat.mean()*252
    #covariance
    if cov_shrink==False:
        cov_mat=ret_mat.cov()*252
    #shrink covariance to 4 time period
    if cov_shrink==True:
cov_mat=252*(ret_mat.iloc[:t].cov()*(1/10)+ret_mat.iloc[t+1:2*t].cov()
*(2/10)+ret_mat.iloc[2*t+1:3*t].cov()*(3/10)+ret_mat.iloc[3*t:].cov()*
(4/10))
    #set input data
    k=len(ret_mat.columns)
    weights=np.array(k*[1/k])
    #set function
def risk_parity(weights):
    risk_vector=np.dot(weights,cov_mat)
marginal_risk=weights*risk_vector/np.sqrt(np.dot(weights.T,np.dot(cov_
mat,weights)))
    TRC=[np.sum((i-marginal_risk)**2) for i in marginal_risk]
    return np.sum(TRC)
    bnds=tuple((0,0.4) for x in range(k))
    cons = ({'type':'eq', 'fun': lambda x: sum(x) - 1})
if method=='risk_parity':
result=sco.minimize(risk_parity,weights,bounds=bnds,constraints=cons,m
ethod='SLSQP')
    optimal_weights=pd.Series(index=cov_mat.index,data=result['x'])
    return optimal_weights
```

2.2.4　实战案例：个人养老金量化交易策略

2022 年 4 月 21 日，随着《国务院办公厅关于推动个人养老金发展的意见》的发布，我国养老保险的第三支柱（个人养老金制度）正式落地，这也标志着我们国家的养老体系从结构设计层面补齐了短板。

1. 什么是"个人养老金（制度）"

个人养老金制度是中国养老保险体系中的第三支柱，是由政府政策支持、个人自愿参加、市场化运营的个人养老金制度。个人养老金实行个人账户制度，缴费由参加人个人承担，实行完全积累。个人养老金可以被简单地理解为个人在年轻时每年投入一定资金，由政府进行政策支持，进行市场化运作，产生投资收益。等到个人退休之后，再将投入的本金和收益以养老金的形式领取出来。个人养老金的用途是养老，不能提前支取。个人养老金的引入和发展可以提高个人的养老保障水平，满足个人的养老需求，同时也可以促进养老产业的发展和创新，推动金融市场的发展和稳定。

2. 为什么需要"个人养老金（制度）"

我国自从 2000 年正式进入老龄化社会以来，人口老龄化趋势越来越明显，并且老龄化的速度也在不断加快。首先，从表 2.3、图 2.4 中可以看出，2013—2022 年期间，0~14 岁人口的数量相对稳定，而 15~64 岁人口的比例逐渐下降。但是，65 岁及以上的人口数量按照 1000 万人增长的趋势。各年龄段总人口数量逐年增加，但增速逐渐放缓。

表 2.3　2013—2022 年各年龄段人口统计表

指　　标	2022 年	2021 年	2020 年	2019 年	2018 年	2017 年	2016 年	2015 年	2014 年	2013 年
年末总人口/万人	141175	141260	141212	141008	140541	140011	139232	138326	137646	136726
0~14 岁人口/万人	23859	24678	25277	23689	23751	23522	23252	22824	22712	22423

指　　标	2022年	2021年	2020年	2019年	2018年	2017年	2016年	2015年	2014年	2013年
15~64 岁人口/万人	96281	96526	96871	99552	100065	100528	100943	100978	101032	101041
65 岁及以上人口/万人	21035	20056	19064	17767	16724	15961	15037	14524	13902	13262

数据来源：国家统计局

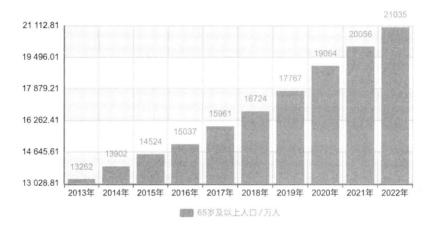

图 2.4　2013—2022 年每年 65 岁及以上人口增长柱状图

其次，从表 2.4、图 2.5 中可以看出，2022 年的出生率为 6.77‰，人口自然增长率仅为－0.60‰。人口的出生率和自然增长率又呈现出逐年下降的态势。

表 2.4　2013—2022 年人口自然增长统计表

指　　标	2022年	2021年	2020年	2019年	2018年	2017年	2016年	2015年	2014年	2013年
人口出生率/‰	6.77	7.52	8.52	10.41	10.86	12.64	13.57	11.99	13.83	13.03
人口死亡率/‰	7.37	7.18	7.07	7.09	7.08	7.06	7.04	7.07	7.12	7.13
人口自然增长率/‰	－0.60	0.34	1.45	3.32	3.78	5.58	6.53	4.93	6.71	5.90

数据来源：国家统计局

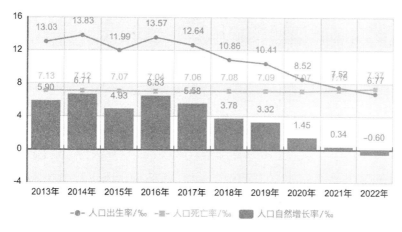

图 2.5　2013—2022 年人口自然增长趋势图

同时，从图 2.6 中可以看出，中年人口在 2013—2022 年呈现出逐渐减少的趋势。这可能是由于人口老龄化和生育率下降导致的。中年人口的减少可能会对劳动力市场和经济发展产生影响，需要采取措施来应对劳动力供需的变化。而老年抚养比却呈现出逐渐递增的趋势。

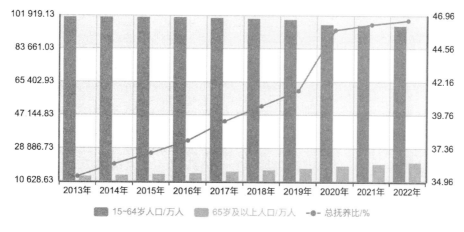

图 2.6　2013—2022 年各年龄段人口结构图

最后，图 2.7 反映了 2007—2022 年全国企业年金的发展情况。企业年金的数量和参与人数都有了显著的增加，企业年金基金的规模和投资收益也有了显著的增长。

这表明企业年金在我国的发展取得了积极的成果，为员工提供了更多的养老保障和福利。

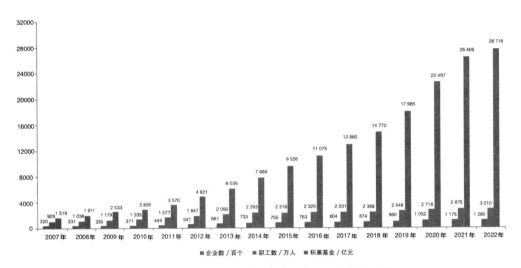

图 2.7   2007—2022 年全国企业年金基本情况柱状图

这些数据我国人口老龄化问题日益突出，需要采取措施满足老年人的养老需求。加强对老年人的关注和照顾，提供更好的养老服务和保障。同时，加强养老制度建设和改革，提高养老保障的可持续性和质量，实现老龄化社会的可持续发展。

个人养老金的引入和发展可以解决养老体系存在的问题，满足个人养老需求，并促进养老产业的发展和创新，以及金融市场的发展和稳定。个人养老金的发展对于提高个人的养老保障水平，减轻个人在退休时的经济压力非常重要。同时，个人养老金的量化策略也可以为个人提供个性化的投资建议和风险评估，帮助个人实现养老目标。

3. 个人养老金在中国养老保险体系中的地位是什么

聊这个问题前，我们先来了解一下中国的个人养老金制度——中国养老保险体系三大支柱，如图 2.8 所示。

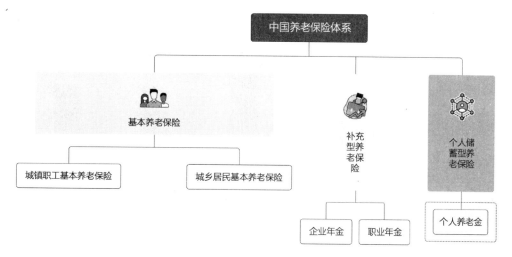

图 2.8　中国养老保险体系三大支柱

个人养老金是中国养老保险体系的第三支柱，为现有养老体系提供补充。养老保险体系由基本养老保险、补充型养老保险和个人储蓄型养老保险三大支柱组成。其中，个人储蓄型养老保险即由个人养老金构成。个人养老金通过个人账户制度，由个人承担缴费，实行完全积累。引入和发展个人养老金是为了解决养老体系问题和满足个人养老需求。它可以提高个人的养老保障水平，增加养老资金来源，减轻退休时的经济压力。同时，个人养老金的发展还可以促进养老产业和金融市场的发展。个人养老金在完善养老保障体系和提高个人养老保障水平方面具有重要意义。

图 2.9 展示了居民对养老金融产品投资期限的意愿分布。根据调查结果显示，调查对象在养老金融投资中偏好灵活存取的产品，超过 40% 的调查对象选择了 3 年以内的投资期限，仅有 15.78% 的调查对象愿意选择 5 年以上的投资期限。

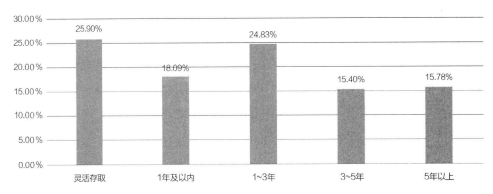

图 2.9　居民对养老金融产品投资期限的意愿分布图

表 2.5 说明年轻人和老年人更偏好于灵活存取的养老金融投资方案，中年群体则有相对较长投资期限（尤其是 3～5 年、5～10 年）。

表 2.5　不同年龄群体对养老金融产品投资期限分布图

	18~29 岁	30~39 岁	40~49 岁	50~59 岁	60 岁及以上
灵活存取	30.62%	21.78%	13.49%	19.88%	41.37%
半年以内	5.26%	3.25%	3.01%	8.82%	9.93%
半年至 1（含）年	10.48%	9.72%	8.31%	13.81%	16.87%
1~3（含）年	18.26%	18.61%	27.24%	28.92%	31.02%
3~5（含）年	15.70%	18.19%	26.58%	17.77%	0.77%
5~10（含）年	10.31%	17.73%	21.36%	10.80%	0.00%
10~20（含）年	6.07%	8.26%	0.00%	0.00%	0.04%
20 年以上	3.30%	2.46%	0.00%	0.00%	0.00%

公众更倾向于选择灵活存取的产品和较短的投资期限，注重资金的流动性和安全性。这一结果对于养老金融产品的设计和市场推广具有重要的参考价值，需要根据公众的需求和偏好，提供更加灵活和安全的养老金融产品，以满足公众对养老资金的需求和保障。

4. 个人养老金量化交易策略的逻辑思维导图

图 2.10 为个人养老金量化交易策略的逻辑思维导图。

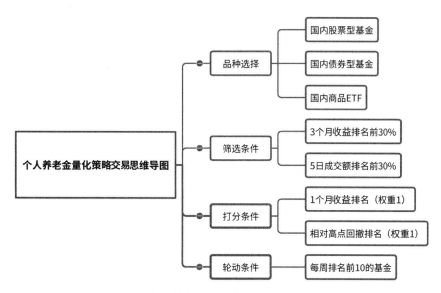

图 2.10　个人养老金量化交易策略思维导图

5. 个人养老金量化交易策略的实战代码示例

参考代码如下所示：

```
## 个人养老金量化交易策略代码实现
# 导入所需的库
import pandas as pd

# 假设以下是股票（或基金）的数据
data = pd.DataFrame({
    '代码': ['001', '002', '003', '004', '005'],
    '品种': ['股票型基金', '债券型基金', '商品 ETF', '股票型基金', '债券型基金'],
    '3 个月回报率': [0.1, 0.2, 0.15, 0.25, 0.3],
    '5 日成交额': [1000000, 2000000, 1500000, 2500000, 3000000],
    '1 个月回报率': [0.05, 0.1, -0.05, 0.15, 0.2],
    '相对高点回撤': [0.01, 0.02, 0.03, 0.04, 0.05],
    '本周排名': [1, 2, 3, 4, 5]
})

# 1. 筛选出股票型基金、债券型基金和商品 ETF
filtered_data = data[data['品种'].isin(['股票型基金', '债券型基金', '商品
ETF'])]
```

```
# 2．根据条件筛选股票（或基金）
filtered_data = filtered_data[
  (filtered_data['3 个月回报率'] > filtered_data['3 个月回报率
'].quantile(0.7)) |
  (filtered_data['5 日成交额'] > filtered_data['5 日成交额'].quantile(0.7))
]

# 3．为选出的股票（或基金）打分
filtered_data['得分'] = filtered_data['1 个月回报率'] * 1 + filtered_data['
相对高点回撤'] * 1

# 4．周期化轮动执行逻辑
top_10 = filtered_data.nsmallest(10, '本周排名')

# 打印结果
print("筛选结果：")
print(filtered_data)
print("\n 每周排名前 10 的股票（或基金）：")
print(top_10)
```

请注意，以上代码中的数据是假设的示例数据，您可以根据实际情况自行替换为真实的股票或基金数据。此代码实现了以下功能：

（1）从给定的股票（或基金）数据中筛选出“股票型基金”“债券型基金”和“商品 ETF”品种。

（2）根据条件筛选股票（或基金），筛选出 3 个月回报排名前 30%或 5 日成交额排名前 30%的股票（或基金）。

（3）为选出的股票（或基金）打分，根据 1 个月回报率和相对高点回撤计算得分。

（4）实现周期化轮动执行逻辑，选择每周排名前 10 的股票（或基金）。

最后，代码会打印筛选结果和每周排名前 10 的股票（或基金）结果。

请确保在运行代码之前安装所需的库，如可使用 pip install pandas 命令安装 Pandas 库。

2.3　贝塔量化交易策略

2.3.1　贝塔量化交易策略的底层逻辑

1. 贝塔量化交易策略的定义

在投资领域，贝塔是相对阿尔法而言的。阿尔法（Alpha）指投资市场的超额收益，主动管理型基金的目标就是获取市场的超额收益；贝塔（Beta）指来源于整体投资市场的平均收益，传统市值加权的指数基金，其目标就是获取整体投资市场的平均收益。

对于贝塔量化交易策略，市场上通常有两种解读。

一是来源于百度百科，即贝塔量化交易策略是指被动跟踪指数的策略。从长期来讲，贝塔量化交易策略是可能盈利的，但由于股票市场的波动比较大，所以在某段特定的时间内往往会出现亏损或被套住的情况。该策略在上涨趋势和下跌趋势中都好于对冲策略。例如，在上涨趋势中，要么只做多股票，要么只做多期货指数；在下跌趋势中，要么只做空期货指数，要么只融券卖出。当然，这要求投资者对市场行情中的长期趋势有准确的判断。

二是来源于维基百科，即贝塔量化交易策略是指 Smart Beta（聪明贝塔）投资策略（也被称为 Advanced Beta 或 Alternative Beta），投资者通过增强一个或多个不同因子的特征，对资产进行选股及优化个股权重。这是一种基于透明且固定规则的投资策略，非市值加权，被动交易，期望其收益能超过传统指数基金获取的贝塔收益。这里的聪明贝塔投资策略的理论基础是因子投资（Factor Investing），该策略的收益来自因子的风险溢价。

不论是贝塔还是阿尔法，对于投资者而言，这种学术术语上的区分意义并不是很大。因为，所有的阿尔法本质上都是贝塔。所以，对于广义上的贝塔，可以将其最终理解为金融市场中出现的溢价机会。

为了方便读者理解，本书对于贝塔的讨论，仍然是基于传统的狭义的贝塔概念，即偏向于波动性机会。

2. 贝塔量化交易策略的基本假设

在 20 世纪 90 年代初期，尤金·法玛教授和肯尼思·弗伦奇（Kenneth French）教授合作提出一个叫 Fama-French 三因子模型（Fama-French 3-Factor Model）的股票收益模型，开启了因子投资。这类 Smart Beta 因子是以"有限理性"理论假设为基础的，包括：

假设一，存在着大量投资者；

假设二，所有投资者都在同一证券持有期计划自己的投资资产组合；

假设三，投资者投资范围仅限于在金融市场上公开交易的资产；

假设四，不存在证券交易费用（佣金和服务费用等）及税赋；

假设五，投资者对丁证券收益率的均值、方差及协方差具有相同的期望值；

假设六，所有投资者对证券的评价和对经济局势的看法都一致。

以上假设与 1952 年马科维茨提出的投资组合理论的基本假设略有不同。马科维茨投资组合理论的基本假设包括：

假设一，投资者是风险规避的，追求期望效用最大化；

假设二，投资者根据其对收益率的期望值与方差来选择投资组合；

假设三，所有投资者处于同一单期投资期。

但时至今日，人们对投资的认识也发生了变化，越来越多的研究者认为，金融市场上普遍存在的"信息差"（比如行为金融学研究的异象），是贝塔收益的确定性来源，这也是其根本假设。但在学术界，仍然有大量的学者认为，贝塔收益的产生根源并不清晰，还存在很大的争议。

对于投资者来讲，只有当贝塔量化交易策略的基本假设和自身一致时，他们才有可能对该策略真正展开研究和使用；而对于并不相信贝塔量化交易策略基本假设的投资者，还是建议他们仍然选择阿尔法量化交易策略进行投资。

2.3.2　贝塔量化交易策略的代表人物及其投资逻辑

贝塔量化交易策略，即对趋势的追踪。其代表人物为斯坦利·克罗。

1. 斯坦利·克罗简介

斯坦利·克罗（Stanley Kroll）被誉为人类有史以来最伟大的期货操盘手之一！曾有人评价他是期货行业的"李佛摩尔+巴菲特"，是宏观经济领域的"索罗斯"。他能交易农产品、化工品、工业品、基本金属、贵金属、利率，以及利率期货期权等一切东西。

斯坦利·克罗于 1960 年进入全球金融中心华尔街工作。在华尔街工作的 33 年里，他一直在期货市场上从事商品期货交易，积累了大量的经验。在 20 世纪 70 年代初的商品期货暴涨行情中，他用 1.80 万美元的本金成功获利 100 万美元。随着岁月流逝，在积累了足够多的财富后，斯坦利·克罗带着他在华尔街赚取的几百万美元，远离了这一充满竞争的市场，并开始漫游世界，独享人生。

在四处游历的 5 年中，斯坦利·克罗还潜心研究了经济理论及金融、投资理论，并先后出版了 5 本专著，其中最著名的是《克罗谈投资策略》。

克罗有一句话非常出名：只有时刻惦记着损失，利润才可以照顾好它自己！克罗的这种理念在执行时主要依靠技术方法。

他的座右铭是：KISS（Keep It Simple，Stupid）——追求简洁。

他的投资策略及理论：盈利时是长线，亏损时就是短线。他应用的技术操作手段很多，但都十分简单，有时候简单到只用一根均线。

他的具体做法：追求长线趋势的投资，涨势买进、跌势卖出。

他对投资工具的看法：反复阅读长期图表（周、月）非常有用。对长期趋势的观察使克罗对市场活动有了一个更平衡、更全面的了解。

2. 斯坦利·克罗的投资逻辑

斯坦利·克罗自述道：知道何时"不要"操作，有耐心地等候在一边，直到正确的时候才出击，这是操作者所面临的最艰难的挑战之一。但是如果你想要抬头挺胸地站在赢的阵营里面，那么这一点就绝对不可或缺。曾经在无数的日子里，他内心的操作冲动已经强烈到要逼自己行动了，因此他不得不想些点子来让自己不要下单，例如，把李佛摩尔的金言"钱是坐着赚来的，不是靠操作赚来的"挂在下单专用的电话上方，再比如，将一本航海杂志放在他的桌子上面。

他的投资逻辑可用以下七段话来总结：

①培养、练习耐心和决心，以及客观的思考方式。

②识别和分离市场上的主要和次要价格趋势，并只关注主要走势。应该将交易限制在市场的主要趋势中，因为那是赚大钱的地方。

③当你开始建仓时，假设你已经准备好进行重大变动，不要因为无聊或不耐烦而关闭交易。

④一方面，当市场走势有利时，争取大笔交易，不要满足于微薄的利润。你可以通过"坚持交易—让利润运行—并通过增加头寸（金字塔）"来做到这一点。另一方面，当头寸与市场走势相反时，将其平仓以将损失降至最低。

⑤按照主要趋势方向进行交易，应该在先前趋势或横盘趋势有重大突破时或对当前主要趋势做出反应时建立头寸。换句话说，在一个主要的下降趋势中，应该在小幅反弹至上方阻力位或从最近的底部反弹至 45%～55% 时卖出；在主要的上升趋势中，应该在对支撑的技术位或从近期反弹高点的 45%～55% 开始反弹时买入。

⑥如果只有不到一半的交易是盈利的，那么应该努力提高胜率并减少交易，而且还要在选择头寸时更加耐心地加以辨别。

⑦保持简单：适用于交易的各个方面，从市场和研究方法到时机和价格目标研究。

2.3.3　实战案例：RSRS 择时量化交易策略

量化交易中常用的择时策略有很多，如布林带上下轨突破策略（突破上轨时买入，突破下轨时卖出）和均线策略（如以 M20 日均线为界线，高于则买入，低于则卖出）。此处分界点即为阻力位和支撑位，阻力位指当标的价格上涨时遇到压力，呈现出卖方力量强于买方力量的势态，此时价格处于难以持续上涨或者止跌的价位；支撑位则相反，买方力量强于卖方，价格趋于止跌或反弹上涨的价位。本实战案例的阻力支撑相对强度（Resistance Support Relative Strength，RSRS）即一种阻力位与支撑位的运用方式。

1. RSRS 择时量化交易策略的定义

区别于传统择时策略将阻力位与支撑位设定为绝对阈值的方式，RSRS 择时量化交易策略使用相对强度（如斜率、标准化等参数）作为判断点，引入更多的动态因素，反映的是交易者对当前市场状态顶底的预判。

当众多交易者的预判容易改变，支撑位和阻力位的作用力纵向体现在市场上时，支撑位或阻力位的强度小且有效性低。相反，当市场相对稳定波动不大时，支撑位或阻力位的强度高且有效性强。

2. RSRS 择时量化交易策略的逻辑原理

横向比较支撑位和阻力位的作用力，当支撑位作用力的强度小且弱于阻力位时，众多交易者对支撑位的分歧大于对阻力位的分歧，市场主要呈现下跌趋势；相反地，当支撑位作用力的强度大且强于阻力位时，交易者对阻力位的分歧大于对支撑位的分歧，市场倾向于上涨趋势。

真实交易市场存在不同状态，支撑位和阻力位在牛市、震荡状态、熊市中的应用逻辑如下所述。

（1）市场在牛市中：如果支撑位的作用力明显强于阻力位，则牛市持续，价格加速上涨；相反则牛市可能即将结束，价格见顶。

（2）市场在震荡状态中：如果支撑位的作用力明显强于阻力位，则牛市可能即将启动；相反则熊市可能即将启动。

（3）市场在熊市中：如果支撑位的作用力明显强于阻力位，则熊市可能即将结束，价格见底；相反则熊市持续，价格加速下跌。

3. RSRS 择时量化交易策略的计算逻辑

对于具体该如何量化定义支撑位与阻力位，以及如何量化定义它们的相对强度的问题，需要考虑：

（1）并非要将支撑位与阻力位作为交易策略的阈值，而是要更关注市场参与者对阻力位与支撑位的定位一致性；

（2）需要能迅速反映近期市场对阻力位与支撑位态度的性质；

（3）被全体市场参与者的交易行为所认可。

经过上述分析，业界认为每日最高价与每日最低价是能较好满足需求的代理变量。

相对位置变化程度以类似 $\Delta high/\Delta low$ 的值来描述支撑位与阻力位的相对强度，计算意义为度量最低价每变动 1 的时候最高价变动的幅度，实际上是连接最低价格线的斜率。由于市场噪声较大，那么需要通过最近 N 个(low,high)的数据点来得到鲁棒性较大的最高最低价相对变化程度，考虑使用线性回归模型：$high=\alpha+\beta*low+\varepsilon$，$\varepsilon\sim N(0,\sigma)$。其中，$\beta$ 值就是我们所需要的斜率。

计算步骤为：

①取最近 N 日的(low,high)数据点；

②将最高点与最低点分别作为 OLS 线性回归的因变量和自变量进行拟合；

③得出的 β 值即为当日 RSRS 斜率指标值。

该方式存在一定的缺点，后续再继续介绍其他方法的优劣及背后的原因。

4. RSRS 择时量化交易策略的交易框架

RSRS 择时量化交易策略采用的交易框架也是阈值交易策略的交易框架，即当指标值越过某个阈值 S1（支撑位较强）时买入，当指标值越过另一个阈值 S2（阻力位较强）时卖出。阻力线和支撑线并不一定是分开的两条线，也可以是一条线，例如 M20 这条线既可以是阻力线，也可以是支撑线。

5. RSRS 标准分优化

（1）标准分

来自百度百科的定义："标准分是一种由原始分推导出来的相对地位量数，用于说明原始分在所属的那批分数中的相对位置。"计算公式为 RSRS_std=(RSRS$-\mu$_M)/σ_M，计算意义为以标准差为单位，度量原始斜率偏离其均值多少个标准差。

计算步骤为：

第一步，取前 M 日的 RSRS 斜率指标值的时间序列；

第二步，计算当日的斜率标准分 RSRS_std，并将其作为 RSRS 标准分指标值；

第三步，应用阈值交易策略的交易框架。

优点是 RSRS 标准分指标值能更加灵活地适应近期的整体市场基本状态；缺点是当使用斜率为量化阻力支撑的相对强度时，量化的效果受拟合效果影响很大。

（2）修正标准分

斜率拟合效果可以通过线性回归决定系数 R^2 来评估，该值范围为 0～1，且越接近 1，拟合效果越好。为平衡掉 RSRS 标准分绝对值很大，但实际斜率模型拟合效果很差的情况下 RSRS 标准分对策略的影响，考虑引入 RSRS 修正标准分=RSRS 标准分*决定系数，RSRS 修正标准分有明显的向正态修正的效果。

缺点是修正标准分在预测性上的改善效果主要体现于标准分左侧，但在做多策略中，左侧预测性的改善对择时策略的帮助并不大。

（3）右偏标准分

斜率值具有几乎都是非负值的特性，将修正标准分与斜率值相乘可以使原有分布右偏。在实际运用中，右偏优化的指标择时在预测性与收益上均有所提高。

缺点是依旧存在因没能克服 RSRS 相对强度逻辑、使用历史数据拟合等因素而产生的问题，即可能对市场误判，导致因过早左侧开、平仓而造成的巨大回撤。

6. RSRS 择时量化交易策略的优化

在量化市场中，尤其是在做多策略时，左侧开仓预判错误的损失远大于左侧平仓。故而希望策略在左侧开仓上增加规则，以此能避免在熊市买入，即通过增加对目前市场状态的判断，过滤掉高风险的左侧开仓。

（1）引入市场价格趋势优化交易策略

该策略的具体规则如下：

第一，当 RSRS 标准分指标发出买入信号时，需判断市场价格趋势情况，如判断前一日 MA20 的值是否大于前三日的 MA20 值，若是，则买入；

第二，当 RSRS 标准分指标发出卖出信号时，则卖出所持股票，且判断前一日 MA20 的值是否小于前三日的 MA20 值，若是，则可卖空；

第三，在卖空了所持股票后，若 RSRS 标准分指标发出买入信号，则可以先判断指数的 RSRS 方向，如果该方向与个股的一致，则可买入。

在市场价格趋势优化交易策略的加持下，标准分指标、修正标准分指标，以及右偏标准分指标的策略表现都显著提高，在大熊市中成功规避了惨重损失。

（2）引入交易量相关性优化交易策略

市场的涨跌除了与价格息息相关，与交易量也有明显的正相关性。将交易量相关性引入策略中的规则为：交易量与修正标准分的正相关性为合理的买入信号。

详细规则如下：

第一，当 RSRS 标准分指标发出买入信号时，需判断交易量与修正标准分的相关性。例如，若前十日的交易量与修正标准分的相关性为正，则买入；

第二，当 RSRS 标准分指标发出卖出信号时，需卖出所持股票，且若前十日的交易量与修正标准分的相关性为正，则可卖空；

第三，在卖空了所持股票后，RSRS 标准分指标又一次发出买入信号，则可买入。

（3）引入指数增强优化交易策略

指数增强在股票择时策略和大类资产配置中的运用比较多，主要是通过标的配置和策略获得超出平均的收益，可以通过以下 2 个方案来优化策略。

方案一：自选标的池指数。用配置的标的等权重构建标的池指数，并对标的池指数做同样的 RSRS 基础策略，在自定义指数多头的情况下，各标的的多头信号才会被执行，对空头交易也做同样的处理。

方案二：波动率仓位管理。通过波动率指标动态调整仓位。

综合 RSRS 的基础交易逻辑和指数增强技术构建多维度交易策略，可以发现指数增强后的策略表现要远胜于基础策略的。

例如，复合双动量（Composite Dual Momentum）策略是对加里·安东纳奇 （Gary Antonacci）提出的全球权益动量（Global Equities Momentum，GEM）策略的改进，可将资产的类别从股票扩展到信贷、房地产和"经济压力"。可用复合双动量策略找出可操作的大类资产，再用 RSRS 择时量化交易策略判断是否买入或卖出。

7. RSRS 择时量化交易策略思维导图

图 2.11 为 RSRS 择时量化交易策略思维导图。

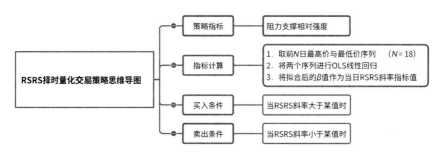

图 2.11　RSRS 择时量化交易策略思维导图

8. RSRS 择时量化交易策略的实战代码示例

参考代码如下所示：

```
# RSRS 择时量化交易策略代码实现
# 导入函数库
import statsmodels.api as sm
from jqlib.technical_analysis import *

def initialize(context):
    # 设定上证指数作为基准
    set_benchmark('000300.XSHG')
    # 开启动态复权模式（真实价格）
    set_option('use_real_price', True)
    # 输出内容到日志 log.info()
    log.info('初始函数开始运行且全局只运行一次')

    #每笔股票类交易的手续费是：买入时佣金的万分之三，卖出时佣金的万分之三加千分之一印
花税，每笔交易佣金最低扣 5 元
    set_order_cost(OrderCost(close_tax=0.001, open_commission=0.0003,
close_commission=0.0003, min_commission=5), type='stock')

    # 开盘前运行
    run_daily(before_market_open, time='before_open',
reference_security='000300.XSHG')
    # 开盘时运行
    run_daily(market_open, time='open',
reference_security='000300.XSHG')
```

```
    # 收盘后运行
    run_daily(after_market_close, time='after_close',
reference_security='000300.XSHG')

    # 设置 RSRS 指标中 N, M 的值
    g.N = 18
    g.M = 300
    g.init = True

    g.security = '000300.XSHG'

    # 买入阈值
    g.buy = 0.7
    g.sell = -0.7

    g.ans = []
    g.ans_rightdev= []

    # 计算 2005 年 1 月 5 日至回测开始日期的 RSRS 斜率指标
    prices = get_price(g.security, '2005-01-05', context.previous_date,
'1d', ['high', 'low']).dropna()
    highs = prices.high
    lows = prices.low
    g.ans = []
    for i in range(len(highs))[g.N:]:
        data_high = highs.iloc[i-g.N+1:i+1]
        data_low = lows.iloc[i-g.N+1:i+1]
        X = sm.add_constant(data_low)
        model = sm.OLS(data_high,X)
        results = model.fit()
        g.ans.append(results.params.low)
        #计算 r2
        g.ans_rightdev.append(results.rsquared)

## 开盘前运行函数
def before_market_open(context):
    # 输出运行时间
    log.info('函数运行时间(before_market_open)：
'+str(context.current_dt.time()))

    # 给微信发送消息（添加模拟交易，并绑定微信生效）
    send_message('美好的一天')

## 开盘时运行函数
```

```python
def market_open(context):
    log.info('函数运行时间(market_open):'+str(context.current_dt.time()))
    security = g.security
    # 取得当前的现金
    cash = context.portfolio.available_cash
    # 填入各个日期的 RSRS 斜率值
    security = g.security
    beta=0
    r2=0
    if g.init:
        g.init = False
    else:
        # RSRS 斜率指标定义
        prices = attribute_history(security, g.N, '1d', ['high',
'low'],fq=None) #指数无复权，个股应该使用前复权
        highs = prices.high
        lows = prices.low
        X = sm.add_constant(lows)
        model = sm.OLS(highs, X)
        beta = model.fit().params.low
        g.ans.append(beta)
        #计算 r2
        r2=model.fit().rsquared
        g.ans_rightdev.append(r2)
    # 计算标准化的 RSRS 指标
    # 计算均值序列
    section = g.ans[-g.M:]
    # 计算均值序列
    mu = np.mean(section)
    # 计算标准化 RSRS 指标序列
    sigma = np.std(section)
    zscore = (section[-1]-mu)/sigma
    #计算右偏 RSRS 标准分
    zscore_rightdev= zscore*beta*r2
    if zscore_rightdev > g.buy :
    # if zscore_rightdev > g.buy and ma5[g.security] > ma20[g.security]:
        # 记录这次买入
        log.info("标准化 RSRS 斜率大于买入阈值，买入 %s" % (security))
        # 用所有 cash 买入股票
        order_value(security, cash)
    # 若上一时间点的 RSRS 斜率小于卖出阈值，则空仓卖出
    elif zscore_rightdev < g.sell  and
context.portfolio.positions[security].closeable_amount > 0:
        # elif zscore_rightdev < g.sell and ma5[g.security] <ma20[g.security]
```

```
and context.portfolio.positions[security].closeable_amount > 0:
        # 记录这次卖出
        log.info("标准化 RSRS 斜率小于卖出阈值，卖出 %s" % (security))
        # 卖出所有股票，使这只股票的最终持有量为 0
        order_target(security, 0)

## 收盘后运行函数
def after_market_close(context):
    log.info(str('函数运行时间
(after_market_close):'+str(context.current_dt.time())))
    #得到当天所有成交记录
    trades = get_trades()
    for _trade in trades.values():
        log.info('成交记录: '+str(_trade))
```

2.3.4　实战案例：打板量化交易策略

1. 打板量化交易策略的定义

打板量化交易策略指通过计算机自动运算，在涨停板或者股价涨停的时候卖出股票的打板策略。换句话说，就是通过数量化的方式，帮助投资者保持理性，克服投资者人性中的贪婪、恐惧与优柔寡断等缺点。

2. 打板量化交易策略的逻辑原理

运用打板量化交易策略，需掌握下面 3 个核心要素。

（1）**把握时机**。建议在开盘 3 分钟内打板，最迟不超过 10 分钟，如果过了这个时间就不建议再参与。在做准备工作时，要保证通道和席位足够快速、通畅。交易所的开盘集合竞价有 VIP 通道和散户通道，二者的应对速度自然是不一样的，并且由于数据并发及集合步骤本身具有一定的随机性，因此，通常需要开通多个 VIP 通道来打板。

（2）**靠前原则**。在同一板块中，打最早涨停的个股；在同一梯队中，打最早上板的个股，但是对于再往后的，就不建议继续参与了。同板块或者同梯队相关票的联动，通过"机器辅助+人肉"维护各种经典的 lead-lag 策略是各大量化机构的基本功。

（3）**关注挂撤单量**。通过分析每 3 秒的切片行情下逐笔成交，推算实时盘口同样也是各大量化机构的基本功。尤其要关注大单的挂撤单时间和成交情况，挂多靠前能成交和挂多靠后足够安全。

打板量化交易策略很多时候都是在"吃"反应比较慢的散户们卖盘或者打板的单，属于典型的增加市场波动性的策略，因此，使用打板量化交易策略的交易者需要密切关注股票在市场中的波动性。贝塔值在股票市场中一般可被用来衡量单只股相对于整个股市（市场）的波动情况，而波动又代表风险，因此它被当作评估股票系统性风险的风险指数。

一般情况下，我们将市场风险默认为贝塔值=1，那么应当如何通过股票的贝塔值来预测其波动情况呢？当贝塔值＞1 时，说明这只股票的波动性比市场的波动性高；当贝塔值=1 时，说明这只股票的波动性与市场的波动性一致；当贝塔值＜1 时，说明这只股票的波动性比市场的波动性低。

贝塔值可通过模型计算得到，也可以在公开、专业的服务机构查询、购买。

3. 打板量化交易策略的交易规则

在 A 股市场中，打板量化交易策略的交易原则是按照高价优先、成交等待时间短优先的顺序。通常来说，股票达到涨停板和跌停板时均仍可以交易。当达到涨停板的时候，股票的价格到达最高点，买入需要排队按时间顺序成交，而此时卖出一般可以立刻成交。达到跌停板时则是反过来，卖出时需要等待，买入则可以随时进行。

每个交易者的打板逻辑都不同，买进涨停板股票的方式有很多种。值得注意的是，在达到涨停板时买进需要承担的风险非常大，但如果买到连续涨停的股票，那么获得的投资盈利也十分可观。"打板战法"具有高风险、高收益的特性，通常比较适合经验丰富的老股民。对新股民来说，在缺乏实战经验的状态下打板会面临更多的风险。

4. 常见的打板量化交易策略

（1）打首板

首板就是指第一个涨停板，打首板就是指交易者提前买入即将涨停的股票，等到该股票第一次达到涨停板的时候，就将股票卖出，以赚取其中的差价。打首板非常考验交易者对基本面、信息面的判定等综合能力。只有预判到股票的上涨，才能够提前购买股票并成功将其售出。

交易者采用的打首板方法通常为：抓热点+找龙头+判形态。具体如下：

第一，**抓热点**。重点关注近期热点题材、概念的相关股票。在 A 股市场中，题材和概念股最容易被主力资金炒作，尤其是新颖的话题、全新的概念，它们对股价有明显的刺激作用。

第二，**找龙头**。题材和概念出现后，就要找准龙头股去抓首板。龙头股一般具备基本面良好、流通盘适中、历史股性好的特性，在题材和概念出现后通常最先涨停，并且封单最多。

第三，**判形态**。若买不进龙头股，则可以选择买进"龙二"或"龙三"，方法同样是选择基本面好、没有破位、有技术支撑的股票。

与打首板概念相似的是打二板、打三板。打二板就是投资者在该股票的上涨幅度第二次达到涨停板时将其出售。

打首板的优势是：

第一，**成本低**。因为是第一个涨停，所以买入成本相对于连板要低很多，收获的利润更多，同时也拥有了心理成本优势。

第二，**抗回撤**。同样也是因为成本低、位置低，短期回撤时的幅度相对于连板会小很多，且大多在主力成本区域内，容易打到支撑区域，相对于连板失败的回撤幅度有较大的优势。

打首板的劣势是：

首板难被捕捉。首板很多都股性较差，每日股市上冲板回落纷繁、形态各异，给人思考的时间较短，选择难度大，需要交易者具备较强的综合能力，能够在相同走势个股中瞬间判断孰优孰劣。

（2）连板

连板打法是在市场已经涨停的股票中筛选出第二天可低吸或者涨停的标的，经过综合决策来打板。通常可以分为启动连板、连板加速、连板走坏 3 个阶段。

阶段一，启动连板：

第一，**首板**。最好较前一日有放量，一板量在前一日一倍以内的放量最健康；

第二，**二板**。二板也最好较一板有一倍以内的放量，微微放量最好；

第三，**三板**。三板较二板也是一倍以内的放量，最好使一板、二板、三板形成均匀的阶梯状。

阶段二，连板加速：

连板加速阶段的标志就是开始缩量，强势个股甚至一字量很少。

阶段三，连板走坏：

连板走坏阶段只需要一天，标志是当天放量收盘跌成阴线，实际放的量和连板的高度有关系，二板走坏放量的概率为 20%，三板走坏放量的概率为 30%，四板走坏放量的概率为 40%，以此类推，七板走坏放量的概率为 70% 到 100%。

连板的优势是：

第一，**复盘工作量小**。常规的复盘需要研究大盘、板块、个股，工作量很大，而连板只需要研究当天的涨停板个股，跌停板个股用于辅助情绪判断即可，工作量小很多。

第二，**高效高利**。打板后的第二天基本都是高溢价，甚至经常能提前介入龙头，获取数板的收益，因此，资金利用率和赚钱效率都非常高。

交易者采用的连板要点通常和首板类似，也是"抓热点+找龙头+判形态"。区别在于，连板打法对涨停时间的要求并没有那么高。实际市场中，前排的股票往往会因为一致性预期太强而过早夭折，后排的股票反而更容易变成"黑马"，成为真正的"换手龙"。

（3）一字板

一字板是指股票中的"一字板开板"，描述的是股市的一种现象，即新股或停牌重组的个股在经过若干天的一字涨停潮后，当天集合竞价所产生的开盘价小于股市规定的涨停价。

一字板则指开盘后股价立马涨停，K 线的开盘价、最高价、最低价、收盘价相同。其形成的主要原因是场外主力资金疯狂抢购，场内资金捂盘不卖，导致市场呈现出有价无市的状态。一字板一定是集合竞价时涨停的，正式交易时，开盘价就是涨停价。在牛市中，一字板出现的频率比较高。

一字板的优势是：

对于 1 只新股或利好股来说，一字板开板有惯性的上冲动能，一般溢价空间比较大，所以只要是一字板开板，就有大量资金疯狂抢进，且还有机会连创新高，在短短几天内连续涨停，获取超额利润。

5. 连板打板量化交易策略的思维导图

图 2.12 为连板打板量化交易策略的思维导图。

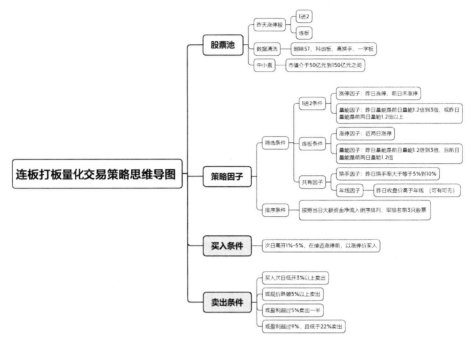

图 2.12　连板打板量化交易策略的思维导图

6. 连板打板量化交易策略的实战代码示例

参考代码如下所示：

```
## 连板打板量化交易策略代码实现
## 开盘前运行函数
def before_market_open(context):
    # 输出运行时间
    log.info('函数运行时间(before_market_open):
'+str(context.current_dt.time()))

    #更新一下股票池
    stock_pool(context)
    #更新账户股票的 atr
    for code in context.portfolio.positions.keys():
        position= context.portfolio.positions[code]
        high_price=get_price(code,start_date=position.init_time,
end_date=context.current_dt,frequency="1m",fields=['high'],skip_paused
=True,fq="pre",count=None)['high'].max()
        if code not in g.cache_data.keys():
```

```
        g.cache_data[code]=dict()
    g.cache_data[code]['high_price'] = high_price

    atr = calc_history_atr(code=code,end_time=get_last_time
(position.init_time),timeperiod=ATR_WINDOW,unit=LONG_UNIT)
    if code not in g.cache_data.keys():
        g.cache_data[code] = dict()
    g.cache_data[code]['atr'] = atr

## 开盘时运行函数
def market_open(context):
    buy(context)
    sell(context)

## 收盘后运行函数
def after_market_close(context):
    log.info(str('函数运行时间
(after_market_close):'+str(context.current_dt.time())))
    #得到当天所有成交记录
    trades = get_trades()
    log.info("收盘时的账户记录:",str(context.portfolio.positions))
    for _trade in trades.values():
        log.info('成交记录: '+str(_trade))

    # if g.stock_pool_update_day % CHANGE_STOCK_POOL_DAY_NUMBER == 0:
        # 更新股票池
    stock_pools = set()
    log.info('一天结束')
    log.info('#####################################################
######')

def load_fundamentals_data(context):
    '''
    加载财务数据,选出市值大于 10 亿元到 350 亿元的个股

    '''
    # names=get_all_securities(types=['stock'], date=None)
    df=get_fundamentals(query(valuation).filter(valuation.market_
cap>10).filter(valuation.market_cap<350))
    return df['code'].tolist()

def buy(context):
    '''
    买入逻辑，开仓前买入
```

```
        '''
    for code in g.stock_pool:
        if code in context.portfolio.positions.keys():
            continue
        current_data=get_current_data()[code]
        if current_data==None:
            return
        if is_high_limit(code):
            continue

        position_amount=calc_position(context,code)
        log.info("计算出来的仓位量: ",position_amount)
        num=g.stockNum-len(context.portfolio.positions)

        if(num>0):
            order_=order_target(security=code,amount=position_amount)
            log.info("成交记录 2022:",str(order_))
            log.info("当前的账户记录: ",str(context.portfolio.positions))
            if((order_ is not None) and (order_.filled>0)):
                log.info("成交了吗? ")
                log.info("交易 买入",code,"成交均价",order_.price,"买入的股数",
order_.filled)
                atr = calc_history_atr(code=code,end_time=get_last_time
(context.current_dt),timeperiod=ATR_WINDOW,unit=LONG_UNIT)
                if code not in g.cache_data.keys():
                    g.cache_data[code] = dict()
                g.cache_data[code]['atr'] = atr
                g.cache_data[code]['high_price'] =
current_data.last_price
        g.bar_number=g.bar_number+1


    g.stock_pool=[]
    pass

def is_high_limit(code):
    current_data=get_current_data()[code]
    if current_data.last_price>=current_data.high_limit:
        return True
    if current_data.paused:
        return True
    return False

def is_low_limit(code):
    current_data=get_current_data()[code]
```

```python
        if current_data.last_price<=current_data.low_limit:
            return True
        if current_data.paused:
            return True
    return False
# m 卖票策略
def sell(context):
    sell_list=list(context.portfolio.positions.keys())
    if(len(sell_list)>0):
        for stock in  sell_list:
            close_data1 = get_bars(stock, count=1, unit='1m',
fields=['close'])[0]['close']
            cost=context.portfolio.positions[stock].acc_avg_cost
            close_data=attribute_history(stock,5,'1d',['close'])
            current_price=get_price(stock, start_date=None,
end_date=context.current_dt, frequency='1m', fields=['close'],
skip_paused=True,  count=1).iloc[0]['close']
            pre_close=close_data['close'][-1]
            if(current_price<cost*0.90):
                order_target(stock,0)
                log.info("亏本卖出: %s"%(stock))
            elif current_price>=cost*1.20:
                if (is_high_limit(stock)):
                    continue
                order_target(stock,0)
                log.info("赚钱卖出: %s"%(stock))

    pass


def stop_loss(context):
    '''
    跟踪止损
    '''
    for code in context.portfolio.positions.keys():
        position = context.portfolio.positions[code]
        if position.closeable_amount <= 0:
            continue
        if is_low_limit(code):
            continue
        current_data = get_current_data()[code]
        if current_data == None:
            continue
        current_price = current_data.last_price

        # 获取持仓期间最高价
        start_date = context.current_dt.strftime("%Y-%m-%d") + " 00:00:00"
```

```
            # 为防止发生 start_date 遭遇建仓时间，这里需要进行判断
            # 当前时间和建仓时间在同一天时，start_date 设置为建仓时间
            if context.current_dt.strftime("%Y-%m-%d") <=
position.init_time.strftime("%Y-%m-%d"):
                start_date = position.init_time

            high_price = get_price(security=code, start_date=start_date,
end_date=context.current_dt, frequency='1m', fields=['high'],
skip_paused=True, fq='pre', count=None)['high'].max()
            # 每日 9:30 时, get_price 获取 00:00 到 09:30 之间的最高价时，数据返回的为
NaN，需要特殊处理。这里采用当前价格和缓存的最高价进行比较
            if not np.isnan(high_price):
                high_price = max(high_price,g.cache_data[code]['high_price'])
            else:
                high_price =
max(current_price,g.cache_data[code]['high_price'])
            g.cache_data[code]['high_price'] = high_price
            atr = g.cache_data[code]['atr']
            avg_cost = position.avg_cost

            if current_price <= high_price - atr * TRAILING_STOP_LOSS_ATR:
                # 当前价格小于等于最高价回撤 TRAILING_STOP_LOSS_ATR 倍 ATR，进行止损
卖出

                order_ = order_target(security=code, amount=0)
                if order_ is not None and order_.filled > 0:
                    flag = "WIN*" if current_price > avg_cost else "FAIL"
                    log.info("交易 卖出 跟踪止损",
                        code,
                        "卖出数量",order_.filled,
                        "当前价格",current_price,
                        "持仓成本",avg_cost,
                        "最高价",high_price,
                        "ATR",(atr * TRAILING_STOP_LOSS_ATR),
                        "价差",(high_price - current_price)
                        )
    pass

def stock_pool(context):
    current_dt=context.current_dt.strftime("%Y-%m-%d")
    codeList=load_fundamentals_data(context)
    current_datas=get_current_data()
    log.info("----股票池更新------")
    i=0
    for code in codeList:
```

```
codeStart=code[0:3]
current_data=current_datas[code]

'''
交易日期
'''
trade_days=get_trade_days("2014-01-01",current_dt)
yesterDay=trade_days[-2]
if current_data.is_st:
    continue
if current_data.paused:
    continue
name= current_data.name
if 'ST' in name or '*' in name or '退' in name:
    continue

if (codeStart=="300" or codeStart=="301" or codeStart =="688"):
    continue

# if (capFilter(code) is False):
#     continue

# log.info("昨日换手率:%s"%zrtr)
if not (tr(code,context)):
    continue

'''
进行各种选股条件的判断
'''
price=get_price(code,count=30,end_date=current_dt,panel=
False,fields=['close','open','high','low','volume','paused'])
'''
XG:(进 2 强势 OR 每日强势) AND 超预期 AND 清洗 AND 高开;
'''
if((j2qs(price) or mrqs(price))  and cyq(price,code,current_dt)
and gaokai(price) ):
    # if(qs(price)):
        log.info("日期",current_dt,"选出股:",code)
        g.stock_pool.append(code)

if(len(g.stock_pool)==0):
    log.info("没有选到股票")
else:
    log.info("选出股票个数: ",len(g.stock_pool))
```

```
        pass

def tr(code,context):
        current_dt=context.current_dt.strftime("%Y-%m-%d")
        tr=get_valuation(code,fields=["turnover_ratio"],
end_date=current_dt,count=4)
        # print(tr)
        #昨日换手率
        if(len(tr)>2):
            zrtr=tr.iloc[-2]['turnover_ratio']
        # print(zrtr)

            if ((not zrtr is None) and  zrtr>3):
                return True
            else:
                return False
        else:
            return False

def gaokai(priceList):
    currOpen=priceList.iloc[-1,1]
    preClose=priceList.iloc[-2,0]
    if(currOpen>=preClose*1.002 and currOpen<preClose * 1.092):
        return True
    else:
        return False

#定义黄金线
def hjx(code,current_dt,price):
    df2=price.iloc[-32:-2]
    gl=df2['high'].mean()
    return gl*(1+13/100)
#定义超预期 # 超预期:=REF(C,1)>黄金线*1.03;
def cyq(priceList,name,current_dt):
    gl=hjx(name,current_dt,priceList)
    if(priceList.iloc[-2,0] >gl*1.03):
        return True
    else:
        return False

#只要中小市值的股票
def capFilter(code):
    q = query(
            valuation.code,
            valuation.market_cap
```

```
                ).filter(valuation.code==code)

    df = get_fundamentals(q)
    cap=df.iloc[0]['market_cap']
    if(cap>10 and cap<35):
        return True
    else:
        return False


def aa1(price,i):
    b=False
    c=price.iloc[i,0] #收盘
    h=price.iloc[i,2] #high
    r=price.iloc[i,0]/price.iloc[i-1,0]
# 涨停返回 True
    if(r>1.094 and c==h):
        return True
    else:
        return False
def vv(price,dp,i):
    b=False
    s=price.iloc[dp,4]/price.iloc[dp-i,4]
    if(s>1.2):
        # log.info(i,":",s)
        return True
    else:
        return False
#定义前日未涨停
def qrwzt(priceList):
    if aa1(priceList,-3):
        return True
    else:
        return False
#定义进二强势
def j2qs(price):
    zrzt=aa1(price,-2)
    zrln=(vv(price,-2,1) or vv(price,-2,2))
    if(qrwzt(price) is False and zrzt and zrln):
        return True
    else:
        return False
#定义每日强势
def mrqs(price):
    qrzt=aa1(price,-3)
    zrzt=aa1(price,-2)
```

```
    zrln=(vv(price,-2,1) or vv(price,-2,2))
    if(qrzt and zrzt and zrln):
        return True
    else:
        return False


#--------------------------------卖出所需要的工具函数------------------
def calc_history_atr(code,end_time,timeperiod=14,unit='1d'):
    '''
    计算标的的 ATR 值
    Args:
        code 标的的编码
        end_time 计算 ATR 的时间点
        timeperiod 计算 ATR 的窗口
        unit 计算 ATR 的 bar 的单位
    Returns:
        计算的标的在 end_time 的 ATR 值
    '''
    security_data = get_price(security=code, end_date=end_time,
frequency=unit, fields=['close','high','low'], skip_paused=True,
fq='pre', count=timeperiod+1)
    nan_count = list(np.isnan(security_data['close'])).count(True)
    if nan_count == len(security_data['close']):
        log.info("股票 %s 输入数据全是 NaN，该股票可能已退市或刚上市，返回 NaN 值
数据。" %stock)
        return np.nan
    else:
        return tl.ATR(np.array(security_data['high']),
np.array(security_data['low']), np.array(security_data['close']),
timeperiod)[-1]
    pass


def calc_position(context,code):
    '''
    计算建仓头寸依据：资金池每份现金*风险因子/波动率
    Args:
        context 上下文
        code 要计算的标的的代码
    Returns:
        计算得到的头寸，单位为股数
    '''
    # 计算 risk_adjust_factor 用到的 sigma 的窗口大小
    RISK_WINDOW = 60
    # 计算 risk_adjust_factor 用到的两个 sigma 间隔大小
```

```python
    RISK_DIFF = 30
    # 计算 sigma 的窗口大小
    SIGMA_WINDOW = 60

    # 计算头寸需要用到的数据的数量
    count = RISK_WINDOW + RISK_DIFF * 2
    count = max(SIGMA_WINDOW,count)
    history_values = get_price(security=code,
end_date=get_last_time(context.current_dt), frequency=LONG_UNIT,
fields=['close','high','low'], skip_paused=True, fq='pre', count=count)
    h_array = history_values['high']
    l_array = history_values['low']
    c_array = history_values['close']
    log.info("当前现金: ",context.portfolio.starting_cash)

    if (len(history_values.index) < count) or
(list(np.isnan(h_array)).count(True) > 0) or
(list(np.isnan(l_array)).count(True) > 0) or
(list(np.isnan(c_array)).count(True) > 0):
        # 数据不足或者数据错误存在 NaN
        return 0

    # 数据转换
    value_array = []
    for i in range(len(h_array)):
        value_array.append((h_array[i] + l_array[i] + c_array[i] * 2) / 4)

    first_sigma =
np.std(value_array[-RISK_WINDOW-(RISK_DIFF*2):-(RISK_DIFF*2)])    #
-120:-60
    center_sigma =
np.std(value_array[-RISK_WINDOW-(RISK_DIFF*1):-(RISK_DIFF*1)])    #
-90:-30
    last_sigma  = np.std(value_array[-RISK_WINDOW            :])
#  -60:
    sigma        = np.std(value_array[-SIGMA_WINDOW:])
    risk_adjust_factor_ = 0
    if last_sigma > center_sigma :
        risk_adjust_factor_ = 0.5
    elif last_sigma < center_sigma and last_sigma > first_sigma:
        risk_adjust_factor_ = 1.0
    elif last_sigma < center_sigma and last_sigma < first_sigma:
        risk_adjust_factor_ = 1.5
    return int(context.portfolio.starting_cash * 0.055 *
risk_adjust_factor_ / ((POSITION_SIGMA * sigma) * 100))  * 100
```

2.4　阿尔法量化交易策略

2.4.1　阿尔法量化交易策略的底层逻辑

投资策略的收益到底从何而来？是什么在影响投资组合的收益？

诺贝尔经济学奖得主威廉·夏普在 1964 年发表的一篇论文中，将金融资产的收益拆分成两部分：和市场一起波动的部分叫贝塔收益，不和市场一起波动的部分叫阿尔法收益。

贝塔收益与整体市场完全相关，可以表示为整体市场的平均收益乘以一个贝塔系数。贝塔系数是一种风险指数，用来衡量投资组合相对于整个市场的价格波动情况。

阿尔法收益与整体市场无关，也称为超额收益。阿尔法量化交易策略就是要获取阿尔法收益，就是要精选投资标的，跑赢市场。从广义上讲，获取阿尔法收益的投资策略有很多种，其中包括传统的基本面分析选股策略、估值策略、固定收益策略等，也包括利用衍生工具对冲掉贝塔风险，从而获取阿尔法收益的可转移阿尔法策略。

2.4.2　阿尔法量化交易策略的代表人物及其投资逻辑

阿尔法收益的概念于 20 世纪中叶被提出。据统计，当时约 75% 的股票型基金经理构建的投资组合无法跑赢根据市值大小构建的简单组合。不少研究者将此现象归因于市场的有效性，也就是由于金融市场聚集了众多的投资者，这些投资者时刻紧盯市场，一旦市场中出现套利机会，他们就会迅速行动以使市场恢复均衡。在一个有效的金融市场中，任何寻找超额收益的努力都是徒劳的，投资者只能获得基准收益。但是，在 20 世纪后半叶，随着金融衍生品的诞生，不少基金取得了令人炫目的收益，这说明使用积极的投资策略是可以获得超额收益的。高收益基金的诞生使得投资者不再满足于保守投资策略带来的收益，投资者希望能够获取超越基准指数的收益。

彼得·穆勒在 1991 年创造了阿尔法量化交易策略，其基础是 CAPM（Capital Asset Pricing Model，资本资产定价模型）和 Fama-French 三因子模型。该策略基于分析影响股票价格的相关因素，选出表现可以超越大盘的股票，并进行合理的投资组合配置，以获得超额收益。若将超额收益与股指期货对冲投资组合相结合，就能获得绝对收益。这便是市场中性策略的运作方式。随后，克里夫·阿斯内斯于 1992 年发现了处于跌势的股票总是比理论跌幅跌得更深，而处于涨势中的股票也会比理论涨幅涨得更多。为应对这一现象，阿斯内斯在 Fama-French 三因子模型的基础上加入了价值和动量因子，形成了多因子策略。现在，许多量化基金都从海量历史数据中挖掘与股票未来预期收益相关联的因子，以形成自己独有的多因子策略。多因子策略至今仍是一种被广泛应用的量化交易策略。

费雪作为巴菲特的老师而被大家熟知。他出生于美国旧金山，是现代投资理论的先锋之一，是成长股投资策略的创始人和重要推广者，更是备受推崇的华尔街投资大师之一。他长期主张持有成长股、注重企业成长性，因此被世人尊称为"成长型价值投资之父"。和格雷厄姆不同，费雪更注重企业的潜力和发展方向，他被誉为现代价值投资理论的创立者之一。他在 2004 年去世时已经达到 97 岁的高龄，和其他价值投资大师一样，享有长寿的美誉。费雪撰写的《怎样选择成长股》一书在出版后迅速风靡全球，成为第一部登上《纽约时报》畅销书排行榜榜首的投资著作。他提出的成长型价值投资理念也在此后逐渐成了全球股市的主流投资理念之一。巴菲特曾表示，自己的投资哲学 85% 来自格雷厄姆，15% 则来自费雪，前者教给他安全，后者则教给他速度。

彼得·林奇因其杰出的选股技能而被誉为"全球最佳选股者"。他不仅被美国《时代》杂志评为"全球最佳基金经理"，还被美国基金评级公司评为"历史上最传奇的基金经理"。他对共同基金的贡献，就像是乔丹之于篮球、邓肯之于现代舞蹈一样不可或缺。他使投资变得像艺术一样精妙绝伦。在 1977 年至 1990 年，他一直是富达公司旗下麦哲伦基金的经理。在这 13 年间，他将麦哲伦基金的资产规模从 1800 万美元增长到 140 亿美元，年平均复利收益率高达 29%，无人可比。麦哲伦基金的投资人超过 100 万人，是世界上最成功的基金之一，其投资绩效处于首位。

2.4.3　实战案例：彼得·林奇多因子量化交易策略

1. 彼得·林奇多因子量化交易策略的简介

彼得·林奇的策略基于一个十分古老的基本原则：当一家成功的公司在开拓新市场时，随着盈利的增长，其股价也大涨；当一家身陷困境的公司经营好转时，股价也会上涨。基于以上基本原则，应该关注哪些因子呢？彼得·林奇把需要关注的因子分成两大类：筛选因子和排序因子。筛选因子主要有：利润总额较大（比如单季利润总额大于 1000 万元）、股价比现金流小于 10、资产负债率低（比如低于 25%）、市盈率/净利率同比增长率小于 1。排序因子主要有：存货周转较快、营收比预期增长较高。了解了以上的关键因子，任何人都可以去实践它。

2. 彼得·林奇多因子量化交易策略的逻辑思维导图、实战流程及案例

图 2.13 为彼得·林奇多因子量化交易策略的思维导图。

根据上述思维导图可知，首先，我们进行彼得·林奇多因子量化交易策略的整体设计，主要包括股票池、策略因子、进场条件、出场条件 4 个部分。再者，我们对这 4 个部分分别进行详细设计。对于股票池，我们选择所有股票（不包括 ST），回测时间为 2018 年 10 月到 2023 年 7 月。策略因子包括筛选因子和排序因子，我们将筛选因子设定为单季度利润总额大于 1000 万元、股价比现金流小于 10、资产负债率小于 25%、市盈率比净利率同比增长小于 1，排序因子主要有存货周转率（从大到小排序）、预期营收增长率（从大到小排序）。进场条件是排名前 30 名的股票等权买入，将手续费设置为 2‰。出场条件为每 5 天进行一次调仓。

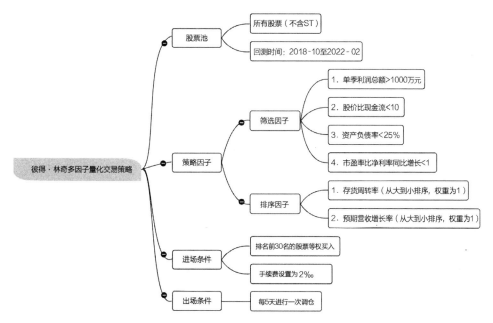

图 2.13　彼得·林奇多因子量化交易策略思维导图

依据上面的策略，我们实操一下，如图 2.14 所示。

图 2.14　彼得·林奇多因子量化交易策略演示图

运行后的实际收益效果如图 2.15 所示。

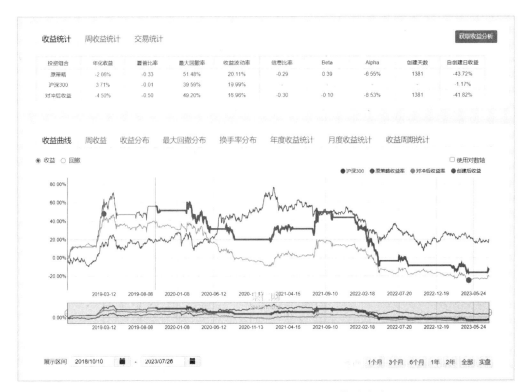

图 2.15   彼得·林奇多因子量化交易策略收益统计图

可以看出，该策略年化收益才–2.66%，阿尔法收益为-6.53%，远远没有达到预期啊，我们需要进一步改进！图 2.16 为修正后的彼得·林奇多因子量化交易策略的思维导图。

我们优化了 2 个因子：一个是将筛选因子中的"市盈率比净利率同比增长"修改为大于 1.50，一个是将排序因子中的存货周转率的排序规则修改为在一级行业从大到小排序。如图 2.17 所示，为修正后的策略的收益情况。

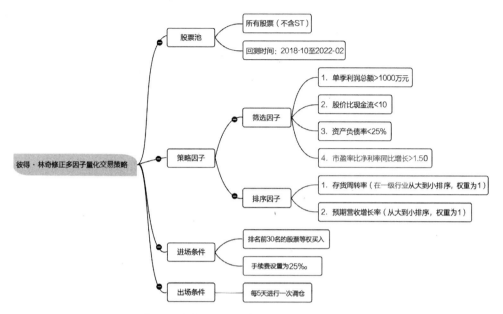

图 2.16　修正后的彼得·林奇多因子量化交易策略的思维导图

图 2.17　修正后的彼得·林奇多因子量化交易策略收益统计图

我们看到，修正后的策略年化收益变为了 0.23%，阿尔法收益为–1.51%，收益提高了不少，能不能再优化一下呢？图 2.18 为修正增强后的彼得·林奇多因子量化交易策略的思维导图。

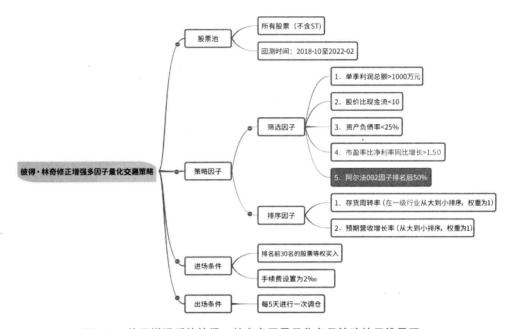

图 2.18　修正增强后的彼得·林奇多因子量化交易策略的思维导图

在上述策略中，我们新增了一个筛选因子——阿尔法 002 因子排名后 50%。我们再看一下该策略的收益情况吧，如图 2.19 所示。

可以看到，修正增强后的彼得·林奇多因子量化交易策略的年化收益已经达到了 1.07%，阿尔法收益为-0.83%，比上一次修正策略的收益提高了不少，大家可以进一步挖掘有效因子，进一步改进策略，不断提升收益！

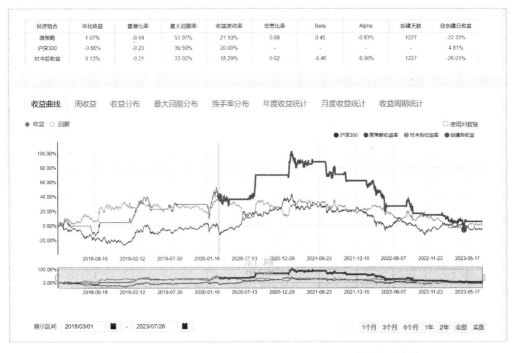

图 2.19　修正增强后的彼得·林奇多因子量化交易策略的收益统计图

3. 彼得·林奇多因子量化交易策略的实战代码示例

参考代码如下所示：

```
def handlebar(ContextInfo):
    rank1 = {}
    rank2 = {}
    rank_total = {}
    tmp_stock = {}
    d = ContextInfo.barpos
    price = ContextInfo.get_history_data(1,'1d','open',3)
    #
    if d > 5 and d % 5 == 0:                    # 每 5 天一调仓
        nowDate =
timetag_to_datetime(ContextInfo.get_bar_timetag(d),'%Y%m%d')
        print('调仓日：', nowDate)
        buys, sells = signal(ContextInfo)       # 计算调仓买，卖列表
        order = {}
        for k in sells:
            print('ready to sell')
```

```
            order_shares(k,-ContextInfo.holdings[k]*100,
'fix',price[k][-1],ContextInfo,ContextInfo.accountID)
            ContextInfo.money += price[k][-1] * ContextInfo.holdings[k] *
100 - 0.0003*ContextInfo.holdings[k]*100*price[k][-1]
#手续费按万三设定
            ContextInfo.profit += (price[k][-1]-ContextInfo.buypoint[k]) *
ContextInfo.holdings[k] * 100 -
0.0003*ContextInfo.holdings[k]*100*price[k][-1]
            #print price[k][-1]
            print(k)
            #print ContextInfo.money
            ContextInfo.holdings[k] = 0
        for k in buys:
            print('ready to buy')
            order[k] = int(ContextInfo.money_distribution[k]/
(price[k][-1]))/100
            order_shares(k,order[k]*100,'fix',price[k][-1],
ContextInfo,ContextInfo.accountID)
            ContextInfo.buypoint[k] = price[k][-1]
            ContextInfo.money -= price[k][-1] * order[k] * 100 -
0.0003*order[k]*100*price[k][-1]
            ContextInfo.profit -= 0.0003*order[k]*100*price[k][-1]
            print(k)
            ContextInfo.holdings[k] = order[k]
        print(ContextInfo.money,ContextInfo.profit,ContextInfo.capital)

    profit = ContextInfo.profit/ContextInfo.capital
    if not ContextInfo.do_back_test:
        ContextInfo.paint('profit_ratio', profit, -1, 0)


def signal(ContextInfo):
    buy = {i:0 for i in ContextInfo.s}
    sell = {i:0 for i in ContextInfo.s}
    filter(ContextInfo)
    sort_candidate_to_buy(ContextInfo)
    candidate_buy30 = ContextInfo.candidate_buy[:30]
    for k in candidate_buy30:
        hold = ContextInfo.holdings.get(k, 0)
        if hold == 0:
            buy[k] = 1  # 如果在待买列表，且没有持有，则买入
    for k, hold in ContextInfo.holdings.items():
        if not (k in candidate_buy30):
            if hold == 1:
                sell[k] = 1 # 如果不在待买列表，且持有，则卖出
    return buy, sell           #买入卖出备选
```

```
def filter(ContextInfo):
    """
    筛选因子:
     选取利润总额较大的股票, 比如单季利润大于 1000 万元
     选取股票价格/每股自由现金流小于 10 的股票
     选取资产负债率低的股票, 比如低于 25%
     选取市盈率/净利率同比增长率小于 1 的股票
    """
    ContextInfo.candidate = {}
    # 选取利润总额较大的股票, 比如单季利润大于 1000 万元
    filter_tot_profit(ContextInfo)
    # 选取股票价格/每股自由现金流小于 10 的股票
    filter_price__CashEquivalentPS(ContextInfo)
    # 选取资产负债率低的股票, 比如低于 25%
    filter_gear_ratio(ContextInfo)
    # 选取市盈率/净利率同比增长率小于 1 的股票
    filter_PE__net_profit_incl_min_int_inc(ContextInfo)

def filter_tot_profit(ContextInfo):
    #
    index = ContextInfo.barpos
    for one in ContextInfo.s:
        market, code = one.split('.')
        v = ContextInfo.get_financial_data('ASHAREINCOME', 'tot_profit',
market, code, index);
        if v > 1000:    # 利润大于 1000 万元
            ContextInfo.candidate[one] = ContextInfo.candidate.get(one, 1)
and 1
        else:
            ContextInfo.candidate[one] = 0

def filter_price__CashEquivalentPS(ContextInfo):
    #
    index = ContextInfo.barpos
    nowDate =
timetag_to_datetime(ContextInfo.get_bar_timetag(ContextInfo.barpos),'%
Y%m%d')
    hisdict = ContextInfo.get_history_data(1,'1d','close')
    for stockcode in ContextInfo.s:
        if not (stockcode in hisdict):
            continue
        close = hisdict[stockcode][0]
        #
```

```
        fieldList = ['Per_Share_Analysis.CashEquivalentPS']
        cash =
ContextInfo.get_factor_data(fieldList,stockcode,nowDate,nowDate)
        if (close / cash) < 10:    # 选取股票价格/每股自由现金流小于 10 的股票
            ContextInfo.candidate[one] = ContextInfo.candidate.get(one, 1)
and 1
        else:
            ContextInfo.candidate[one] = 0


def filter_gear_ratio(ContextInfo):
    #
    index = ContextInfo.barpos
    for one in ContextInfo.s:
        market, code = one.split('.')
        v = ContextInfo.get_financial_data('PERSHAREINDEX', 'gear_ratio',
market, code, index);
        if v < 0.25:    # 选取资产负债率低的股票，比如低于 25%
            ContextInfo.candidate[one] = ContextInfo.candidate.get(one, 1)
and 1
        else:
            ContextInfo.candidate[one] = 0


def filter_PE__net_profit_incl_min_int_inc(ContextInfo):
    index = ContextInfo.barpos
    for stockcode in ContextInfo.s:
        fieldList = ['Valuation_and_Market_Cap.PE']
        pe =
ContextInfo.get_factor_data(fieldList,stockcode,nowDate,nowDate)
        market, code = one.split('.')
        du_profit_rate = ContextInfo.get_financial_data('PERSHAREINDEX',
'du_profit_rate', market, code, index);
        if (pe / du_profit_rate) < 1:
                        # 选取市盈率/净利率同比增长率小于 1 的股票
            ContextInfo.candidate[one] = ContextInfo.candidate.get(one, 1)
and 1
        else:
            ContextInfo.candidate[one] = 0


def sort_candidate_buy(ContextInfo):
    data = []
    for stockcode, flag in ContextInfo.candidate.items():
        if not flag:
            continue
        fieldList = ['Operation.InventoryTRate']
        InventoryTRate =
```

```
ContextInfo.get_factor_data(fieldList,stockcode,nowDate,nowDate)
        fieldList = ['Analyst_Estimation.SFY12P']
        SFY12P =
ContextInfo.get_factor_data(fieldList,stockcode,nowDate,nowDate)
        data.append({'code': stockcode, '存货周转率': InventoryTRate, '预期
营收增长率': SFY12P})
    df = pd.DataFrame(data)
    df = df.sort_values(by=['存货周转率', '预期营收增长率'], ascending=[True,
False])
    ContextInfo.candidate_buy = df['code'].tolist()
```

2.5　另类量化交易策略

量化交易策略的基础是数据，但金融本身能产生的数据是有限的。因此，有很多量化交易者想到了利用另类数据生成量化交易策略。世界上已经有近 50%的基金经理在使用另类数据，还有 25%的基金经理计划在 1 年内引入另类数据。在这些另类数据中，利用爬虫从网页中爬取的数据占大多数，特别是舆情数据的使用频率比较高。在中国，大部分投资者对另类数据的使用还处于探索期。

2.5.1　另类量化交易策略的底层逻辑

前面提过，另类量化交易策略的思路不但难以复制，实施起来也困难重重，因其本质都是利用信息差。使用另类量化交易策略的投资者认为，非金融类数据对人们的投资决策同样影响巨大，而普通金融类数据由于可以被大部分投资者轻易得到，所以反而会失去信息优势。

另类量化交易策略的一些应用场景甚至被搬上了银幕，在美剧《亿万》（Billions）中，华尔街对冲基金就利用卫星数据分析经济和行情，以获取超额的阿尔法收益。全球最大的空头基金公司尼克斯联合基金公司的创始人及掌门人——詹姆斯·查诺斯，以及数位华尔街金融大佬都曾在其中出镜。现在，这一幕已在中国成为现实。招商银行理财首席投资官曾经讲过："招商银行已经用了 170 多颗卫星对标的进行监控，（招商银行金融应用卫星）总数据量已经超过了 1000 多 TB。"

另类量化交易策略与传统量化交易策略相比，具备 5 个优势：

（1）可以更好地利用机器学习。由于数据不再依赖于金融本身，所以其密度和频次可以更高，从而更有利于用机器学习的方法进行策略的深度挖掘。

（2）能发现未被挖掘的观点。与传统方法相比，另类数据挖掘由于维度不同，所产生的价值可能更为深刻。

（3）具有更长的生存时间。传统量化交易策略很容易因为使用者的增加而失效，但另类量化交易策略对数据的获取天然带有"护城河"优势，从而让另类量化交易策略拥有更长的生命周期。

（4）策略的生成更加泛化。另类量化交易策略可以利用一切可以想到的相关性信息与数据，从而不再仅仅依赖于金融数据本身，这让不同领域的人进行跨界量化交易成为可能。

（5）更加高效。另类量化交易策略通常来讲都比较高效，这与其具有更广泛的覆盖度密切相关。

另类量化交易策略通常会考虑利用 15 类数据：社交媒体数据、新闻评论、网页搜索数据、天气预报、卫星图像、穿戴设备数据、物联网数据、App 数据、高频数据、专家及大 V 观点、ESG 数据、员工数据、商场客流数据、个人消费数据、地理位置等。这些数据也可以按来源被归纳为由人产生、由商业活动产生和由传感器产生。当然，使用另类量化交易策略也有一些显而易见的弊端。比如收集数据的费用昂贵，很可能出现策略收益无法覆盖数据收集相关费用的情况；再比如，会涉及个人隐私和商业隐私，甚至会引发监管风险。

2.5.2　另类量化交易策略的代表人物及其投资逻辑

1. 另类量化交易策略的代表人物——乔治·索罗斯

另类量化交易策略的代表人物首推创建量子基金的乔治·索罗斯，他是史上最著名（臭名昭著）的汇率投机者，他在 1992 年做空英镑、1997 年做空泰铢的操作都已成为传奇。量子基金在自创建以来的 40 年时间里，总共为投资者产生了 400 亿美元的收益，是史上最成功的对冲基金之一。如果一位投资者在 1969 年买入 1 万美元的量子基金，那么到 1996 年他将得到 3 亿美元的收益，比本金增长了 3 万倍，平均年收益在 30% 以上。

索罗斯之所以能成为另类量化交易策略的代表人物，是因为其提出的反身性理论（Theory of Reflexivity）。虽然反身性理论一直不被主流经济学界重视和接纳，但是索罗斯以其实践结果证明反身性理论具有不容忽视的有效性与令人神往的独特魅力。

索罗斯提出反身性理论的目的，不是技术性地预测证券市场的涨落，也不是专业性地分析金融问题，而是搁置主流经济学，创造出一套能够解决实际问题的新的理论。正如他自己所说："我的幻想是用反身性理论，来解释 20 世纪 80 年代的大萧条，一如凯恩斯的《就业、利息和货币通论》解释了 20 世纪 30 年代大萧条。"索罗斯的反身性理论，在哲学逻辑上可以被解释为黑格尔辩证法和马克思辩证唯物主义的综合，接受信息不完全的现实假设，构建市场情况与市场主体之间的认识函数 $y=f(x)$ 和参与函数 $x=\Phi(y)$，实现"理解现实世界的要求将迫使人们的视线从臆测的最终结果（均衡）上移开，转向周围生动的、真实的经济变化"。

由于量子基金并不是公开的基金，所以很难探究其交易逻辑。唯一可以接近其交易思想的，应当是索罗斯本人所著的《金融炼金术》。这本书并不是定位于金融投资方法，而是更接近于哲学著作。索罗斯自己也认为，《金融炼金术》是一本起始于哲学思考，落实于方法论探讨的书。索罗斯在书的结尾处写道："应该强调的是，本书并非股市致富的实用指南。它几乎囊括了我的平生所学，至少在理论形态上是如此。我没有藏匿任何东西，但推理的链条却是反向的。本书不是讨论怎样用我的方法去赚钱；相反，它从我在金融市场的经验中发展出一种方法，用以研究一般性的历史过程，特别是当前的历史。如果不是出于这一目的，本书可能根本不会涉及我的投资活动。"

　　如果索罗斯在书中透露的哲学思想是他在投资时的真实想法，那么可以用一句话来概括他的底层投资逻辑：根据反身性理论，金融市场中的投资者做多情绪会在上涨行情中得到不断的正向激励，进而致使连续暴涨的情况的出现；同样，做空情绪也会在下跌行情中得到不断的正向激励，进而致使连续暴跌的情况的出现。

　　当然，索罗斯的投资行为也为很多经济学家所质疑和不齿。因为，后期的索罗斯已经从信息差的获取者，变身为信息差的制造者。在 1997 年的东南亚金融危机时，索罗斯大量做空东南亚货币，致使市场恐慌迅速蔓延，令地区发展雪上加霜。

2. 国外新奇的另类量化交易策略

　　核试验多空策略，策略来源：韩国基金经理。朝鲜核试验，始于 2006 年 10 月 9 日，至今已经至少进行了 6 次。策略专家发现，每次试验后国际黄金都会大涨，而韩国股票指数会短期下跌。这个策略已经盛行 10 多年了，以至于现在有些失效了。具体操作是在韩朝边境放震动探测仪，当探测到的振幅超过一定数量时，就启动策略——做多黄金、做空股票指数。后来，使用这个策略的人越来越多，导致该策略对设备的敏感度要求越来越高，有些人甚至会用卫星提前观察朝方的部署，预测什么时候会进行核试验，从而达到提前布局的目的。

　　看天气多空策略，策略来源：文艺复兴。桑德斯是最早研究天气和股市相关性的学者，他收集了 1927 年至 1989 年纽约市的天气数据，发现纽约上空的云层覆盖率影响了道指的日收益率，市场收益率在阴天时要显著低于晴天。另有两位学者 Hirshleifer 和 Shumway 将桑德斯的研究拓展到全球主要股市，发现全球 26 个股市中有 25 个的收益都与阳光/云层覆盖率显著相关，即交易所所在地越是阳光灿烂（云层覆盖率越低），股票指数当日收益就相对越高。据说，文艺复兴是较早应用这一策略的投资机构，其使用的方法即看纽约天气，艳阳天做多，阴雨天做空。

　　推特多空策略，策略来源：美国宽客。通过对特朗普发的推特的数据复盘，有人发现在其使用推特账号的 143 个月中，一共有 146 次影响了金融市场的涨跌……美银美林集团的分析师曾在一份报告中表示，自 2016 年以来，当特朗普日发推特量超过 35 条时，股市收益为–9 个基点；而当其日发推量少于 5 条时，股市收益则达到 5 个基点。换言之，特朗普越少发推特，美国股市的表现就越好。撰写该报告的分析师还强调，这个结论是具有统计学意义的。美国的一帮宽客早就发现了这一规律，并用语义分析人工智能软件，每分每秒地盯着推特，随时根据特朗普所发推特的内容决定是否做多股市。

国外还有很多另类量化交易策略，思路都很奇特。比如，在核电站周围布置红外监测设备，以检测发电情况，从而对电价进行预测。再比如，某期货交易员雇直升机在巴西铁道上巡逻观测矿产出货情况，以求在其到达港口之前判断产量，从而决定投资方向。

3. 中国市场中的另类量化交易策略基金

中国市场上近几年也崛起了一批另类量化交易策略基金，2022 年也引来了不少机构资金和 FoF（Fund of Funds，基金中的基金）的关注。下面给大家介绍 2 只国内的另类量化交易策略基金。

（1）恒泰融安乾睿量化 1 号

策略收益：如图 2.20 所示，从 2022 年 1 月 1 日至 2022 年 7 月 22 日，恒泰融安乾睿量化 1 号在这将近 8 个月的时间里，收益率为 7.25%，最大回撤为–1.15%，超越沪深 300 指数 22.84%，夏普比率为 2.68（年化），而同类基金同期的夏普比率平均为负值。

策略简介：基于量化技术和手段，利用动态数据（汇率、石油价格等）、风险因子（风险溢价、流动性暴露等）、基本面（A 股利润构成、热点板块归因等）等量化情绪指标构建择时信号，确定中期最大仓位水平。在微观择股层面，通过量化热点板块归因及其与指数的共性，界定埋伏的板块，量化当前领涨类股票的个股和分支题材的联动效应，筛选股票池。对可埋伏个股进行对标吻合程度、流通市值、筹码形态、启动时机的微观量化研究，确定触发交易条件与头寸比例。策略平均持仓周期在 3 天以内，年初以来仓位多在 30% 以内，持仓数量不到 20 只。

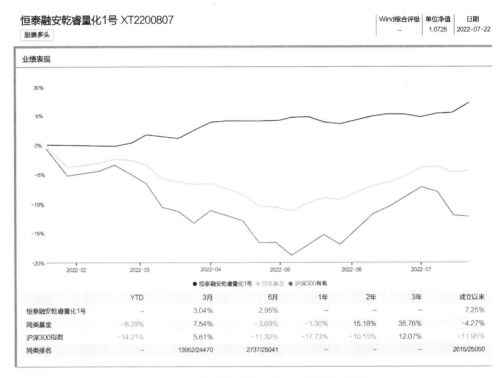

图 2.20   恒泰融安乾睿量化 1 号的业绩表现

策略点评： 国内这两年的板块轮动效应比较明显，因此，在这种行情下，一方面龙头强势股、热点股票等能获得比较好的收益，量化强势股策略相比传统的指数增强策略或者量化多因子选股策略来说，能够更好地抓到这些交易机会。另一方面，若个股和板块出现频繁的"一日游"或无序轮动的行情，则不利于量化强势股策略的表现。如果这种无序轮动的行情比较连续，那么很难避免产生相应的回撤。除此以外，比较极端的市场行情，如强势股崩盘，随后出现连续几天的跌停，也会对这类策略有较大的负面影响。

（2）跃威顺鑫 1 号

策略收益： 如图 2.21 所示，从 2022 年 1 月 1 日至 2022 年 7 月 15 日，跃威顺鑫 1 号在这 7.50 个月的时间里，收益率为 3.57%，最大回撤为–1.93%，超越沪深 300 指数 17.54%，夏普比率为 1.93（年化），而同类基金同期的夏普比率平均为负值。

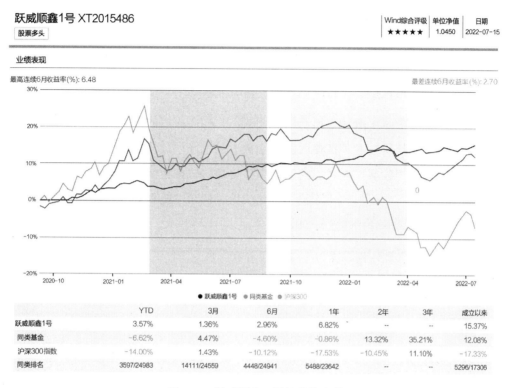

图 2.21　跃威顺鑫 1 号的业绩表现

策略简介：主要包括期权卖方策略和波动率曲面套利策略。期权卖方策略的收益贡献大概占产品的 70%；波动率曲面套利策略，包括期限结构套利和偏态套利，贡献了产品收益的 30% 左右。

策略点评：从风险收益来源的角度看，期权卖方策略最适用的盈利环境，是市场处于中等波动率水平，或波动率水平持续下降时的市场环境。在市场持续处于极低波动率时，期权卖方策略的盈利空间有限；当市场波动率快速升高时，期权卖方策略容易发生回撤。

2.5.3　实战案例：高频交易策略

1. 高频交易策略的简介

高频交易是市场微观层面的一种交易模式。其特点是周转率和订单率都很高，能在毫秒内满足大量买卖和取消指令的要求，并能在极短的市场变化中寻求获利机会。大部分策略的研发者都在使用随机分析工具来寻找最佳策略。全球高频交易行业始终被笼罩在"迷雾"之中，大多数高频交易公司都拒绝披露任何财务或运营信息。一般来说，高频交易公司除了笼统地谈论"流动性提供"和"套利"等概念，从不透露有关其算法目标的任何信息。

通常来讲，高频交易具备以下 4 个特点：

（1）处理分笔交易数据；

（2）高资金周转率；

（3）日内开平仓；

（4）算法交易。

处理分笔交易数据和高资金周转率基本上描述了什么是高频交易。国内的分笔数据在股票和期货中有所不同，股票为每 3 秒一笔，期货为每 0.50 秒一笔（Tick 级）。持仓时间如果小于等于 1 个交易日，那么大部分交易者就认为其是高频交易了，但在实际操作中，频率通常更高。这种当日开平仓的高频交易可以大大降低隔夜持仓成本或隔夜风险，所以理论上可以关注更少的因素。另外，由于算法交易处理起数据比人脑更多、更快、更精确，所以这种不带任何感情色彩的交易决策，让高频交易更加风靡。

2. 高频交易策略的分类

近几年，国际学术机构通过对多家高频交易公司的数据进行研究，并运用了机器学习聚类分析，认为高频交易策略领域存在三类公司，即套利高频、做市高频和投机高频，如图 2.22 所示。

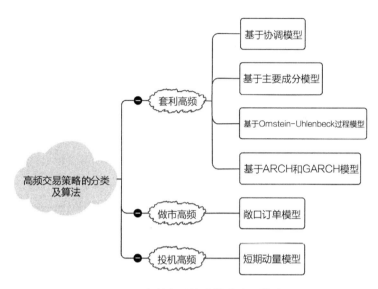

图 2.22 高频交易策略的分类及算法

研究发现：第一，高频交易降低了买卖价差，提高了市场流动性，且没有增加市场波动率，甚至可能反而降低了市场波动率；第二，没有发现高频交易者存在系统性抢单行为（并不排除有特定高频交易者存在此类行为）；第三，有些学术研究认为高频交易有导致市场风险的可能性，但是事件调查的最终结论是，在绝大多数情况下，高频交易并不是引发市场风险的罪魁祸首。

3. 高频交易策略的研究意义

如图 2.23 所示，在美国、欧洲的成熟证券市场中，高频交易的占比已经超过了 70%，特别是在外汇市场中占比高达 80%；而亚洲地区的高频交易仅为 5%～10%，还有很大的发展空间。目前，国内真正研究高频交易的团队不足 80 个，越早起步，越有优势。

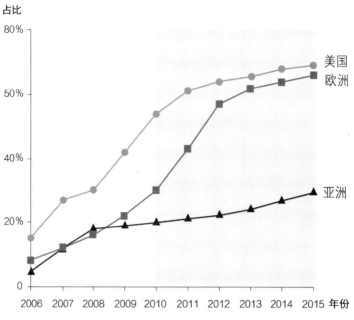

图 2.23　近几年美国、欧洲、亚洲的证券市场高频交易比例统计

通过测试，近几年国内基金的最佳调仓周期已经由 1 个月降至 1 周，而很多因子策略的调仓期也由 5 天变成 1～2 天，这是由于在中低频交易领域已经出现了较为严重的同质化现象，未来必然要向高频交易领域推进。高频交易策略是一个与趋势和波动无关的异类策略，中低频交易策略的思路无法在该策略中延伸应用，因此，需要独立开展研究。

2012 年至 2013 年，美国金融业监管局（FINRA）检测到 WTS 有超过 20 万次叠加式报价，并据此对多家公司进行了处罚。因此，高频交易策略也存在合规风险。如何系统、科学、合规地使用高频交易策略，比如订单/成交比率多少算合规，也是各团队迟早要面对和解决的问题。这几年，随着 Jump、Tower、Optiver（澳帝桦）、AlphaGrep 等国外高频交易机构的参与和扩大，国内团队在高频交易的研究、策略和速度上，都已无法与国外一线公司抗衡。防范金融风险，培养咱们自己的高频交易量化团队更是势在必行。

4. 高频交易策略在中国的发展

对于国内期货来讲，高频交易策略的测试早就可以在各类软件上完成。但由于受制于手续费，更高频次的投机高频交易策略在国内期货中暂时还无法应用。如图 2.24 所示，为国内院校高频交易排行榜。

NO.	排行榜	学校	算力	信号入库数	活跃天数	加入时间
1	zz0	上海交通大学	52997	0	1052	2019/07/10
2	ydmrain	中国科学技术大学	32780	0	719	2019/08/26
3	xiaOshi	清华大学	23734	0	537	2019/07/12
4	cccyyylll	清华	9954	0	231	2019/09/17
5	snowzkj	重庆大学	7520	0	165	2021/03/30
6	299792458m/s	北京大学	6560	0	140	2020/08/02
7	缘外求缘	上海大学	6364	4	165	2019/08/16
8	罗哥	哈尔滨工业大学	6268	0	153	2019/07/13
9	xx	北京邮电大学	6256	0	132	2021/05/31
10	kuangge	香港中文大学	6150	0	123	2019/07/11

图 2.24　国内院校高频交易团队排行榜

对国内股票来讲，国内之前也有一个网站，用于高频交易策略的测试。近 2 年由于这个团队转向集合资产管理，所以股票高频交易策略的测试通常需要自建系统来完成。笔者在这个网站上也进行过少量高频交易策略的测试。

由于中国的投资者对回撤越来越敏感，也促使更多的量化团队转向对高频交易策略模型的研发。这一趋势，从一些头部私募量化基金的招聘广告上可以明显看出。

5. 订单薄高频因子量化交易策略的应用

订单薄（Orderbook）高频因子属于高频交易策略中的"敞口订单"模型，也就是我们通常讲的做市高频。本节以订单薄高频因子量化交易策略为例，从实战的角度为大家讲解一下高频交易策略量化模型的意义和应用。

什么是订单簿高频？量化交易者通过对订单簿的不平衡和流动性缺失等信息来进行策略构建。可能用到的信息如下所述。

Bid/AskPrice1(bp)：一档买价/卖价。1 是第一档的意思，总共有十档，表述为 1～9，A（第十档）。

Bid/AskVolume1(bv)：一档买价/卖量。

Bid/AskCount1(bc)：一档买单个数/卖单个数。

TotalBid/AskVolume(tv)：全档买盘/卖盘总挂单量。

WeightedAvgBid/AskPrice(wp)：全档挂单量加权买价/卖价。

订单簿高频因子示例：

(2*df["bv1"]+df["bv2"]–2*df["av1"]–df["av2"])/(2*df["bv1"]+df["bv2"]+2*df["av1"]+df["av2"])

这里的 df，是 DataFrame（Python 库）的简写，bv 和 av 分别代表买卖盘在各档的量。这个例子中所描述的高频因子的意思是：买卖盘两档买卖量的"差"，与两档买卖量"和"的"比值"（距离最近的买卖盘，被赋予了两倍权重）。

在实盘中，这个因子的意思通常代表：比值越大，未来价格上升的阻力越小，短期内上涨的可能性就越大；反之，则下跌的可能性越大。

在实际应用中，这个因子短期预测的准确性，至少取决于以下 3 个因素。

第一，因子归一化的问题。如果只考虑 1 个截面的话，买盘和卖盘都很小，这个时候预测能力会被减弱。

解决方案：用过去一段时间的值或者 EoD（End of Data）数据进行调整。

第二，流动性缺失的问题。如果买一档/卖一档、买二档/卖二档之间的流动性缺失，那么仍然会导致预测失真。

解决方案：可以考虑用百分比/最近的平均波动率，重新定义订单簿。

第三，价格快速变动的问题。由于订单簿在实盘中是不断变化的，示例因子相当于完全没有考虑其的上下移动。因为价格刚刚变化的时候订单簿肯定是比较薄，这个时候也会导致预测失真。

解决方案：需要考虑价格在某处停留的时间，加入持续性时间因子这个维度。

除了以上 3 个重要因素，还包括高价股因素、十档订单因素、大量撤挂单因素等，这些都需要高频交易策略量化模型的构建者综合考虑。

6. 订单薄高频因子量化交易策略的实战代码示例

参考代码如下所示：

```python
import pandas as pd
# 加载 level2 交易数据
data = pd.read_csv("level2_data.csv")
# 计算特征
data["feature"] = (2*data["bv1"]+data["bv2"]-2*data["av1"]-data["av2"])
/ (2*data["bv1"]+data["bv2"]+2*data["av1"]+data["av2"])
# 定义预测函数
def predict_price(df):
    mean_feature = df["feature"].mean()
    if mean_feature > 0.01:
        return "UP"
    elif mean_feature < -0.01:
        return "DOWN"
    else:
        return "STAY"
# 对未来 1～3 分钟进行价格预测
for i in range(1, 4):
    future_data = pd.read_csv(f"future_data_{i}min.csv")
    prediction = predict_price(future_data)
    print(f"Prediction for {i} minute(s) later: {prediction}")
```

在这个例子中，我们首先加载了 level2 交易数据，并使用给定的表达式计算出每一行交易数据的特征值。然后，我们定义了一个 predict_price()函数，该函数接受一个 DataFrame 对象作为输入，并根据该对象的特征值计算出未来 1～3 分钟的价格走势。具体地说，如果特征值的平均值大于 0.01，则返回"UP"；如果小于–0.01，则返回"DOWN"；否则返回"STAY"。最后，我们使用 for 循环对未来 1～3 分钟的数据进行预测，并将结果打印出来。

```
>> Prediction for 1 minute(s) later: UP
>> Prediction for 2 minute(s) later: DOWN
>> Prediction for 3 minute(s) later: STAY
```

假设我们对未来 1～3 分钟的数据进行预测，得到的结果分别为"UP""DOWN"和"STAY"。这意味着模型认为股价在未来 1 分钟内将上涨，但在未来 2 分钟内将下跌，并在未来 3 分钟内保持不变。请注意，这只是一个模拟的结果，实际效果可能会受到很多因素的影响。

2.5.4　实战案例：事件驱动量化交易策略

1. 事件驱动量化交易策略的定义

事件驱动量化交易策略（Event-driven Strategy）是在提前挖掘和深入分析可能造成股价异常波动的事件的基础上，通过充分把握交易时机获取超额投资收益的交易策略。这是一个采用一系列合理的手段，提前分析出可能对股价产生影响的事件将要公布的内容和时间范围，并以事件明朗化前逢低买入、事件明朗化后逢高卖出作为主要原则的中短线投资策略。

2. 事件驱动量化交易策略的投资类型及逻辑

事件驱动量化交易策略一般包括两类：

第一类，宏观大事件。

第二类，微观大事件。

通过提出研究理念——事件驱动量化交易策略理念，对大事件进行研究，并以此来作决策，忽略下波动，主抓大行情。

事件驱动量化交易策略的核心逻辑：提前潜伏市场热点（事件），等事件明朗或将要明朗时逢高（低）卖出。

3. 事件驱动量化交易策略的实战流程及案例

运用事件驱动量化交易策略进行投资，一般可以采用五步分析法：

定性分析（重要事件或消息有无影响）→定量分析（影响程度有多大）→定时分析（影响时间有多长）→异动分析（龙头股及标的异常表现）→轮动分析（同板块内同概念的股票谁先异动）。

这里以可转债为例，讲解一下实战中量化套利投资者是如何利用此类事件驱动量化交易策略的。

由于可转债实行"T+0"交易制度，手续费也比较低，也没有印花税和过户费，所以很适合进行事件驱动套利。但国内的可转债流动性较差，大资金套利有一定难度。此类方法一般分为五步：

第一步，定性分析（评估转股价向下修正的时机）。转股价向下修正有 2 个前提：一是可转债进入回售期，二是正股股价跌破转股价的 70%。从历史数据来看，大部分上市公司在满足上述 2 个条件时，都会向下修正转股价。

第二步，定量分析（分析可转债的风险和收益）。如果上市公司在可转债触发回售条款前没有修正转股价，则持有人将面临可转债价格下跌的风险。一般来说，回售价是可转债的底线，即便发行人不修正，持有人还有权以回售价回售。转股价修正后，可转债一般会为 110 元以上。

第三步，定时分析（选择合适的时机介入）。可转债发行人一般只在最后关头才会提出转股价修正预案。召开临时股东大会需要提前 15 日（一般在 10 到 11 个交易日）公告。因此，投资者需要在正股股价跌破转股价的 70% 后的第 4~10 个交易日介入。如果在这之前介入，那么就要面临正股走强导致回售条款免于触发的风险。

第四步，异动分析（动态评估风险和收益）。在持有可转债的过程中，需要动态评估风险和收益是否合理，如果发生异动，就需要提前介入处理仓位。对仓位控制风险的计算，应当参考凯利公式构建合理的模型。计算仓位的内容，详见本书 3.3 节。

第五步，轮动分析（择机离场选择下一标的）。当可转债发行人公告修正预案，或离触发回售条款只有 8~9 个交易日而发行人仍未公告时，不论是否有正向收益，套利者都应当离场，以免正股股价下跌侵蚀已套取的收益。同时，要将套利资金转向下一标的。

对于普通投资者来讲，更容易理解的事件驱动是消息面的突发所带来的股价异动。例如，新冠疫情的暴发导致口罩股票的上涨。

事件驱动量化交易策略的来源包括热门事件的突发、货币政策的调整、国家大政方针的制定、公司内部人员的变化等。针对这些事件，市场上的量化交易策略通常会以热度为衡量指标，去推测事件所可能产生的强度和时长。

衡量热度的指标并不需要投资者特别去研发（毕竟 99%的研发团队并不具备相应的实力和资源），目前万得和同花顺等数据平台已经提供了大量此类数据，量化交易者调用即可。

随着事件驱动量化交易策略的使用者越来越多，这类策略的可使用时间也变得更加短暂，以前可以维持几天的上涨，而现在则普遍出现了资金"一日游"的现象，这就需要使用这一策略的量化交易者具备更高维度的逻辑与判断力。

3

第 3 章
量化交易策略的逻辑与设计

3.1　因子建模

　　因子是量化交易的基础，其基本思想是通过研究众多变量之间的内部依赖关系，探求观测数据的基本结构，并用少数几个假想变量（因子）来表示原始数据。因子用来反映众多原始变量的主要信息。金融中的量化交易以数据作为支撑，开展包括组合配置、择时、仓位管理和止盈止损等各项投资决策活动。因子作为理解、分析和应用数据的手段和桥梁，在量化分析和研究中具有举足轻重的地位和作用。

3.1.1　如何理解量化交易策略中的因子

　　我们研究事物运行的规律往往从观察现象开始，先建立定性层面的认知，然后通过科学的方法更为精确地描述该现象背后所隐藏的规律，即从定性再到定量。例如，牛顿发现万有引力的过程，就是从苹果掉到地上开始。牛顿通过思考，认为物体间存在某种相互吸引的力量，然后进一步发现了万有引力，并准确地描述和计量万有引力的大小，揭示了影响万有引力大小的因素，包括物体的质量、物体间的距离等。量化交易的策略研究也遵循着类似的过程。量化研究的最终目的是找到影响股票未来收益和风险的关键因素，并且通过建立关键因素与股票收益和风险间的定量关系构建量化交易策略，为投资决策提供支持。例如，价值投资者认为公司的内在价值与该公司的股票密切相关，因此公司的估值与公司股票未来的收益密切相关。下一步需要建立估值相关的因素与收益之间的量化关系，其主要的手段则是通过寻找和构建因子来实现。量化交易策略中所谓的因子，是指与股票的收益和风险密切相关的一类关键数据特征。因子在量化交易策略中的作用，就是建立股票收益和风险与其背后影响因素之间的量化关系，以实现通过因子预测股票未来收益情况的目的。量化交易策略中的因子需要满足以下条件。

（1）可持续性。因子与股票的收益存在高相关性，因此应当尽可能在不同的市场环境下持续地带来超额的收益，以避免因短期运气成分所带来的超额收益的影响。

（2）可投资性。可投资性反映在两方面：一是因子建模所使用的数据应当是当前或者历史可观测到的数据。使用未来函数或数据构建因子，可能导致量化交易策略在回测中有效，但对于实盘的应用却毫无意义。二是尽量考虑在实盘交易中的各类约束因素，例如交易成本、市场规模、监管要求等各方面的约束对因子的影响。

（3）可区分性。因子的重要用途之一就是进行筛选。好的因子能够对风险或收益进行有效区分，对未来超额收益具备可靠的预测能力，从而为投资决策提供支持。

（4）可解释性。因子需要充分反映策略所认为的股票的超额收益与其重要因素之间的联系，也可以认为因子是股票超额收益的量化解释。例如，某量化交易策略认为经济增长是股票收益增加的一个重要因素，因为经济增长使公司的利润增加，提升公司整体的价值，从而推动公司股价的上升。因此，可以使用国内生产总值（GDP）作为代表经济涨跌的量化因子应用于该量化交易策略的设计中。

3.1.2　阿尔法 101 因子建模示例解读

1. 背景介绍

前面提过，阿尔法收益指不和市场一起波动的部分。对于大部分希望战胜市场的投资者而言，其投资策略的重点在于获取尽可能高的阿尔法收益。因此，挖掘阿尔法因子成为不少量化交易者所关注的重点之一。但为了防范市场上其他投资者复制和模仿，尽可能地保证因子的有效性，市场上大部分比较成功的量化交易基金都选择不公开自己所使用的因子和策略，使其他投资者无法一探究竟。幸运的是，世界顶级的量化对冲基金之一——WorldQuant 在其 2015 年发表的论文 "101 Formulaic Alphas" 中公开了 101 个经典的阿尔法因子及构建的公式，量化因子的神秘面纱被揭示在世人面前。

目前，国内大部分主流的量化交易平台（聚宽、米矿、优矿等）均为阿尔法 101 因子的使用提供了技术支持，量化交易者可以直接调用这些平台所提供的接口，将所需的因子应用于自己的策略中。

2. 解读阿尔法 002 因子

下面我们以阿尔法 002 因子为例介绍一下因子建模的具体过程。为了理解阿尔法 002 因子，我们首先需要建立定性层面的认知。阿尔法 002 因子的底层逻辑是技术分析中的价量理论。价量理论认为，股票价格未来趋势的变化可以使用成交量与价格进行预测，它还将股票的走势分成 4 种情况：①放量上涨；②缩量上涨；③缩量下跌；④放量下跌。如果想买入未来最可能上涨的股票（或跑赢大盘的股票），应当对应②和④两种情况才对。这个结论是否成立，可以从行为金融学和博弈论等角度去思考和解释。如果一位量化交易者认为这个结论是正确的，那么下一步他就需要构建有效区分这 4 种情况的因子，从而为其分析数据、构建策略和筛选股票等提供决策支持。而阿尔法 002 因子的作用就是从定量的层面为有效区分股票的 4 种情况提供一条实现路径。

因子公式：

Alpha002:(-1*correlation(rank(delta(log(volume),2)),rank((close-open)/open),6))。

函数说明：

① correlation(x,y,d)：x,y 两个随机变量过去 d 天的系数。

② rank(*x*)：*x* 这组数中当下的排名。

③ delta(*x,d*)：当天 *x* 的值减去过去第 *d* 天 *x* 的值。

④ log：取对数，通常的理解是为了减小数据之间的差异，也可理解为将变量转换成时间变量，或是一种降维观测方法。

⑤ volume：成交量。

⑥ close：收盘价。

⑦ open：开盘价。

因子翻译：

阿尔法 002 因子公式可以分成三部分：①rank(delta(log(volume), 2))，对相隔 2 天的成交量数值的变化进行排序；②rank((close-open)/open)，对每日的涨跌幅变化进行排序；③correlation 函数值取反，使用过去 6 天的数据作为样本，对①和②排序后求相关性并取反。阿尔法 002 因子的取值范围为–1 到 1。总体上，成交量的变化与涨跌幅的负相关程度越高，该公式计算的结果值越接近 1，因子预测未来股价上涨的可能性就越大，反之亦然。

情景演示：

以下利用沪深 300 指数 2021 年的历史数据针对不同情景逐步计算对应的因子值，演示因子如何根据价量理论对股票走势进行预测。

情景一：涨跌幅逐日上升，同时成交量放大，如表 3.1 所示。

表 3.1　情景一的数值表

交 易 日	1	2	3	4	5	6	7	8
成交量/亿元	137.1500	115.9800	120.3700	133.6300	129.6300	123.0900	148.0900	144.0700
delta(log(volume),2)	-	-	0.0719	0.0512	0.0073	0.1001	0.1761	0.0706
排序	-	-	6	2	4	5	3	1

续表

交　易　日	1	2	3	4	5	6	7	8
涨跌幅/%	-	-	−0.5500	0.6500	−0.5200	0.2500	0.3400	0.9100
排序	-	-	6	2	5	4	3	1
因子得分−1*correlation(rank(delta(log(volume),2)),rank((close-open)/open),6)								−0.9429

情景二：涨跌幅逐日上升，同时成交量萎缩，如表 3.2 所示。

表 3.2　情景二的数值表

交　易　日	1	2	3	4	5	6	7	8
成交量/亿元	166.3100	165.2100	188.0500	180.5800	189.7000	164.0300	164.8900	170.1700
delta(log(volume), 2)	-	-	0.0534	0.0386	0.0038	−0.0417	−0.0609	0.0159
排序	-	-	1	2	4	5	6	3
涨跌幅/%	-	-	−0.2700	0.3700	−0.2100	1.0600	1.8300	1.7200
排序	-	-	6	4	5	3	1	2
因子得分−1*correlation(rank(delta(log(volume),2)),rank((close-open)/open),6)								0.7143

情景三：涨跌幅逐日下降，同时成交量萎缩，如表 3.3 所示。

表 3.3　情景三的数值表

交　易　日	1	2	3	4	5	6	7	8
成交量/亿元	173.6200	179.0500	157.4900	220.5700	193.7000	211.8000	159.1100	150.5300
delta(log(volume), 2)	-	-	−0.0423	0.0906	0.0899	−0.0176	−0.0854	−0.1483
排序	-	-	4	1	2	3	5	6
涨跌幅/%	-	-	1.2500	1.5600	0.1800	−0.1200	−0.3300	−0.6000
排序	-	-	2	1	3	4	5	6
因子得分−1*correlation(rank(delta(log(volume),2)),rank((close-open)/open),6)								-0.8286

情景四：涨跌幅逐日下降，同时成交量放大，如表 3.4 所示。

表 3.4　情景四的数值表

交　易　日	1	2	3	4	5	6	7	8
成交量/亿元	181.0800	169.9600	153.2000	129.3000	167.9800	185.5600	216.5400	228.1100
delta(log(volume), 2)	-	-	−0.0726	−0.1187	0.0400	0.1569	0.1103	0.0897
排序	-	-	5	6	4	1	2	3
涨跌幅/%	-	-	0.5900	0.5700	0.4200	0.0300	−1.0900	−2.8000
排序	-	-	1	2	3	4	5	6
因子得分−1*correlation(rank(delta(log(volume),2)),rank((close-open)/open),6)								0.7143

情景五：涨跌幅无明显趋势，成交量基本保持平稳，如表 3.5 所示。

表 3.5　情景五的数值表

交　易　日	1	2	3	4	5	6	7	8
成交量/亿元	161.3900	149.1600	142.9000	164.1700	167.4000	158.0100	159.3900	132.9500
delta(log(volume), 2)	-	-	−0.0528	0.0416	0.0687	−0.0166	−0.0213	−0.0700
排序	-	-	5	2	1	3	4	6
涨跌幅/%	-	-	0.5300	−1.2100	0.9700	−0.9500	−1.1400	0.4500
排序	-	-	2	6	1	4	5	3
因子得分−1*correlation(rank(delta(log(volume),2)),rank((close-open)/open),6)								0.0286

从上面五类情景的因子值计算结果可以看到，当价增量跌（情景二）或者价跌量增（情景四）时，因子值相对比较接近 1，这时候因子预测未来价格上涨的可能性比较大。相反，当价量齐涨（情景一）或价量齐跌（情景三）时，因子值相对比较接近于−1，这时候因子预测未来价格下跌的可能性比较大。当价量没有存在明显关系（情景五）时，因子值接近于 0，这时候因子对未来的价格变动没有明显的指示。

因子分析结论：

大部分人对因子好坏的评价主要聚焦于因子所产生的收益率。但实际上，对因子的评价是多维度的，需要综合考虑风险、相关性、收益率、集中度等方面的因素。因子分析的工具一般包括以下几项：分组收益分析、IC 分析（信息系数）、换手率分析、行业分析等。下面以阿尔法 002 因子为例，对 2021 年的沪深 300 指数成分股进行分析，介绍其中所使用的一些主要工具的应用。

3. 分组收益分析

分组收益分析是指根据股票标的的因子值进行分组，将因子值相近的股票标的归为一组，并统计每组收益的平均值，然后比较不同组别的收益是否具备差异，从而评估因子对收益率是否具备预测能力。在进行分析时往往需要结合持仓时间，考虑在不同持仓时间下的分组收益情况。

下面将持有期为 1 天、5 天和 10 天的 2021 年沪深 300 指数成分股按照因子值的不同分为五组，分析结果如图 3.1 所示。

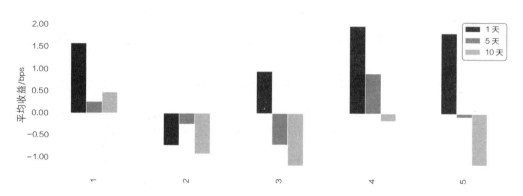

图 3.1　不同持有期对应各分位数平均收益对比图

结果显示，持有时间为 1 天的情况下，因子得分较高的分组（分组 4 和 5）平均收益相对较好。但在持有时间为 5 天或 10 天的情况下，得分较高的分组未出现明显的超额收益。考虑到动量因子一般为短线技术因子，分组收益分析中因子对持仓时间较短的情况预测的效果较好也正反映了这一特点。

4. IC 分析

IC 是指信息系数（Information Coefficient），表示所选股票的因子值与股票下期收益率的截面相关系数，通过 IC 值可以判断因子值对下期收益率的预测能力。信息系数的绝对值越大，该因子越有效。IC 为负，则表示因子值越小越好；IC 为正，则表示因子值越大越好。IC 的计算方法是：计算全部股票在调仓周期的期初收益排名和期末收益排名的线性相关度（Correlation）。IC 越大的因子，选股能力就越强。

图 3.2 为 2021 年沪深 300 指数成分股 1 天、5 天和 10 天持仓情况下的 IC 分析结果。

结果显示，IC 表现没有达到 0.03 的最低标准，该因子在沪深 300 指数成分股中没有突出的预测能力。

5. 换手率分析

换手率分析的主要作用是预测交易成本，其方式是计算相邻两期选股组合中股票的平均换手率。如果因子挑选出来的每一期股票的变动范围不大，那么对应的换手率就不高，交易成本（佣金）相对就会比较低。

图 3.3 为 2021 年沪深 300 指数成分股 1 天、5 天和 10 天持仓情况下的换手率分析结果。

结果显示，因子的换手率比较高，持有期为 1 天的情况下换手率大概为 30%，持有期为 5 天和 10 天的情况下更是达到了平均超过 70%的换手率。因此，在使用该因子的时候预期会付出较高的交易成本。

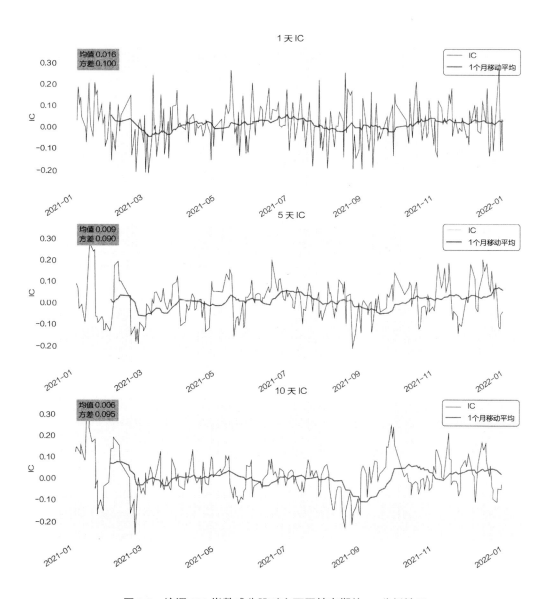

图 3.2 沪深 300 指数成分股对应不同持有期的 IC 分析结果

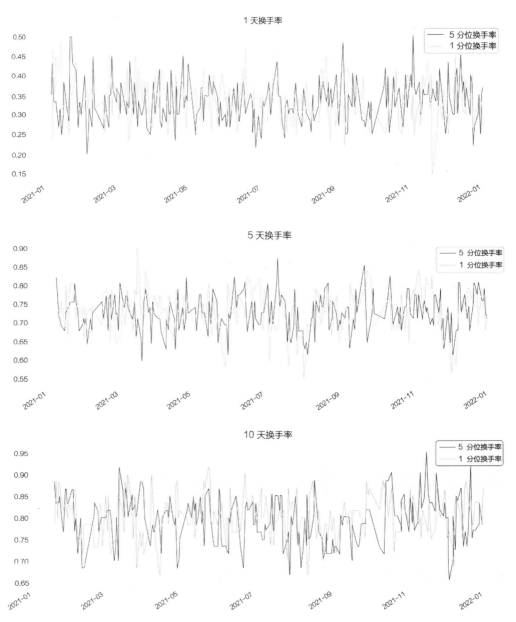

图 3.3 沪深 300 指数成分股对应不同持有期的换手率分析结果

6. 行业分析

行业分析是以行业为维度，对因子的收益率、IC 值、换手率等表现进行评价，从而了解不同行业中因子的表现是否存在明显的差异。由于不同行业公司的内在特性差别比较大，所以不同行业中因子的表现也可能存在不同。行业分析主要是作为一种分析维度，与收益率等其他指标相结合，对因子在不同行业中的表现进行评价。

图 3.4 为 2021 年沪深 300 指数成分股不同行业收益率的分析结果。

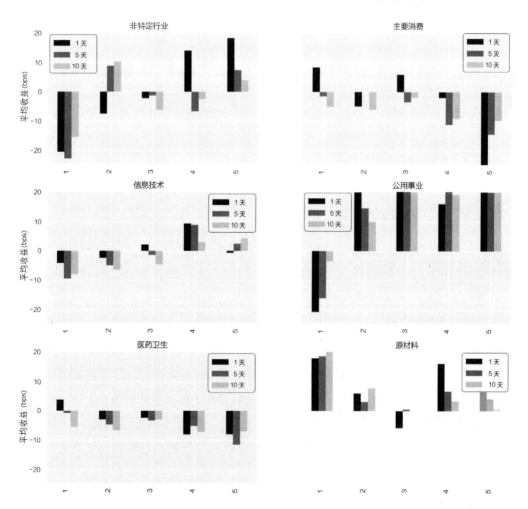

图 3.4　沪深 300 指数成分股对应不同行业收益率的分析结果

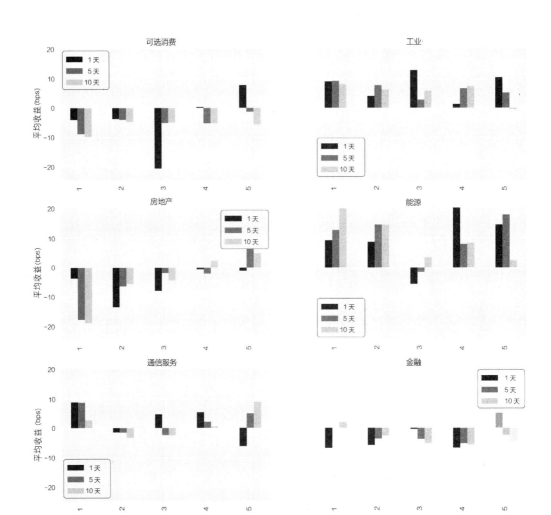

图 3.4　沪深 300 指数成分股对应不同行业收益率的分析结果（续）

结果显示，在持有 1 天的情况下，医药卫生、可选消费和非特定行业因子的收益率表现比较好，这些都是在 2021 年期间市场游资相对偏好的板块，表明该动量因子比较适用于短线资金热炒的股票。虽然上述的因子分析结果显示，阿尔法 002 因子的表现并不好，但也为我们对因子的改进提供了一些思路。这里简单介绍对因子的可能改进方向。

第一，**股票池的选择**：上述因子分析是针对沪深 300 指数成分股的，在分析过程中发现喜好游资的股票因子表现相对较好。我们尝试把股票池换成游资相对偏好的创业板指数成分股，二者的因子收益率分别如表 3.6 和表 3.7 所示。

表 3.6　沪深 300 指数成分股因子收益率

	1 天	5 天	10 天
阿尔法收益	0.016	0.003	−0.011
贝塔收益	0.045	0.056	0
平均周期收益率前百分位数（基点）	0.702	−0.105	−0.571
平均周期收益率底部分位数（基点）	0.455	0.237	1.067
平均周期间的扩散（基点）	0.247	−0.347	−1.643

表 3.7　创业板指数成分股因子收益率

	1 天	5 天	10 天
阿尔法收益	0.081	0.066	0.043
贝塔收益	0.039	0.056	0.062
平均周期收益率前百分位数（基点）	10.676	6.817	3.399
平均周期收益率底部分位数（基点）	4.852	1.850	−0.674
平均周期间的扩散（基点）	5.824	5.025	4.129

通过对比发现，在不同的持有期内，创业板指数成分股因子的阿尔法收益较沪深 300 指数成分股的均有所提升。因此，我们可以考虑沿着这个方向持续对因子进行改进。

第二，**对不同市场环境和规则差异的调整**：因为阿尔法 101 因子是美国的投资企业 WorldQuant 所提供的，所以这些因子往往是在美国等成熟市场中经过一定时间的检验后形成的。然而，我国国内的 A 股市场与美国成熟市场的市场环境和规则均有较大的差异，这些差异有可能对因子的表现造成影响。因此，将这些因子应用于国内 A 股市场时需要对其进行适当调整，从而更好地适用于国内 A 股市场。

在考虑调整方式时，我们需要综合考虑因子背后所代表的规律，以及不同市场状况对其规律所产生的影响。以阿尔法 002 因子为例，其核心思想是认为价增量跌或者价跌量增的情况下，股价未来会出现上涨。但我们知道，国内 A 股市场存在涨跌停板的交易规则。这个规则会导致所观测到的市场价量数据出现一定的扭曲。例如，当股价出现涨停时，投资者无法买进，因此成交量可能会萎缩。但是，如果在没有涨跌停板限制的市场环境中，那么其成交量反而可能会上升。由于该规则的存在，阿尔法 002 因子可能会错误地引导投资者进行投资决策。因此，另外一个改进方法是，先剔除触及涨跌停板的股票，然后根据因子值对股票进行筛选，使筛选的过程更贴近于因子的设计初衷。

其他可以考虑的改进方向还包括对开盘价的数据进行预处理、选择不同的相关系数算法和对成交量进行去噪处理等。

本节主要介绍了因子建模的基本思路和方法。因子是量化交易的基础，要想发掘出好的因子，就需要对市场运行规律有深刻的理解，并且要具备将定性的思想转化为定量模型的能力，这些都需要投资者在市场中不断地磨炼和提高。

3.2　逻辑与设计

3.2.1　什么是思维导图

思维导图是由英国的托尼·博赞于 20 世纪 70 年代提出的一种辅助思考工具。思维导图往往在平面上从一个主题出发，画出相关联的对象，最后形成的图像如同一个心脏及其周边的血管，故又被称为"心智图"。由于这种表现方式比单纯的文本更加接近人思考时的空间想象，所以越来越频繁地被大家用于创造性思维过程中。

托尼·博赞认为思维导图是一个深奥且优秀的笔记方法，因为它不会导致使用者出现其他笔记方式所带来的那种"半睡眠或模糊"（Semi-hypnotic Trance）状态。

在量化交易中，思维导图是一种用图像整理信息的图解方式。它用一个中央关键词或想法以辐射线形式连接所有的代表字词、想法、任务或其他关联项目。相对其他方式来讲，这种方式更有利于策略师与程序员的沟通，因为语言是线性串联的，而思维导图是多维并联的。

常用的思维导图制作软件有很多，比如 XMind、GritMind、幂宝脑图等。对于一个合格的策略师来讲，熟练使用其中一种思维导图制作工具十分重要。

对思维导图的使用在构建量化模型的初期最为关键，策略师通常需要策略来源（交易实战者或论文）和策略落地（程序员）这 2 种类型的思维导图。

1. 策略来源类思维导图

大部分量化模型来源于交易实战者或研究类文章，但实战者的讲述与研究类文章通常是一种线性描述，策略师必须通过思维导图的方式来理清脉络。

例如，一名交易实战者会这样讲述他的交易策略：在交易中首先需要关注大盘指数，在 20 日均线大于 60 日均线时才考虑建仓，同时，也要考虑行业，主要看行业的基本面，比如营收增长是否为正。在实际的操作中，还要选择半年内上涨不超过一倍的 MACD 金叉的股票。最多持有 10 只股票且每只不超过两成仓位，通常会在开盘观察 1 个小时后买入或卖出。如果个股下跌超过 20%，就需要止损了。可以每隔 5 天进行一次涨跌排名，去弱留强。

策略师首先要做的就是把交易实战者的话转化成思维导图，这样才能进行更清晰的思考。具体思维导图如图 3.5 所示。

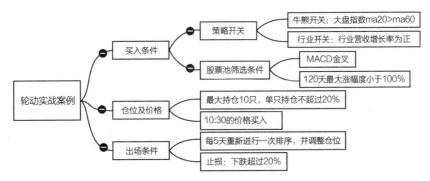

图 3.5　轮动实战案例的策略来源类思维导图示例

策略师再用这个思维导图和交易实战员进行交流，沟通就会十分顺畅。

2. 策略落地类思维导图

策略师从策略来源处得到灵感并构建了思维导图后，还需要将其转化成程序员可以看懂的思维导图。我们仍然以上面的交易策略为例，看一看什么样的思维导图可以让程序员直接上手。最后得到的思维导图如图 3.6 所示。

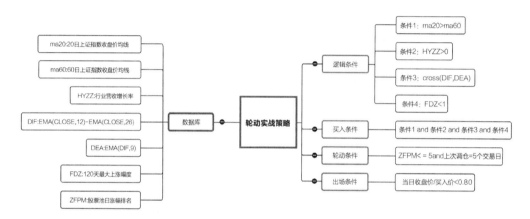

图 3.6　轮动实战案例的策略落地类思维导图示例

对于程序员来讲，更容易看懂从数据库到逻辑条件这样的思维导图，而策略来源类思维导图通常需要程序员有一定的交易经验才能更好地理解。

3.2.2　思维导图构建逻辑与设计的要点

构建思维导图并不是为了建模，而是要找到一个可能存在的好的量化模型。所以，一个好的策略师，在构建思维导图的过程中，就会对其可行性进行一些初步验证。

好的策略师会快速找到关键性逻辑并加以验证，也有团队将关键性逻辑称为"原旨逻辑"，这种底层的因素通常会决定一个模型在真实交易中的成败。

这里仍然以上面的例子来进行分析。好的策略师会注意到在这个量化模型中除了普通的量价模型，还有一个基本面因子，即行业营收增长率，这是一个长期因子，每季度会转换一次，这个因子在"原旨"方面有硬逻辑存在。如表 3.8 所示，为各行业的营收增长率因子分析。

表 3.8　各行业营收增长率因子分析

行业分类	每股营业总收入（算术平均）[报告期] 去年年报 [币种] 人民币 [单位] 元	每股营业总收入（算术平均）[报告期] 今年三季 [币种] 人民币 [单位] 元	增长率 / %
CSRC农、林、牧、渔业	4.9803	3.9329	-0.21
CSRC采矿业	7.9706	6.5909	-0.17
CSRC制造业	7.7588	6.0648	-0.22
CSRC电力、热力、燃气及水生产和供应业	4.9922	4.2347	-0.15
CSRC建筑业	13.2761	9.3716	-0.29
CSRC批发和零售业	25.4468	18.5825	-0.27
CSRC交通运输、仓储和邮政业	7.5012	5.4848	-0.27
CSRC住宿和餐饮业	3.7797	2.9298	-0.22
CSRC信息传输、软件和信息技术服务业	5.9382	3.9560	-0.33
CSRC金融业	4.8671	3.5668	-0.27
CSRC房地产业	6.6387	3.8346	-0.42
CSRC租赁和商业服务业	10.5202	8.1330	-0.23
CSRC科学研究和技术服务业	5.9379	3.4818	-0.41
CSRC水利、环境和公共设施管理业	4.2069	2.6405	-0.37
CSRC居民服务、修理和其他服务业	2.3979	1.5045	-0.37
CSRC教育	4.0195	2.2537	-0.44
CSRC卫生和社会工作	5.3617	6.0039	0.12
CSRC文化、体育和娱乐业	3.3600	2.2844	-0.32
CSRC综合	3.0320	2.4749	-0.18

数据来源：万得 2022-12-24

通过比较，可以发现卫生和社会工作是唯一符合条件的板块，这个数据在 2022 年 10 月 31 日即可得出。而在随后的近 2 个月中，这个板块的股价上涨了 15.10%，同期大盘的平均股价下跌了 1.87%，这说明这个底层逻辑存在一定的溢价。

这里要提下金融交易"不可能三角"的概念，金融交易的"不可能三角"是指：策略长期有效性、高收益风险比、高资金容量，三者不可兼得。具体来说，策略长期有效性是指某种交易策略可以长期持续赚钱，而不是仅仅用了几个月或者几年就失效了。高收益风险比指的是赚钱的时候收益高，亏钱的时候回撤小，资金曲线能够平稳向上。高资金容量指的是某种交易方法最多可以管理多少资金，高频交易策略能管理的资金就非常有限，而价值投资策略可以管理非常多的资金。

为何三者不可兼得，原因简单粗暴：如果三者兼得，那么全世界所有的钱就都被你赚走了。而根据物理学上的熵增定律，熵增到极限，就意味着混乱与毁灭。因此，一定会有一股熵减的力量，将这种不可持续的状态恢复到均衡，这种力量就是"不可能三角"的由来。

思维导图的构建就是在对"不可能三角"进行取舍。

基金经理与个人交易者对"不可能三角"的取舍是不同的，二者修炼出了迥异的思维分支。基金经理一定要保证他的策略具有很高的资金容量，这样才可以尽可能多地管理他人的资金。所以基金经理就只能舍弃另外 2 个"角"，即要么舍弃策略的长期有效性，要么舍弃高收益风险比。

对于量化基金经理而言，他们追求的是"高资金容量+高收益风险比"，舍弃的是策略的长期有效性。只有在历史回测中资金曲线平稳向上的策略才会被投入实盘使用，极少看到某个量化基金经理会使用历史回测中资金曲线回撤很大的策略。根据"不可能三角"，量化基金经理使用的策略只能在一段时间内有效，失效了就要换新的策略，量化基金经理通过不断地研发新策略，用新策略替换老的失效策略，以此达到持续良好的实盘业绩。

对于主观基本面分析的基金经理而言，他们追求的是"高资金容量+策略长期有效性"，舍弃的是策略的高收益风险比。一个成熟的主观基本面分析者主要依托信息优势以及特定行业分析框架来盈利，策略长期有效性是有保证的，但是不一定能做出比较稳定的资金曲线，主观基本面分析的基金经理常常会经历比较大的回撤。

而个人交易者往往会舍弃高资金容量，追求"策略长期有效性+高收益风险比"。毕竟个人的起步资金很少，没有必要一开始就研发能管理几十亿元的资金交易策略，能把自己的几十万元打理好已经很不容易了。同时，个人交易者因为其本金很少，像基金经理一样长期来看每年赚 10%～15%的情况，对其明显没有足够的吸引力。因此个人交易者往往追逐"高收益"。

3.2.3　止盈止损的常用方法

在量化模型的逻辑与设计中，止盈止损是很重要的一环。即使是策略轮动，也有退出所有交易的时候，比如最终模型只持有现金。

止盈，也叫"停利"，是投资者在投资前预先设定目标价位，当价格触及该价位时，即沽出或挂出止赚沽盘（止赚位、停利点），将账面利润套现。

止损，俗称"割肉"或"停损"，即投资者为保住本金，在投资的时候预先设定止蚀沽盘（止蚀位、停损点），若价格下跌至止蚀盘价位，投资者即需当机立断，以限价沽盘卖出，甚至以市价沽盘即时卖出，以免价格走向弱势，继续下跌，导致亏损进一步扩大。

止盈位和止损位都没有特定的标准，需根据所投资标的物的前景、个人观点或外围环境等因素而定。止盈止损也可以被统称为退出策略，好的退出策略不是每次都赚钱的，投资者尤其要认识到这点。

总体来讲，止盈止损可以分成五大类 21 种：固定类止盈止损（3 种）、移动类止盈止损（4 种）、时间类止盈止损（6 种）、比较类止盈止损（4 种）、组合类止盈止损（4 种）。

在固定类止盈止损中，止盈通常有 2 种方法：一是到达固定价格全部止盈，比如盈利 15%离场；二是到达固定网格价格分批止盈，比如每盈利 5%离场 20%。止损通常只有 1 种方法，即达到某一特定价格或比例时执行止损操作，比如进场价下跌20%时止损。

在移动类止盈止损中，止盈通常有 2 种方法：一是吊灯止盈，即收益在达到一定幅度后，回落多少即离场，比如上涨 10%以后，价格从高点回落 5%时离场；二是移动指数抛物线止盈，即在收益达到一定幅度后，从 0 收益开始启动一条盈利抛线，当盈利触及时出场。比如上涨 10%后，每天增加 1%的指数级别，即 1%、2%、4%、7%、11%……当盈利情况低于这个数值时离场。止损通常也有 2 种方法，与移动止盈是相反的。

在时间类止盈止损中，一是到时出场。不论是盈利还是亏损，到达固定时间都离场，这种方法通常是截面量化交易者最喜欢采用的方式。例如，入场后第 10 天离场。采用这种方法的量化模型通常其入场的逻辑是高频因子。二是分时出场。这有点类似于固定价格的网格离场方法，比如每隔 5 天离场 20%，这样离场是因为策略的有效性会随时间衰减。三是择时离场，就是根据之前的概率统计，模型会自动算出一个离场时间，比如将距离下次季报的时间除以 2。这 3 种方法如果用止盈止损来限定，就扩展成 6 种方法。

在比较类止盈止损中，一是跨品种或类别（龙头股或对应指数）进行比较，强则持有，弱则离场。例如，买入某只股票后，在周线跑输所属行业后离场。二是与关键因子（量能等）进行比较，在交投不活跃时离场。例如，买入某只股票后，在成交缩量时离场。这 2 种方法如果用止盈止损来限定，就扩展成 4 种方法。

在组合式止盈止损中，可以采用多种方法的组合，以实现更灵活的策略。然而，并非使用更多的组合方式就能达到最佳效果，最重要的是保持策略的隐蔽性。因此，对于量化交易者而言，他们更喜欢使用第 4 种方法：比较式止盈止损。这种方法非常特殊，不容易被主力资金和散户迅速察觉到。

此外，与这些离场方式相匹配的是决定策略回测结果好坏，以及是否能进一步优化相关参数的因素，过多或过少都不是最理想的选择。所以在设计策略时，策略师需要综合考虑模型效果。

3.3　凯利公式与仓位计算

3.3.1　什么是凯利公式

凯利公式（Kelly Criterion）是一种根据赌博赢或输的概率，计算出每次下注的资金占所有赌本的最佳比例的公式，由约翰·拉里·凯利于 1956 年在《贝尔系统技术期刊》中发表，可用于计算出每次游戏中应投注的资金比例。除可将长期增长率最大化外，此公式不允许在任何赌局中有失去全部现有资金的可能，因此具有不存在破产疑虑的优点。凯利公式假设货币与赌局可无穷分割，而只要资金足够多，在实际应用上就不成问题。

凯利公式通过寻找能最大化结果对数期望值的资本比例 f^* 来获得资金长期增长率的最大化，适用于只有 2 种结果的简单赌局：要么输掉所有本金，要么赢得本金乘以特定赔率。公式的一般性陈述为：

$$f^* = \frac{bp - q}{b} = \frac{b(b+1) - 1}{b} \qquad （公式一）$$

其中，f^* 为现有资金应进行下次投注的比例；

b 为投注可得的赔率（不含本金）；

p 为获胜率；

q 为落败率，即 $1-p$。

举例而言，若一赌博有 60% 的获胜率（$p=0.60$，$q=0.40$），而赌客在赢得赌局时，可获得一赔一的赔率（$b=1$），则赌客应在每次机会中下注现有资金的 20%（$f^*=0.20$），以最大化资金的长期增长率。如果赔率没有优势，即 $b<q/p$，公式的结果是负的，那么建议不下注。如果赔率是负的，即 $b<0$，那也就是暗示应该下注到另外一边。

如果我们把这个原理简单地运用到投资中，那么凯利公式表明，一方面，如果一个人在投资中的投资比例总是超过 20%，那么他最终破产的可能性很大。另一方面，如果总用低于 20% 的金额进行投资，那么也会导致利润减少，无法让投资产生最大化的增长率。

因为最广为人知的凯利公式只适用于全部本金参与的情形，为了更好地在金融市场上被应用，凯利公式还有一个衍生的变形公式：

$$f^* = \frac{p \times W - q \times L}{W \times L}$$　　　　　　　（公式二）

其中，f^*, p, q 同公式一；

W 是获胜后的净盈率；

L 是失败后的净损率。

这个变形公式很适合计算固定类止盈止损的股票。例如，投资者决定用 10 万元参与股票投资（本金不止 10 万元），30% 的增长幅度止盈，20% 的亏损幅度止损，最多盈利 3 万元，最多亏损 2 万元，这里 W=0.30，L=0.20，仍然假设 p=0.60，q=0.40，此时可以计算出最优仓位为 1.66（关于大于 1 如何理解，具体看仓位计算）。这种情况由公式一是算不出来的，主要原因是这里并没有投入所有本金。

再举一个例子，投资者有 1 万元买股票，30% 的增长幅度止盈，10% 的亏损幅度止损，最多盈利 3000 元，最多亏损 1000 元，这里 rW=0.30，rL=0.10，此时可以计算最优仓位，但是用公式一是算不到的，主要原因是这里并没有投入所有本金。

凯利公式在风险管理和仓位控制上的确非常有用，尽管现在的投资大师们不认为投资是赌博，二者之间的确存在着许多相似之处。

3.3.2　凯利公式所引发的思考

凯利公式之所以受欢迎，是因为与其他类型的策略相比，从长远来看，它通常会带来更多的价值与财富，而有时它又会让投资看起来与众不同。

启示一：应当买入什么样的股票

尽管任何公式的好坏都取决于插入其中的估值和数据，但凯利公式迫使每一名投资者在投资时，必须同时考虑收益和概率这 2 个因素。所以，有时它会阻止投资者投资那些低收益、高风险的公司——而这恰恰是大多数"热门"股票的特点。投资那些公司的股票看似可以很快赚到钱，但其实这类股票下跌的风险很高。凯利公式可以引导投资者转向低价股票，这些股票中的大部分风险已被消除并且潜在收益很高。例如，美国石棉公司（NYSE:USG）是一只失宠的股票，其股价已从 110 美元左右暴跌至 48 美元。然而，在对这家公司进行了大量研究之后可以发现，对美国石棉公司的投资将有很高的获胜概率和高收益，这可能就是伯克希尔·哈撒韦公司（纽约证券交易所代码：BRK.A）最近一直在抢购这只股票的原因。

启示二：趋势交易者的思考

对于低胜率的趋势交易者，在一定条件下提高胜率可以大幅提高其所能下注的最大额度，加快本金的积累。但是，由于这个结论只是在理论条件下得出的，尤其是趋势交易者很难提高胜率，有时还会发生"黑天鹅"事件，所以此方法成为了金融市场博弈的一大"秘籍"。

1969 年，也就是"不败秘籍"问世的 7 年后，索普开始将注意力转向华尔街新兴的股票权证，通过他的筹备，史上第一家量化对冲基金普林斯顿-纽波特合伙公司（Princeton-Newport Partners，PNP）应运而生。PNP 是最早采用数学方法建立套利模型的对冲基金之一，当时在金融界可谓出尽了风头。到了 1988 年，这个对冲基金的净值上涨了 14.50 倍，而同期标普 500 指数仅上涨了 5 倍。

启示三：著名的 2%法则

索普有一个著名的"2%法则"：当你过度下注时，你将会失去一切。在 21 点的赌博中，如果你从不一次下注超过你总筹码的 2%，就永远也不可能输光所有的钱。投资也一样。如果你从不将超过 2%的头寸暴露在任何一种风险中，那么就不可能亏光本金。

有趣的是，很多量化基金经理也参照"2%法则"进行资产配置，他们通常会将每只股票的最大持仓设定为 2%。也就是说，很多量化基金的持仓会保持在 50 只左右。

3.3.3　凯利公式的仓位计算

凯利公式的仓位计算可以从 2 个维度去思考：一是自身维度，二是组合维度。

1. 自身维度的计算

仍然假设你准备投入 10 万元，如果用公式一计算（条件不变，一倍收益或损失全部投入），只能每次拿出 2 万元买股票；如果用公式二（条件不变，收益 30%，损失 20%），计算的结果是 1.66，这种情况下（大于 1 时）似乎暗示着你可以将 10 万元本金全部拿去投资。

很明显，公式一的情况在金融市场中很少发生（杠杆类不算），而公式二的情况其实并没有考虑到黑天鹅事件（突发事件导致连续跌停）的情况。也就是说，公式一的结论有些保守，而公式二的结论有些乐观。

这就需要根据投资品种的情况进行评估。例如，加杠杆的品种，杠杆越大，结果越趋向于公式一的结论；而黑天鹅越少的品种，结果越趋向于公式二的结论。这时，人们很容易得到一个结论，即债类的投资很少有黑天鹅事件，似乎可以采用更高的仓位。

没错，经济学领域的天才们也是这样想的，同时也是这样做的。长期资本管理公司是一家著名的对冲基金管理公司，管理着庞大的金融资产。该公司的管理人员阵容显赫，以华尔街著名投资银行所罗门兄弟公司的前债券部副总裁和交易明星约翰·梅里威瑟为创始人，两位诺贝尔经济学奖获得者默顿和斯科尔斯及美国最著名商学院教授和美联储前副主席等为合伙人，公司麾下共有 25 位博士。但该公司仍然不到 5 年就破产了，就是因为他们有以上想法。

实际上，少不等于没有，大家永远不要忘记黑天鹅的存在。所以，从自身维度来计算，到底是保守一点好，还是激进一点好，目前没有标准答案，完全取决于投资者本人的主观判断。

2. 组合维度的计算

既然在自身维度的计算中黑天鹅事件不可避免，那么用组合维度的计算是不是更加合理呢？这里也给大家举一个例子：如果有 100 万元本金，用来投资市场上最活跃的前 5 只股票，那么利用公式二如何计算各自的仓位。

截至 2022 年年底，单月全市场成交量最大的前 5 只股票分别是：中国联通、包钢股份、ST 大集、海航控股、中国建筑。如果您经过研究，认为这 5 只股票会在未来跑赢市场，利用凯利公式则需要进行以下三步计算。

第一步：计算公式中的各项数据。计算结果如图 3.7 所示。

计算项	中国联通	包钢股份	ST大集	海航控股	中国建筑
交易月	12	12	12	12	12
正收益月	5	4	4	5	7
负收益月	6	8	7	7	5
零收益月	1	0	1	0	0
胜率（P）	0.42	0.33	0.33	0.42	0.58
败率（q）	0.50	0.67	0.58	0.58	0.42
正收益月均值（W）	0.04	0.04	0.14	0.04	0.05
负收益月均值（L）	−0.02	−0.07	−0.08	−0.04	−0.03
赢亏比（b）	2.34	0.65	1.83	1.05	1.53
公式一	0.29	−0.70	0.01	0.14	0.31
公式二	15.99	−10.26	0.19	−3.64	10.39
数据来源：万德			数据截至 2022-12-25		

图 3.7　2022 年凯利公式各因子计算结果图

第二步：找到结果为正的标的。

中国联通、ST 大集和中国建筑的结果均为正，那么对应的表达就是可以投资。

第三步：计算标的在 2 种情况下的仓位。

按公式一来计算，100 万元本金只能投入三份的均值 20.30%，共 20 万元（(0.29+0.01+0.31)/3=0.203），这 20.30 万元按分配比例计算，3 只股票分别占比 47.60%、1.60%

和 50.80%，那么资金分配应当为 9.67 万元、0.32 万元和 10.31 万元，剩余的 79.70 万元可持有现金或购买国债。

按公式二来计算，需要把 100 万元本金平分成三份，即每份 33.33 万元，3 只股票的投入分别是 33.30 万元、6.32 万元和 33.30 万元，剩余的 27.08 万元可持有现金或购买国债。

很明显，这两组数据给出了保守值和激进值（前提是数据假设在未来仍然成立），那么投资者就可以根据个人情况在中间进行取值了，这时运气的因素就起作用了。相应的数据和结果如表 3.9 所示。

表 3.9   凯利公式统计各股仓位

	中国联通	ST 大集	中国建筑
公式一金额/万元	9.67	0.32	10.31
公式二金额/万元	33.30	6.32	33.30
投入范围/万元	9.67～33.30	0.32～6.32	10.31～33.30

这样的计算对于个人而言，还是比较麻烦的，特别是针对全市场的计算。但对于计算机而言，可能只需要不到 1 秒就可以算完 5000 多只股票。很明显，单单从速度来讲，量化交易仍然是必由之路。

3.4   量化交易策略的有效性评估

影响量化交易策略的有效性因素有很多，但最为致命的有 3 个：未来函数、过度拟合和夏普比率突变。所以，要想评估 1 个量化交易策略的有效性，就必须检测该策略中是否存在未来函数和过度拟合，还要检测夏普比率的平稳性。

3.4.1   未来函数

很多人在网络上叫卖着各种神奇的炒股技术指标、软件，号称它们具备高成功率，买点全在最低点，卖点全在最高点，忽悠了大批股民，其实他们都是使用了"未来函数"。事实上，99%的初学者并不了解什么是"未来函数"。

所谓"未来函数"，是指可能引用了未来数据的函数，即引用或利用了当时还没有发生或者还不确定的数据对之前作出的判断进行修正的函数。具体来说，策略中含有未来数据的基本特征是买卖信号不确定，常常是某日发出了买入或卖出信号（线段的转折点与此同理），第二天如果继续下跌或上涨，则该信号消失，并在第三天标示出新的位置。

以季报为例，第三季度的季报并不是在季度结束时（9月底）公布的，而是在下个月（10月底）前才陆续公布完毕。如果在策略中使用了未来数据，就需要格外留意时间标签，以防止未来函数的出现。

即使是最老练的交易员，在构建一些新策略时，仍然会不可避免地用到未来函数。所以，检查量化交易策略中是否存在未来函数，与策略提出者的交易经验无关。

3.4.2 过度拟合

在统计学中，过度拟合（Over Fitting）是指过于密切或精确地匹配特定数据集，以至于出现了无法良好地拟合其他数据或预测未来的观察结果的现象。过度拟合模型指的是对于有限的数据而言，参数过多或者结构过于复杂的统计模型。

当发生过度拟合时，模型的偏差很小，但方差很大。过度拟合的本质在于训练算法无意中从统计噪声中提取了信息，并将其表达为模型结构参数。和训练数据的总量相比，只要模型结构足够复杂或参数足够多，就总能完美地适应数据。

过度拟合可以被理解为违背了奥卡姆剃刀原理，这个原理是指"如无必要，勿增实体"，即"简单有效原理"。

在机器学习或人工神经网络中，过度拟合有时也被称为过训练（Over Training）。之所以存在过度拟合的可能，是因为选择模型的标准和评价模型的标准不一致。举例来说，选择模型时往往是选取在训练数据上表现最好的模型；但评价模型时则是观察模型在训练过程中不可见数据上的表现。当模型尝试"记住"训练数据而非从训练数据中学习规律时，就可能发生过度拟合。一般来说，当参数的自由度或模型结构的复杂度超过数据所包含的信息内容时，拟合后的模型可能使用任意多的参数，就会降低或破坏模型泛化的能力。

在统计学习和机器学习中，为了避免或减轻过度拟合现象，需要使用额外的技巧（如模型选择、交叉验证、提前停止、正则化、剪枝、贝叶斯信息量准则、赤池信息量准则或退火）。这些方法大致可分为两类：

第一类，对模型的复杂度进行惩罚，从而避免产生过于复杂的模型；

第二类，用验证数据测试模型的效果，从而模拟模型在实际工作环境中的表现。

在实际的应用中，我们只要观察 2 个维度的情况，就可以大致判断这个量化交易策略模型是否存在过度拟合的问题：一是模拟交易成本是否过于保守，订单执行是否过于乐观，流动性是否被错误地考虑，是否已经出现规则的重大改变，这些都被视为过度拟合发生的前提。二是模型的复杂度。如果模型过于复杂，存在着大量的变量和参数，回测数据还十分乐观，那么通常会发生过度拟合。

这个问题的本质，需要回到 3.2 节的"不可能三角"中去理解和思考。

3.4.3 夏普比率

夏普比率（Sharpe Ratio），或称夏普指数（Sharpe Index）、夏普值，在金融领域衡量的是一项投资（例如证券或投资组合）在被调整风险后，相对于无风险资产的表现。

夏普比率于 1966 年由威廉·夏普提出。它的定义是投资收益与无风险收益之差的期望值，再除以投资标准差（即其波动性）。它代表投资者额外承受的每一单位风险所获得的额外收益。

假设目前投资一个预期收益率为 12%、波动率为 10% 的投资组合，无风险利率是 5%。

夏普比率的计算结果为：(0.12–0.05)/0.10=0.70。

夏普比率是三大经典指标之一，能够综合考虑投资的收益与风险。投资具有一定的规律性：预期收益高时，投资人可以容忍更高的波动风险；反之，预期收益低时，投资人可忍受的波动风险也相应降低。因此，理性的投资人在确定投资标的与投资组合时，主要考虑 2 个方面：在能够承受的风险范围内，尽可能地追求最大收益；或在固定的预期收益下，尽可能地降低风险。

但在市场下跌时，夏普比率对未来的预测表现欠佳。所以，近些年原始算法的夏普比率经常被质疑是否适合作为绩效评估指标。

因此，在评估量化模型的有效性时，策略师通常会引入夏普比率的衍生算法，即滚动夏普比率。

就跟踪有效性而言，滚动夏普比率是一个非常好用的工具。具体算法：夏普比率是根据上次计算的数据周期得出的，该周期用于日终策略，为 252 个工作日（即 1 个交易年）。

这样观测到的夏普比率通常会有所不同。如果滚动夏普比率已经开始超过回测历史中的最大跌幅，则通常预示着这个量化交易策略可能已经失效。

因此，策略师在构建量化交易策略的逻辑和设计中，通常会加入这个维度的测试和观测，从而快速评估策略能否继续使用。

3.5　实战案例：米伦坎普量化交易策略的逻辑与设计

3.5.1　米伦坎普简介

基金经理罗恩·米伦坎普（Ron Muhlenkamp）是一名价值投资者，于 1966 年获得麻省理工学院机械工程理学学士学位，并于 1968 年获得哈佛商学院工商管理硕士学位。他拥有特许金融分析师（CFA）称号。他因大胆、宏观的投资风格而备受赞誉，这种赞誉也是实至名归：在 15 年内，以他名字命名的基金年收益率高达 10.25%，比标普 500 指数每年高出 2%。他也是《财富引路人》一书的作者。

米伦坎普涉足股市始于 1968 年，那个时候美国正从 20 世纪 60 年代的牛市急速坠入 1973—1974 年的熊市和 20 世纪 70 年代的滞胀之中。历经数 10 年的实践而积累起来的投资知识与为公众所普遍接受的法则轰然倒塌，而那些人们自以为掌握在手的关于股票与投资的方方面面知识也都不再有用……

2008 年，他的投资组合遭受了重创：米伦坎普基金在保险和抵押贷款领域的投资组合净值缩水了 40%，比蓝筹股的平均缩水情况更糟糕。但是当市场触底时，米伦坎普基金开始投资价值型股票，买进了许多声誉下降的公司，如 IBM 和雷格·梅森（Legg Mason）。

这些股票从那时起就一路飙升，米伦坎普基金在 2009 年的收益为 31.49%，比标普 500 指数高 5%。在他经验丰富的投资生涯中，米伦坎普触摸到了投资与经济的关系，他认为投资者必须了解投资大环境，诸如通货膨胀、利率、政策规则、国际局势等因素，这样才能忽略眼前的吹捧和恐吓，获得长期收益。

《财富引路人》一书是米伦坎普作为一名成功的基金经理的投资备忘录。书中提到了减少风险的方法。

（1）延长投资期限。投资首先要考虑的是投资期限。大多数的投资者与大多数的商人一样——应该有至少 3 年的投资期限。养老基金最合适的投资周期是 10 年以上。

（2）分散投资以寻求最大收益。如果仅仅是持有股票、债券、房地产、抵押贷款和商业票据，那么并不意味着投资已经分散化。因为如果购买的股票、债券、房地产等都是属于同一家公司的，那么投资并没有分散化。相反，如果投资几个不同行业中的优秀公司，则投资分散的程度就提高了。

（3）投资股票最大的风险不是波动性，而是以过高的价格买入公司股票。

（4）根据投资氛围选择投资标的。由于大环境的不同，米伦坎普认为投资的种类也需要根据投资氛围而进行相应的改变。

任何投资行为都是双方进行的交易，有 3 种类型的有价证券——短期债券、长期债券和股票，另外还有房地产。在过去的 50 年中，由于经济环境的变化，这四类不同的投资选择有的更能让投资者赚钱，有的则不再那么容易获利。要想选择和区分它们，还是要看宏观经济形势。"虽然我们常把短期债券和长期债券当作安全投资推销给投资者，但把税收和通货膨胀因素考虑在内后就会发现，在过去的 50 年中，投资长期债券与国库券的时候更容易亏钱。而且，在过去的 50 年中，股票的收益整体上要好于国库券与债券的收益。"

3.5.2　米伦坎普的投资逻辑

在《财富引路人》中，米伦坎普有这样一段名言："我得说我从农夫那里学到的关于投资的东西，比从华尔街专业人士和 MBA 们那里学到的更多。他们懂得在不同的季节采取不同的方法。决定何时卖出股票和决定何时收获苹果类似。农夫们不能精确地告诉你他们准备何时收获，但是他们知道果实什么时候成熟。"

从他的书及访谈中，人们大致可以了解到米伦坎普的主要投资逻辑，包括三点：

（1）价值线投资主线（Value Line Investment Survey）是寻找财务状况良好且净资产收益率不错的公司，ROE 应该达到 15%或者更高；

（2）核对年度财务报表中的数据和注释（审计过的），确认数据准确；

（3）与有兴趣投资的公司的管理人员（或董事长秘书）交谈。

对于价值投资主线而言，米伦坎普有着明确的量化指标，比如 ROE 大于 15%，在实际运用过程中可以用排名来替代；对于核对年度财务报表中的数据，这个难度有点大，但目前已经有量化因子可以检测；与管理人员交谈很难量化。

即便如此，投资者仍然可以从《财富引路人》这本书中找到十分明确的量化因子：净资产收益率的排名、5 年净资产收益率的排名、市盈率排名、市净率、4 年 EPS 复合增长率、4 年 EPS 复合增长率排名、流动比率、市现率等。

将其整理成思维导图，如图 3.8 所示。

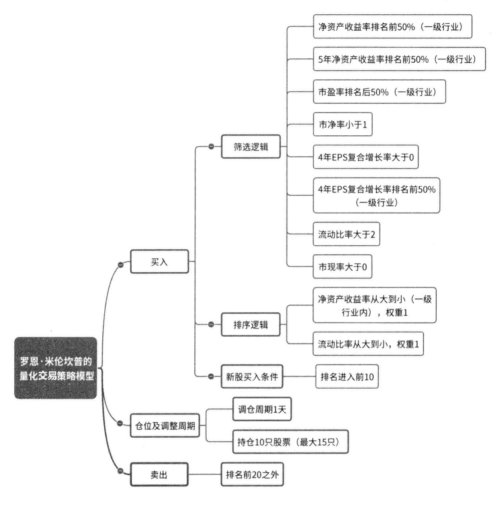

图 3.8　米伦坎普量化交易策略思维导图

3.5.3　米伦坎普量化交易策略在中国市场的适应情况

　　这个简单的逻辑是可以放到中国市场上进行回测的。如图 3.9 所示，为 2011 年 1 月 4 日至 2023 年 7 月 28 日的回测数据，通过比较可以发现 12 年来中国市场的超额收益仍然存在。

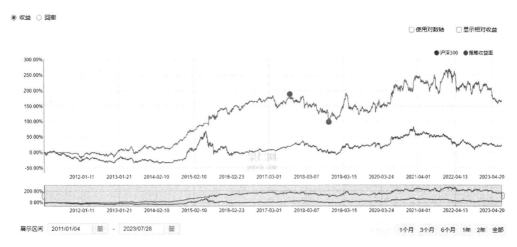

图 3.9　米伦坎普量化交易策略年化收益率分析

如图 3.10 所示，这个策略的年化收益率为 8.12%，远超沪深 300 指数 1.80% 的年化收益率。在 12 年的时间里，该策略的波动性低于沪深 300 指数，最大回撤低于沪深 300 指数，夏普比率为 0.21。

收益统计	周收益统计	交易统计						

投资组合	总收益率	年化收益率	夏普比率	最大回撤率	收益波动率	信息比率	Beta	Alpha
本策略	166.71%	8.12%	0.21	31.23%	19.36%	0.38	0.59	5.43%
沪深300指数	25.18%	1.80%	-0.10	46.70%	21.95%	-	-	-
相对收益	113.07%	6.21%	0.13	37.71%	17.02%	0.13	-0.41	1.30%

图 3.10　米伦坎普量化交易策略年化收益率分析

通过策略归因，可以发现这个策略总体上比较均衡，在中国市场上也具有较强的生命力，如图 3.11 所示。

策略超额收益归因					
◉ 因子暴露度　○ 暴露度统计					
因子	相对基准风格	因子暴露度 ⓘ	年化配置收益 ⓘ	年化择股收益 ⓘ	年化超额收益 ⓘ
行业	分布较均衡	1.90	0.32%	7.68%	8.00%
市值	较低市值	-1.30	4.69%	3.31%	8.00%
估值(PB)	低估值	-3.30	2.38%	5.62%	8.00%
增长	平均增长	-0.80	0.84%	7.16%	8.00%
盈利	较高盈利	2.00	2.86%	5.13%	8.00%
波动	较低波动	-1.60	2.64%	5.36%	8.00%
反转	平均反转	0.60	1.91%	6.09%	8.00%
缩量	较高缩量	1.90	9.69%	-1.70%	8.00%
预期	较低预期	-1.60	1.93%	6.07%	8.00%
估值(PE)	较低估值	-2.90	1.11%	6.89%	8.00%

图 3.11　米伦坎普量化交易策略超额收益归因

3.5.4　米伦坎普量化交易策略的改进思路

即使这个策略截至 2022 年年底仍然有效，但策略师仍然会希望其有所改进。

要想改进一个策略，通常需要从策略的原始思路入手，这样才不会对总体策略产生冲击。对于米伦坎普的量化交易策略而言，其总体思路是从宏观到微观，善于从财务数据中挖掘超额收益。所以，改进思路仍然可以对策略的底层逻辑进行改进，从宏观到微观，加入一个更宏观的视角，比如行业的净资产收益率。

将改进后的米伦坎普量化交易策略画成思维导图，如图 3.12 所示（改进的部分进行了特别标注）。

这样一来，就对米伦坎普量化交易策略的原逻辑进行了加强和补充。这个改进后的策略的逻辑，仍然可以放到中国市场上进行回测。

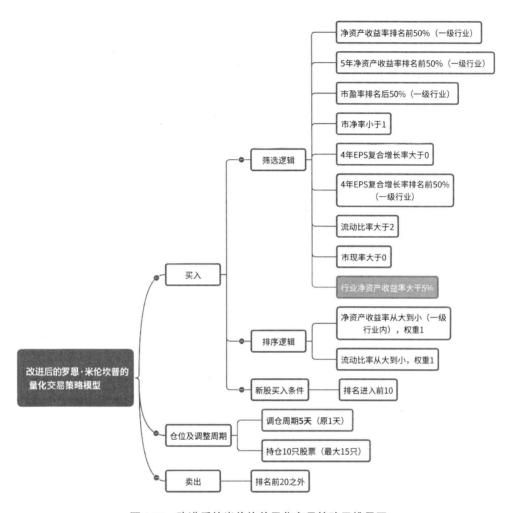

图 3.12　改进后的米伦坎普量化交易策略思维导图

　　图 3.13 为该策略于 2011 年 1 月 4 日至 2023 年 7 月 28 日的回测数据，通过比较可以发现近 12 年中国市场的超额收益仍然存在。

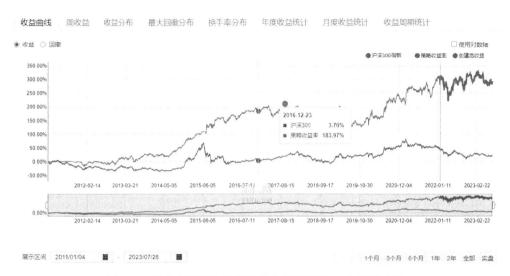

图 3.13   改进后的米伦坎普量化交易策略近 12 年收益曲线

如图 3.14 所示，改进后的策略年化收益率为 11.43%（原策略为 8.12%），远超沪深 300 指数 1.62%的年化收益率。在 12 年的时间里，该策略的波动性低于沪深 300 指数，最大回撤低于沪深 300 指数，夏普比率为 0.39（原策略为 0.21）。

投资组合	年化收益率	夏普比率	最大回撤率	收益波动率	信息比率	Beta	Alpha	创建天数	自创建日收益
本策略	11.43%	0.39	34.46%	19.17%	0.59	0.59	8.85%	535	-2.97%
沪深300指数	1.62%	-0.11	46.70%	21.94%					-15.79%

图 3.14   改进后的米伦坎普量化交易策略年化收益率分析

特别是在创建之后的 1 年中，改进后的策略在样本外的表现仍然不俗，超额收益跑赢了原有策略。

如图 3.15 所示，通过策略归因，可以发现这个改进策略主要在估值因子和盈利因子上有所改善，相对因子暴露度更低，其生存能力要强于原策略。所以，这个改进是成功的。

策略超额收益归因

◉ 因子暴露度　○ 暴露度统计

因子	相对基准风格	因子暴露度 ⓘ	年化配置收益 ⓘ	年化择股收益 ⓘ	年化超额收益 ⓘ
行业	分布较均衡	1.90	0.67%	9.17%	9.83%
市值	较低市值	-1.10	2.94%	6.90%	9.83%
估值(PB)	低估值	-3.20	2.02%	7.81%	9.83%
增长	平均增长	-0.60	0.96%	8.88%	9.83%
盈利	较高盈利	2.20	2.84%	6.99%	9.83%
波动	较低波动	-1.80	2.67%	7.17%	9.83%
反转	平均反转	0.60	1.82%	8.02%	9.83%
缩量	较高缩量	1.80	8.34%	1.50%	9.83%
预期	较低预期	-1.20	2.18%	7.65%	9.83%
估值(PE)	较低估值	-2.90	1.20%	8.63%	9.83%

图 3.15　改进后的米伦坎普量化交易策略超额收益归因

3.5.5　米伦坎普量化交易策略的实战代码示例

参考代码如下所示：

```
# 导入函数库
from jqdata import *
from jqlib.technical_analysis import *
import numpy as np
import talib as tl
import math
# 初始化函数，设定基准
import datetime as datetime
import pandas as pd
ATR_WINDOW = 20

# 更新股票池的间隔天数
CHANGE_STOCK_POOL_DAY_NUMBER = 15
def initialize(context):
    # 设定沪深 300 指数作为基准
    set_benchmark('000300.XSHG')
    # 开启动态复权模式(真实价格)
    set_option('use_real_price', True)
    #初始化全局变量
    init_global(context)
    # 输出内容到日志 log.info()
    log.info('初始函数开始运行且全局只运行一次')
```

```python
    # 过滤掉 order 系列 API 产生的比 error 级别低的 log
    g.stockNum=10
    #每笔股票类交易时的手续费是：买入时佣金的万分之三，卖出时佣金的万分之三加千分之一
印花税，每笔交易佣金最低扣 5 元
    set_order_cost(OrderCost(close_tax=0.001, open_commission=0.0003,
close_commission=0.0003, min_commission=5), type='stock')
    # 开盘时运行
    run_daily(market_open, time='9:30',
reference_security='000300.XSHG')
    # 收盘后运行
    run_daily(update_pool, time='after_close',
reference_security='000300.XSHG')
def init_global(context):
    '''
    初始化全局变量
    '''
    g.stock_pool=[]
    g.stock_pool_update_day = 0
    g.current_date=context.current_dt
## 开盘时运行函数
def market_open(context):
    buy(context)
    sell(context)
def buy(context):
    '''
    买入逻辑，开仓前买入
    '''
    buy_num=0
    buy_codes=[]
    if(len(g.stock_pool)>0):
        for code in g.stock_pool:
            if code in context.portfolio.positions.keys():
                continue
            current_data=get_current_data()[code]
            if  current_data==None:
                return
            buy_num=buy_num+1
            print("buy_num",buy_num)
            buy_codes.append(code)
        #每份的金额
        cost=context.portfolio.total_value/buy_num
        for code in buy_codes:
            order_=order_target(code,int(cost))
            log.info("买入{0},价值{1}".format(code,cost))
```

```
    pass
# m 卖票策略
def sell(context):

    for code in context.portfolio.positions.keys():
        if code not in g.stock_pool:
            order_=order_target(security=code,amount=0)
            if order_ is not None and order_.filled:
                log.info("卖出:",code,order_.filled)
    pass
# -------------------------------------策略开始
-----------------------------------------------
def update_pool(context):
    '''
    更新股票池
    '''
    if g.stock_pool_update_day % CHANGE_STOCK_POOL_DAY_NUMBER==0:
        set_stock_pool(context)
    g.stock_pool_update_day=(g.stock_pool_update_day+1)%
CHANGE_STOCK_POOL_DAY_NUMBER
pass
def set_stock_pool(context):
    '''
    设置股票池
    '''
    df=get_industries("jq_l1")
    indust_codes=df.index.tolist()
    filter_pools=[]
    for ins in indust_codes:
        codelist=get_industry_stocks(ins, date=None)
#       print("该行业代码:",len(codelist))
        roeList,roe_rank_df=get_cur_roe(codelist)
        roe5List=get_5y_roe(roeList)
        peCodeList=get_pe_codeList(roe5List)
        epsList=get_eps_codeList(peCodeList)
        filter_pools.extend(epsList)
    crRankDF=get_currentRatio_rank(filter_pools)
    print("cr ratio df :",crRankDF.shape)
    # 要和 ROE 的排名进行合并。获得一个流动比率 df 代码对应的 ROE
    q=query(indicator.code,indicator.roe).
filter(indicator.code.in_(filter_pools))
    filter_roe_df=get_fundamentals(q)
    filter_roe_df['rank']=filter_roe_df.roe.rank(method=
"first",ascending=False, na_option='bottom')
```

```
        rank_df=pd.merge(crRankDF,filter_roe_df,on='code',how='left')
        rank_df['rank_sum']=rank_df['cr_rank']+rank_df['rank']
        rank_df=rank_df.sort_values(by='rank_sum',ascending=False)
        print(rank_df.shape)
        print(rank_df[['code','cr_rank','rank','rank_sum']])
        g.stock_pool=[]
        g.stock_pool=rank_df['code'].tolist()
pass
# 函数
def create_code_set(list):
    set2=set(list)
    return set2
# 需要返回一个排序后的 code list,以及 ROE 的排名
def get_cur_roe(codeList):
    q=query(indicator.code,indicator.roe).
filter(indicator.code.in_(codeList)).order_by(indicator.roe.desc())
    df=get_fundamentals(q)
    n=df.shape[0]
    roe_num=int(n*0.5)
    df_roe=df[0:roe_num]
    list=df_roe['code'].tolist()
#     print (type(list))
    df_roe['rank']=df_roe.roe.rank(method="first",ascending=False,
na_option='bottom')
    return list,df_roe
# 取得 5 年的 ROE
def get_5y_roe(codeList):
    q=query(indicator.code,indicator.roe).
filter(indicator.code.in_(codeList) ).order_by(indicator.roe.desc())
    df=get_fundamentals(q)
    n=df.shape[0]
    roe_num=int(n*0.5)
    df_roe=df[0:roe_num]
#     先做个空的 df，用来合并计算 5 年的 ROE
    roe5_df=pd.DataFrame(codeList,index=codeList,columns=['code'])
    month=g.current_date.month
    day=g.current_date.day
    for i in range(5):
        y5=g.current_date.year-(i+1)

        statDate=str(y5)+"-"+str(month)+"-"+str(day)
        per_roe_df=get_fundamentals(q,date=statDate)
        per_roe_df.columns=['code','roe'+str(i)]
#         print(df2)
        roe5_df=pd.merge(roe5_df,per_roe_df,left_on=
```

```
        "code",left_index=True,
                        right_on="code")
        # 把行索引用股票代码替换
        df3=roe5_df.set_index("code")
        d3=df3.iloc[:,1:].mean(axis=1)
        d3=d3.sort_values(ascending = False)
        d3_num=int(d3.shape[0]*0.5)
        d4=d3[0:d3_num,]
        roelist=d4.index.tolist()
        return roelist
# 计算 pe,过滤: pe>0,pb_ratio<2, pcf_ratio >0
def get_pe_codeList(codeList):
        pe_q=query(valuation.code,valuation.pe_ratio).filter(
            valuation.pe_ratio>0,
            valuation.pb_ratio<2,valuation.pcf_ratio>0,
            valuation.code.in_(codeList)).order_by(valuation.pe_ratio.asc())
        df_pe=get_fundamentals(pe_q)
        sp=df_pe.shape[0]
        n=math.ceil(sp*0.5)
        df_pe2=df_pe[0:n]
        pelist=df_pe2['code'].tolist()
        return pelist
# 筛选 eps
def get_eps_codeList(codeList):
    q_eps=query(indicator.code,indicator.eps).
filter(indicator.eps>0,indicator.code.in_(codeList))
        eps_init_df=pd.DataFrame(codeList,index=codeList,columns=['code'])
        month=g.current_date.month
        day=g.current_date.day
        for j in range(4):
            y4=g.current_date.year-(j+1)
            statDate=str(y4)+"-"+str(month)+"-"+str(day)
            df_eps=get_fundamentals(q_eps,date=statDate)
            df_eps.columns=['code','eps'+str(j)]
            eps_init_df=pd.merge(eps_init_df,df_eps,
left_on="code",right_on="code")
        eps2=eps_init_df.set_index('code')
        eps_mean=eps2.mean(axis=1)
        eps_sort=eps_mean.sort_values(ascending=False)
        n=int(eps_sort.shape[0]*0.5)
        eps_sort=eps_sort[0:n]
        codeList=eps_sort.index.tolist()
        return codeList
# 取得流动比率的排名
def get_currentRatio_rank(codeList):
```

```
    #计算流动比率,流动比率=流动资产/流动负债
    cr_query=query(balance.code,balance.total_current_assets,
balance.total_current_liability).filter(balance.code.in_(codeList))
    cr_df=get_fundamentals(cr_query)
    cr_df['cr_ratio']=cr_df['total_current_assets']/
cr_df['total_current_liability']
    cr_sort=cr_df.sort_values(by='cr_ratio',ascending=False)
    cr_sort2=cr_sort[cr_sort['cr_ratio']>2]
    cr_sort2['cr_rank']=cr_sort2.cr_ratio.rank(ascending=False)
    return cr_sort2
# -------------------------------------策略结束
-----------------------
```

第 4 章
量化交易策略的
代码开发与实战

4.1 低代码开发

4.1.1 低代码开发量化交易策略指南

量化交易十分依赖信息的获取速度和计算的准确程度，因此计算机的辅助应用在实现量化交易的过程中极为重要。但在传统的金融领域，交易员普遍不具备很强的编程能力，这就让低代码开发成为一个重要的需求和趋势。

1. 低代码的开端

低代码语言与 Python、C 等语言相比主要优势在于简洁，方便交易员把主要精力放在模型构建上，而非写代码上。以双均线策略为例：Python 语言需要 48 句才能写出这个模型，而麦语言只需要 5 句就可以完成这个策略。

最早且比较流行的低代码语言是 EasyLanguage，它是 TradeStation 证券公司在 20 多年前开发的专属编程语言，并内建于 TradeStation 交易平台上。该语言主要被用来创建金融图表上的定制化指标，以及创建金融市场的算法交易逻辑。外部的动态链接库可以通过 EasyLanguage 来调用，大幅延伸其功能。

EasyLanguage 让未曾受过专业计算机程序开发训练的交易员，也能够轻松创建定制化交易策略，因此其语言大多由具可读性的英文单词组成，使得 EasyLanguage 较一般计算机程序语言更加容易学习。

在众多为交易员们设计的高端自动化量化交易系统中，MultiCharts（第一个版本诞生于 2004 年 7 月 13 日）从各个方面来说的支持度是最广泛的。值得一提的是，MultiCharts 所使用的专属脚本语言叫 PowerLanguage，不但与 EasyLanguage 极为相似，而且全数兼容于后者。

2015 年，素有量化交易界西点军校之称的 WorldQuant 推出了 websim 平台。这个平台简洁到只需要一行代码就可以完成对策略的回测（仅针对于横截面因子测试），极大地方便了交易员随时验证自己的想法。

相比于时下流行的 Python 语言，低代码语言是一种低门槛的编程语言，它具备 4 个优势：一是很容易学习；二是有大量的开源代码和论坛支持；三是免费；四是可以使用最新的数据科学包。但只要其中一种优势消失，该语言就会消亡。时至今日，投资者仍然有必要熟悉和了解低代码语言，比如 EasyLanguage。

2. 中国低代码语言现状

中国的低代码语言起步并不晚。2004 年国内推出"麦语言"（MyLanguage），这也是目前国内使用人数最多的低代码语言。其内核借鉴了台版 MC，也同样兼容 EasyLanguage。如果交易员会使用 EasyLanguage，那么麦语言对他们来说就不难，也很容易上手。国内的金字塔、通信达、大智慧、东方财富和同花顺等金融软件都采用了麦语言进行低代码编程。

麦语言倡导的是积木式编程理念，把复杂算法封装到一个个函数里，采用"小语法，大函数"的构建模式。麦语言语法简单，不仅可以配合专门的程序化数据结构、丰富的金融统计函数库，还可以支持逻辑复杂的金融应用。

麦语言的函数库是经常更新的，可随时添加新函数，以支持编程者的交易新思想和新应用。目前，函数库已经由最初的 200 多个，增加到近 600 个。国内各个软件平台的主要竞争差别之一就是它们支持的函数库的种类不同。

3. 低代码平台介绍

如何才能让交易员既可以使用高级语言，又只聚焦于策略而非编程呢？解决这一问题的方案便是低代码平台。这是一种积木式、模块化、选项类量化平台，它把一些只能由高级语言编写的逻辑进行了模式化封装，方便交易员直接调用，大部分的复杂策略无须使用者编写代码。

低代码平台通常适合投资者执行趋势、反趋势等对行情和交易逻辑要求不高的策略，如果要执行复杂趋势、套利、对冲、高频等对行情和交易逻辑要求高的策略，那么仍然需要使用高级语言来完成。

国外有很多低代码平台可供投资者使用。例如，Build Alpha 算法交易软件，它的创建是为了帮助专业交易员创建无数强大的算法交易策略，以满足他们自己的跨资产类别的风险标准。

这种独特的算法交易软件使交易者和资金管理者无须编程即可创建数百种交易算法。交易员可以在几秒钟内对每一种交易策略进行压力测试，所有的操作都只是点选方式。

在中国也有很多类似的平台，简单一些的比如国信金太阳软件。如果我们想对 1 只低估值绩优股进行测试，可以在平台上点选 4 个筛选条件：

第一，近 3 年 ROE 大于 20%；

第二，动态市盈率小于 20 倍；

第三，市净率小于 5 倍；

第四，毛利率大于 30%。

将回测时间定义为 1 年（2021 年 12 月 30 日至 2022 年 12 月 30 日），调仓频率为 3 个交易日，手续费设定为买 0.30‰，卖 1.30‰。

如图 4.1 所示，单击"立即回测"按钮就可以得到近 1 年的交易数据及资金曲线，从而为验证策略打下基础，而这几个步骤加起来仅需不到 1 分钟的时间。

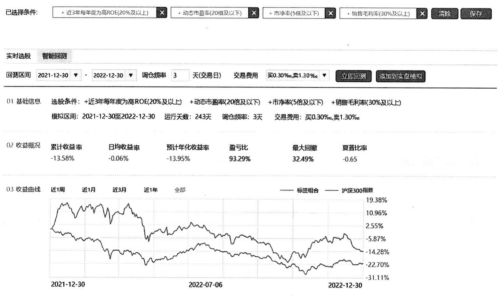

图 4.1   金太阳量化交易平台界面演示

很明显，如果在 Python 中编写代码实现上述过程，即使是熟练的程序员，也可能需要几个小时才能完成。低代码平台更有利于交易者专注于策略的思考，而非代码编写。

选择低代码平台，主要看数据类型。国内数据比较全面准确的低代码平台可以选择万得，其提供了 2 种模式的研究：一种是低代码平台，另一种是有代码平台（万矿）。

它的低代码平台优势不仅在于数据类型的全面，还在于对股票、基金和资产配置都支持低代码回测，当然，其弊端在于需要付费。图 4.2 为低代码平台收益分析示意图。

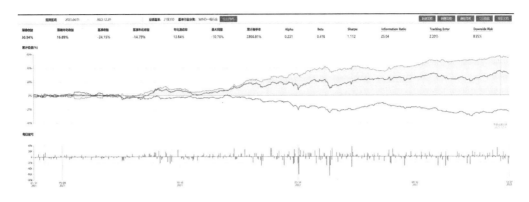

图 4.2　低代码平台收益分析

有些交易者除了需要用平台研究策略，还需要在平台上将结果转化成实盘交易。"不用编程，还能研究，又可实战"，这种一站式服务的低代码平台备受关注。

例如，国内十分活跃的非编程量化平台——果仁网，它为用户提供策略开发、策略分享、策略组合交易管理一站式服务。有选股软件（比如通达信、大智慧、同花顺）使用经验的用户在学习使用果仁网的功能时不会有任何障碍。门槛低、效率高是果仁网的最大特点。

果仁网的主要功能有：

（1）快速策略开发。非编程、菜单界面、海量因子、自动参数调优、分钟线回测、大盘择时、股指对冲、准确历史回测、自动策略评估。

（2）策略商城。有策略达人制作的高质量策略可供使用。

（3）策略组合。多策略间实现最优配置，降低风险、提高收益。

（4）实盘管家。产生实时调仓指令，一键交易，非全职投资的用户也能做自己的量化基金。

（5）交易社区。共享实盘心得、策略、量化知识。

很多编程能力有限，但投资逻辑清晰的个人投资者喜欢使用此类平台，投资金额从几万元到上千万元不等。图 4.3 为果仁网交易界面演示图。

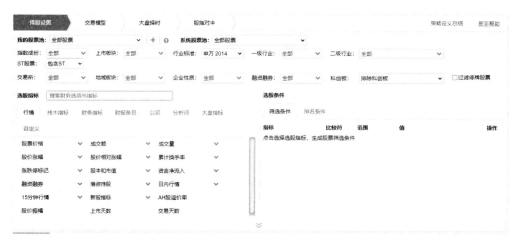

图 4.3　果仁网交易界面演示图

4. 正确认识低代码平台

在量化交易领域，存在一条鄙视链：会高级语言的看不起只会低级语言的，只会低级语言的看不起只会用低代码平台的。其实这是一个很大的误区，赚钱和编程能力并无直接关联，会用 C 语言的交易员也同样会亏损，不会写代码的交易员也能赚到钱。是否能投资成功，这在本质上与交易的底层逻辑关联最大，而非编程。

同样，低代码平台也存在一些弊端。例如，完全把模块黑箱化，从字面理解逻辑意图很可能存在误区。举一个简单的例子，在各类模型中，以双重底这种形态为例，各个软件的写法完全不同，如果不能正确代表交易者的逻辑，就很可能会让交易偏离原来确定的方向。

但有一点是确定的：在量化交易大行其道的今天，即使是最简单的低代码平台，也仍然能让那些手动交易者之前的优势荡然无存。具体可根据自身情况进行选择，使用低代码平台已经是最低的投资要求了。

4.1.2　实战案例：国信金太阳构建的模拟动量策略

1. 什么是动量

动量是金融市场上最广泛、最古老的策略来源，可以把它理解为一种市场情绪或资金博弈的冲动结果。

Jegadeesh 和 Titman（1993）在对资产股票组合的中期收益进行研究时发现，与 DeBond 和 Thaler（1985）的价格长期回归趋势及 Jegadeesh（1990）和 Lehmann（1990）的短期价格回归趋势的实证结果不同，以 3 到 12 个月为间隔所构造的股票组合的中期收益会呈现出延续性，即中期价格具有向某一方向连续变动的动量效应。

Rouwenhorst（1998）在其他 12 个国家发现了类似的中期价格动量效应，表明这种效应不是来自数据采样偏差。实际上，在这些研究之前，动量交易策略（或称相对强度交易策略）已经在实践中被广泛应用，例如，美国的价值线排名。

使用最普遍的就是动量/反向策略。

动量/反向策略是指买入赢家/输家组合，同时卖空输家/赢家组合的交易策略。其主要步骤为：

①确定交易对象范围为目标证券市场；

②选定证券业绩评价期，通常称其为投资组合的形成期或排名期；

③计算各样本证券在形成期内的收益率；

④根据形成期各样本证券的收益率大小排序，然后将其等分成多个组，其中收益率最高的为赢家组合，收益率最低的为输家组合；

⑤选定持有期限，买入赢家组合和卖出输家组合；

⑥重复步骤②至⑤，持续一段时间；

⑦计算持有期间的收益率和 t 统计值，如果 t 统计值表明收益率显著大于 0，则动量/反向策略成功，反之则未成功。

当然，动量/反向策略也有应用局限性：动量/反向策略假设在市场中并不总是有效。通过模型开发、大势研判和个股选择可以获得超额收益，而且对于优秀的投资者来说，这种超额收益在一定程度上是持续的。但随着这种零成本的套利策略的普及，动量/反向现象将减弱或消失。

2. 为什么要使用动量

在各类研究论文中，动量提供了一种择时、择股的选择路径，从这个方向可以有效改进多种基础策略。

在国内，目前有关于动量策略的文章共有 451 篇（截至 2022 年 12 月 30 日），其中《中国股票市场动量策略盈利性研究》被引用的次数最高。该文章在参考了国外研究方法的基础上，选取深圳、上海两座城市在 1995—2000 年的股票交易数据，考察了中国股市动量策略的盈利性特征。研究发现，在卖空机制存在的假定下，动量组合的形成和持有期限与其收益呈负相关关系；期限为 1 个月的动量策略的超额收益明显好于其他期限的策略。

这个研究结果是基于 20 年前的数据形成的。在当下的实际交易过程中，这个期限已经被大大缩短，3 年前就已经由 1 个月变成了 1 周；而目前，要想实现更有效的超额收益，需要将 1 周变成 1 天，甚至更短的时间，这也是当下市场高频交易策略盛行的原因。

通过在国信金太阳上模拟一个动量策略，我们可以观察到动量策略在中国市场中最近 4 年的有效性，如图 4.4 所示。

这个策略建立于 2018 年 11 月 12 日，当时用于西安的一个量化交流会。截至 2022 年 12 月底，这个策略已经连续模拟运行了 1006 天（在没有任何改动的情况下），在国信金太阳的所有模拟策略中排第 38 名，最高排名曾到过第 2 名。

目前，累计模拟收益高达 724.35 倍，平均月收益率为 6.41%，周收益率为 1.05%，最大回撤为 19.04%，夏普比率为 19.66，年化收益率高达 810.43%。从图 4.5 中可以看出，在 2022 年，这个策略的表现仍然强悍。

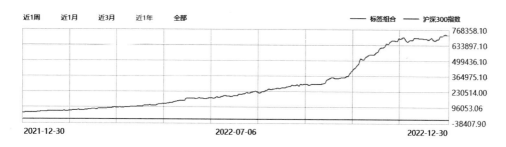

图 4.4　国信金太阳量化交易平台动量策略的有效性

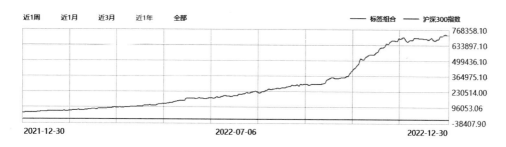

图 4.5　动量策略近 1 年年化收益率趋势

这个策略采用了 3 个动量因子和 1 个方向性因子：

①动量因子 1，一阳穿三线；

②动量因子 2，非 ST 且近期有涨停；

③动量因子 3，当前价格距离短期内的最低价涨幅大于 10%；

④方向性因子，放量。

其中，"一阳穿三线"指多方强势非常明显，是一根阳线，一举突破由 5 日均价线、10 日均价线、30 日均价线所组成的中短期均价线系统，更是多方强势的表现；"放量"指成交量与前一段时间的相比有明显放大，也代表了成交活跃的意思。

注意：这个模拟结果只代表了中国股市中近 4 年确实存在有效的动量效应。但在实际交易中，并非如此简单。比如，在这种情况下有部分股票可能会涨停无法买入；再比如，在 4.1 节里提到的黑箱问题，一阳穿三线这个动量因子真实的公式不得而知，等等。

3. 如何利用动量效应完善交易策略

在 4.1 节里，提到了利用国信金太阳软件构建的一个低估值绩优股模型，在平台上需要点选 4 个筛选条件：

第一，近 3 年 ROE 大于 20%；

第二，动态市盈率小于 20 倍；

第三，市净率小于 5 倍；

第四，毛利率大于 30%。

将回测时间定义为 1 年（2021 年 12 月 30 日至 2022 年 12 月 30 日），调仓频率为 3 个交易日，手续费设定为买 0.30‰，卖 1.30‰，如图 4.6 所示。

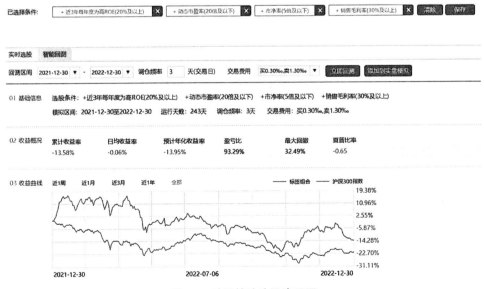

图 4.6　动量策略选股演示图

这个策略的收益在近 1 年中为负数，但有一定的超额收益。换句话说，投资者需要利用股指期货进行对冲，才能获得正收益。很明显，这对中小投资者来说是很难实现的。因此，在低代码平台上改进策略就是投资者需要思考的问题。

这里给大家演示的是加入 1 个动量因子，去改进这个低估值绩优股模型，对这个纯基本面的逻辑进行动量改造。如图 4.7 所示，为加入了上一小节中的动量因子 3（即当前价格距离短期内的最低价涨幅大于 10%）后的回测结果。

图 4.7 动量策略近 1 年回测收益曲线

这时，可以看到基本面和动量产生的正叠加，收益也从–13.58%上升到 6.33%。累计交易 440 次，共进行了 220 只股票的买卖，部分详情如表 4.1 所示。

表 4.1 动量策略近 1 年调仓明细

调仓日期	股票代码	股票名称	交易方向	成交价	成交仓位	交易费用
2022-12-28	000011	深物业 A	卖出	12.06	1.066042	1.3860‰
2022-12-15	000011	深物业 A	买入	11.93	0.876494	0.2630‰
2022-12-15	000672	上峰水泥	卖出	11.61	0.179597	0.2330‰

调仓日期	股票代码	股票名称	交易方向	成交价	成交仓位	交易费用
2022-12-15	688075	安旭生物	卖出	104.68	0.171599	0.2230‰
2022-12-15	688298	东方生物	卖出	103.19	0.174203	0.2260‰
2022-12-15	688606	奥泰生物	卖出	124.07	0.171774	0.2230‰
2022-12-15	688767	博拓生物	卖出	55.50	0.180816	0.2350‰
2022-12-12	000011	深物业 A	卖出	12.51	0.201928	0.2630‰
2022-12-12	000661	长春高新	卖出	177.99	0.367722	0.4780‰
2022-12-12	000672	上峰水泥	买入	12.07	0.186713	0.0560‰
2022-12-12	002555	三七互娱	卖出	17.120	0.364935	0.4740‰

低代码平台可以提供基于当下策略的实时选股结果，以方便投资者进行交易。但投资者可能会质疑在低代码平台上构建策略的可信度。这就要回到 3.2 节，通过深度理解"不可能三角"，进而判断当下测试有效的策略是否真的可以被应用到实战当中。

4.1.3　实战案例：在果仁网构建格雷厄姆熊转牛积极策略

1. 本杰明·格雷厄姆简介

本杰明·格雷厄姆毕业于美国哥伦比亚大学。是一名出生在英国的美国投资人、经济学家及教授，被称为"价值投资之父"。

格雷厄姆的投资理念十分强调投资者的个人心理及债务情况，强调投资者须在安全情况范围内进行投资。著名美国投资者沃伦·巴菲特在纪录片《成为沃伦·巴菲特》中说明自己入读哥伦比亚大学的原因之一，就是格雷厄姆当时在哥伦比亚大学任教。

格雷厄姆的投资方法包括横断法、预期法和安全边际，他的投资风格有时更偏向一个交易者。

方法一，横断法：横断法相当于现代的指数投资。

方法二，预期法：短期投资法、成长股投资法。

方法三，安全边际：指投资那些内在价值大于市值，并达到一定程度的公司。

其弟子巴菲特曾转述他的话：如果只能用 1 个词汇来形容正确投资的秘密，那必定是安全边际。而这种注重成本与价值之间距离的投资风格，也让巴菲特形成了独特的投资观点："在别人贪婪时恐惧，在别人恐惧时贪婪。"前者意指市场过热时安全边际降低，应该特别谨慎；而后者指市场行情转淡、股价低迷时，则是低价收购股权的绝佳机会。巴菲特在市场大跌、其他投资者普遍看坏前景时（如金融海啸发生后的 2008 年年底）敢于大举收购股权的理论依据即在此。

本杰明·格雷厄姆生前创作了多部著作，包括《有价证券分析》（*Security Analysis*，1934 年）、《财务报表解读》（*The Interpretation of Financial Statements*，1936 年）、《储备与稳定：现代常平仓》（*Storage and Stability: A Modern Ever-normal Granary*，1937 年）、《世界商品与世界货币》（*World Commodities and World Currency*，1944 年）、《聪明的投资者》（*The Intelligent Investor*，1949 年）、《本杰明·格雷厄姆自传：华尔街实录》（*The Memoirs of the Dean of Wall Street*，1996 年）。

2. 本杰明·格雷厄姆的投资逻辑

格雷厄姆在书中描述了自己的投资思想，总结起来可以归纳为以下十条：

①盈余价格比率是三 A 级公司债券的两倍以上。盈余是盈余价格比率的倒数。

②价格收益比低于近 5 年股市最高价格收益比的 40%，或价格收益比低于市场平均价格收益比的 10% 以下。

③股利获利率至少是三 A 级公司债券的 2/3。

④股价低于有形账面价值的 2/3。

⑤股价低于可立即变现净值（流动资产总值减去总负债）的 2/3。

⑥总负债低于有形账面价值。

⑦流动比率（流动总资产除以总负债）是两倍或更高。

⑧总负债小于可立即变现净值，同第 5 条。

⑨获利率近 10 年增长至两倍（或 10 年内每年盈余增长率平均为 7％以上）。

⑩稳定的收益增长：近 10 年里，盈余增长率为−5％以上的年度不得超过 2 年。

3. 本杰明·格雷厄姆量化交易策略的逻辑思维导图

将格雷厄姆的投资逻辑进行梳理后，可以形成如图 4.8 所示的思维导图。

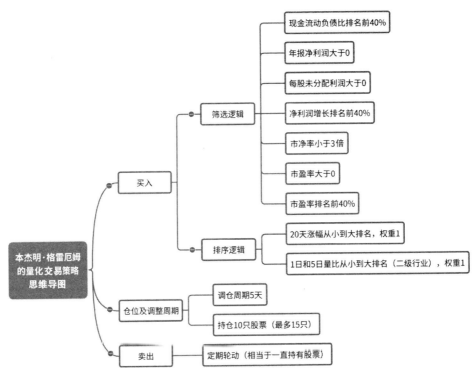

图 4.8　本杰明·格雷厄姆量化交易策略思维导图

买入逻辑包含两类，其中，筛选逻辑包括 7 个因子：现金流动负债比、年报净利润、每股未分配利润、净利润增长排名、市净率、市盈率和市盈率排名；排序逻辑包括 2 个维度：20 天涨幅从小到大排名、1 日和 5 日量比从小到大排名，各取权重 1。

卖出逻辑包含一类，即定期轮动。

仓位及调整周期设置如下：调仓周期 5 天，持仓 10 只股票（最多持仓 15 只）。

4. 在果仁网中建立格雷厄姆的熊转牛积极策略

如图 4.9 和图 4.10 所示，在果仁网中，可以根据思维导图中的逻辑很快构建起格雷厄姆熊转牛积极策略的模型。

图 4.9　在果仁网中设置格雷厄姆熊转牛积极策略的筛选条件

图 4.10　在果仁网中设置格雷厄姆熊转牛积极策略的排名条件

其回测结果如下：

2018 年 11 月 26 日至 2022 年 12 月 30 日，该策略的总收益为 62.44%（同期沪深 300 指数的总收益为 23.25%），年化收益率为 12.58%（同期沪深 300 指数的年化收益率为 5.24%），夏普比率为 0.31（同期沪深 300 指数的夏普比率为 0.06），最大回撤为 31.18%（同期沪深 300 指数的最大回撤为 39.59%）。如图 4.11 所示。

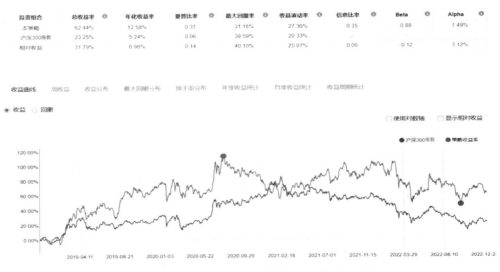

图 4.11   格雷厄姆熊转牛积极策略年化收益率分析

如图 4.12 所示，排名条件的相关性为 0.265，说明 2 个条件并没有发生冲突。

因子IC展示区间相关性		
排名条件	● 中性N日涨幅(20)_小	● 1日5日量比_小
● 中性N日涨幅(20)_小	1.000	0.265
● 1日5日量比_小	0.265	1.000

图 4.12   格雷厄姆熊转牛积极策略因子 IC 展示相关性

小技巧：果仁网还提供了大盘择时条件，可以在改进策略时使用。

5. 格雷厄姆熊转牛积极策略的实战思考

如果只看回测曲线，那么很多投资者都会很容易注意到 2021 年年底这个策略的糟糕表现。因此，投资者会对是否可以将该策略应用在实战中产生疑惑，但此时的投资者忽略了这个策略的名字——熊转牛积极策略。换句话说，这个策略应当在熊市向牛市转换的过程中开启。

若要探究该策略具备这一特点的原因，就必然会涉及牛市和熊市中的因子表现。Geertsema 和 Lu（2021）的研究论文提供了有趣的见解。在熊市期间，价值收益、盈利能力、投资和动量收益率非常高且具有统计学意义。此外，因子的表现在"好"时期较差。

《主动与被动：智能因素、市场投资组合还是两者兼而有之？》一文中描述了这些现象。在市场下跌期间，策略的转向有助于保护投资组合，并能在"好"时期获得更大的市场敞口。简而言之，关键点是因子在熊市期间表现出色，而在牛市期间表现不佳，其主要原因与牛市和熊市的持续时间有关。

久期因子可以帮助投资者在熊市期间实现防御性投资，并在不影响长期收益的前提下，减轻短期风险敞口。在熊市期间，传统因子（如价值、动量和规模）的表现可能不如预期，而久期因子可以弥补这一不足。文章提到，久期因子的构建方法可以分为 2 个步骤。

第一步，确定因子：投资者首先需要确定 1 个或多个与久期相关的因子。这些因子可能包括利率水平、通货膨胀预期、信用利差等宏观经济变量，以及股票市场的波动率、流动性等市场指标。

第二步，加权计算：投资者需要为这些因子分配权重，以确定久期因子的数值。根据资产的特点和投资者的预期，可以根据历史数据或者前瞻性预测来确定这些权重。在构建久期因子时，还可以通过对不同因子进行多元回归分析来进一步提高因子组合的有效性。

通过构建久期因子，投资者可以更好地评估市场中各类资产的风险敞口，并在熊市期间实现更有效的防御性投资。同时，久期因子还可以作为投资者在盈利时调整投资组合表现的有用工具，帮助实现在不影响长期收益的情况下，降低短期风险。总的来说，久期因子可以被视为一种结合了宏观经济因素和市场指标的智能投资策略，在熊市期间为投资者提供更为稳健的收益（例如 I2A、ROE、EG、长期反转、HLM 或 BAB）。

所以，对于一个投资策略，因子的有效和失效是有其原因的，我们必须要理解它的应用背景和内在逻辑，而非一味地去进行所谓的改进。

4.2　有代码开发

4.2.1　有代码开发量化交易策略指南

1. 有代码开发的开端

这里的有代码开发，区别于上一节中的低代码开发部分，指的是通过 Python、C、Java、MATLAB、R 等编程工具完成量化交易模型的构建。

有人曾在 2021 年 8 月发起过一次网络投票：如果想成为一名宽客，你认为学习哪种编程语言最重要？如图 4.13 所示，Python 得票率为 70.90%，C/C++得票率为14.90%，R/MATLAB 得票率为 11.40%，Java 得票率为 2.70%。

图 4.13　量化交易常用编程语言得票占比

得票率高并不等于是最佳答案，只能说 Python 的影响力在这个领域相当大，有更多的人选择使用 Python。很明显，你想入门量化，选择 Python 是一条最简单的路径。Python 特别适合编程的初学者，同时，它有很多开源的数据包和数据库，可以让你更快地提升自己。

如果你想在这个领域做得更专业，就应当选择 C/C++。首先，C++触及了软件开发中许多有趣的概念和想法还会迫使人们更加努力地思考如何解决问题，而 Python只能算门外汉。而在这个过程中，学习者会不可避免地熟悉设计模式、内存管理、指针、类、数据结构等内容。在应用方面，C++是一种编译型语言，速度更快，在衍生品定价、数值计算、GPU 编程和其他计算量巨大的任务中，是绝对的支柱语言。C++经常出现在开发大型企业系统的大公司中，许多卖方银行会选择 C++语言开发他们的量化库。

在全球的投资银行中，经常使用的编程语言是 Java。尽管它往往更多地被运用在技术/工程方面，但在投资银行里工作的宽客们，却有很多都是用 Java 编程的。如果你想进入投行工作，就要考虑 Java。

至于 MATLAB、R 和 Python——它们非常适合研究、原型设计和统计工作，这些任务往往更频繁地出现在学术界和买方。特别是关于量化交易的学术论文，其使用的验证工具基本上都用这三种语言。

如果投资者并没有明确的目的，那么还是建议他走最优路径：要么选最容易上手的 Python，要么选之前学习、使用过的（比如大学写论文时使用过的）编程工具，这里推荐后者。这是因为新学习任何一种编程语言都需要经历一个漫长的周期，中间还要跨过无数的陷阱。现实中，很多人在学 Python 的过程中就放弃了，根本走不到建模这一步。

2. Python 开发指南

在使用 Python 编程的过程中，有两条路可选：一是选择国内现有的 Python 量化平台；二是使用 Python 自己构建量化系统。前者的好处是更加方便快捷，后者的好处是可以构建更灵活的框架。

国内 Python 量化平台的种类很多，最初基本上采用"网页版的 Python 编程环境+基础研究数据+社区"的模式，现在很多已经可以在本地部署，甚至支持 App 版。

常见的 Python 量化平台包括 BigQuant、掘金、优矿、万矿、聚宽、迅投、米筐、真格量化、镭矿、量化云、点宽。

其中，特点比较突出的是 BigQuant。这是一家以人工智能为核心的量化平台，用 AI 赋能投资，为投资者和投资机构提供新型大数据和 AI 平台技术服务，是首个将人工智能应用到量化交易领域的平台产品。投资者可以在此平台上无门槛地使用 AI 提升投资效率和效果，而不需要学习大量艰深的编程和算法知识。

对于想使用 Python 自己构建量化系统的投资者，可以考虑当下比较流行的

"Python+vn.py"。vn.py 是一套基于 Python 的开源量化交易系统开发框架，于 2015 年 1 月正式发布，在开源社区 7 年持续不断的贡献下，一步步成长为全功能量化交易平台。

目前，国内外金融机构用户已经超过 900 家，包括私募基金、证券自营和资管、期货资管和子公司、高校研究机构、自营交易公司、交易所等。其具备 9 个主要特点：

①全功能量化交易平台，整合了多种交易接口，并针对具体策略算法和功能开发提供了简洁易用的 API，用于快速构建交易员所需的量化交易应用；

②覆盖国内外所有交易品种的交易接口；

③开箱即用的各类量化交易策略交易应用；

④Python 交易 API 接口封装，提供上述交易接口的底层对接实现；

⑤简洁易用的事件驱动引擎，作为事件驱动型交易程序的核心；

⑥对接各类数据库的适配器接口；

⑦对接各类数据服务的适配器接口；

⑧跨进程通信标准组件，用于实现分布式部署的复杂交易系统；

⑨Python 高性能 K 线图表，支持大量数据图表显示及实时数据更新功能。

上述平台和系统的具体编程方法，投资者可以自行到所在网站去查找相关的 API 说明，这里不再赘述。本书所涉及的有代码开发部分，均统一采用聚宽平台，有兴趣的投资者可以自行复现。

4.2.2　实战股票案例：彼得·林奇多因子量化交易策略进阶

1. 彼得·林奇多因子量化交易策略回顾

本书在 2.4 节，详细讲述了彼得·林奇多因子量化交易策略模型的原理及构建。

这里继续深入讲解一下，如何升级这个经典的策略模型。

先回顾一下彼得·林奇量化交易策略的底层逻辑及思维导图，如图 4.14 所示。

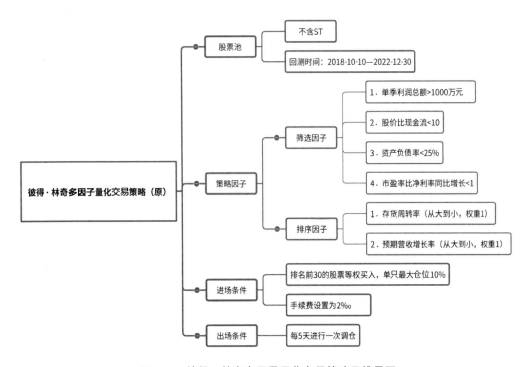

图 4.14 彼得·林奇多因子量化交易策略思维导图

筛选因子 1：选取利润总额较大的股票，比如单季利润总额大于 1000 万元。

筛选因子 2：选取营收增长率大于存货增长率的股票（回测数据无，剔除）。

筛选因子 3：选取股票价格/每股自由现金流小于 10 的股票。

筛选因子 4：选取资产负债率低的股票，比如低于 25%。

筛选因子 5：选取市盈率/净利率同比增长率小于 1 的股票。

排序因子 1：存货周转要比较快。

排序因子 2：营收预期增长比较高。

交易模型配置：每 5 天进行一次排名调仓，最大持有股票数 30 只（备选 5 只），平权买入，单只股票最大仓位 10%。

经过回测，如图 4.15 所示，不难发现这个策略在中国股市中的表现一般，2018 年 10 月 10 日至 2022 年 12 月 30 日，累计收益率为–25.61%，最大回撤为–48.80%，完全跑输了大盘。

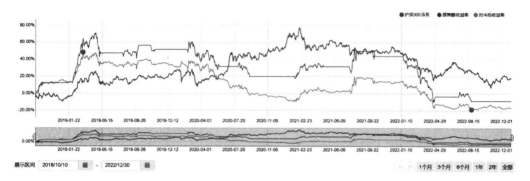

图 4.15　彼得·林奇多因子量化交易策略年化收益率分析

当然，这里并不是说彼得·林奇的方法有问题，而是有可能他没有在书中表述其全部观点，也有可能在整理的过程中，思维导图并没有真实反映逻辑的全貌。但无论如何，这个策略需要进一步改进。

2. 彼得·林奇多因子量化交易策略的初步改进

通过分析，可以得到以下 2 个结论：

首先，问题可能出在筛选因子 5 上。对于选取市盈率/净利率同比增长率小于 1 的股票，其实本质在于选取被低估的股票。在彼得·林奇的那个年代，由于量化工具的匮乏，被低估的股票大量存在。但在今天，低估普遍不再存在，反而是被高估的股票有更大的溢价。

其次，问题可能出在排序因子 1 上。如图 4.16 所示，相关性分析的结果中 2 个排序因子的相关性大于 0.600，需要进行调整。这个调整应主要针对排序因子 1，因为在不同的行业中，将存货周转率放在一起来衡量比较会失真。例如，快消品和耐用消费品的周转就有很大差异。

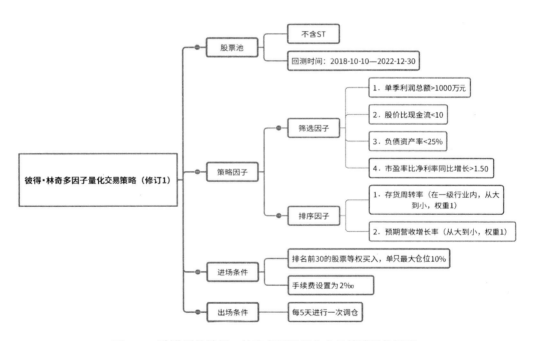

因子IC展示区间相关性		
排名条件	⬤ 存货周转率_小	⬤ 预期营收增长率_大
⬤ 存货周转率_小	1.000	0.604
⬤ 预期营收增长率_大	0.604	1.000

图 4.16　彼得·林奇多因子量化交易策略的因子相关性分析

基于以上 2 个结论，这个策略模型可以考虑进行以下两处修订：一是将筛选因子 5 调整为"市盈率/净利率同比增长率大于 1.50"；二是将排序因子 1 调整为"在一级行业内排序"。

调整之后的思维导图如图 4.17 所示。

彼得·林奇多因子量化交易策略（修订1）

- 股票池
  - 不含ST
  - 回测时间：2018-10-10—2022-12-30
- 策略因子
  - 筛选因子
    - 1．单季利润总额>1000万元
    - 2．股价比现金流<10
    - 3．负债资产率<25%
    - 4．市盈率比净利率同比增长>1.50
  - 排序因子
    - 1．存货周转率（在一级行业内，从大到小，权重1）
    - 2．预期营收增长率（从大到小，权重1）
- 进场条件
  - 排名前30的股票等权买入，单只最大仓位10%
  - 手续费设置为2‰
- 出场条件
  - 每5天进行一次调仓

图 4.17　改进后的彼得·林奇多因子量化交易策略思维导图

再次回测后，发现收益有所改善。如图 4.18 所示，2018 年 10 月 10 日至 2022 年 12 月 30 日，累计收益为 14.50%，最大回撤为–23.18%，虽然跑输了沪深 300 指数，但已经得到了改善。

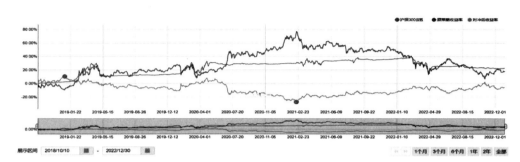

图 4.18　改进后的彼得·林奇多因子量化交易策略年化收益率曲线

3. 彼得·林奇多因子量化交易策略的进一步改进

除了从策略本身的维度进行改善，还能否跳出彼得·林奇的想法进行调整呢？答案是肯定的。在那个年代，还没有阿尔法 101 因子。利用目前已经公开的因子，也是改进策略的一个重要手段。

文献研究表明，阿尔法 002 因子的有效性比较强。

因子公式：

Alpha002：(–1 * correlation(rank(delta(log(volume),2)),rank(((close-open)/open)), 6))。

函数说明：

①correlation(x,y,d)：x,y 两个随机变量过去 d 天的相关系数；

②rank(x)：x 在这组数中当下的排名；

③delta(x,d)：当天 x 的值减去过去第 d 天 x 的值；

④log：取对数，通常的理解是为了减小数据之间的差异，也可以理解为将变量转换成时间变量，或是一种降维观测方法；

⑤volume：成交量；

⑥close：收盘价；

⑦open：开盘价。

因子解读：

将这个公式翻译成通俗的说法，即阿尔法 002 因子的预测能力，与成交量增量的时间和价格上涨速度之间的相关系数成反比。

在筛选因子中，可以增加对阿尔法 002 因子的使用，即取阿尔法 002 因子排名后 50% 的股票。同时，将空闲资金自动配置成国债 ETF 基金。另外，还可以将调仓周期延长至 10 日，以减少摩擦成本。第二次改进后的策略的思维导图如图 4.19 所示。

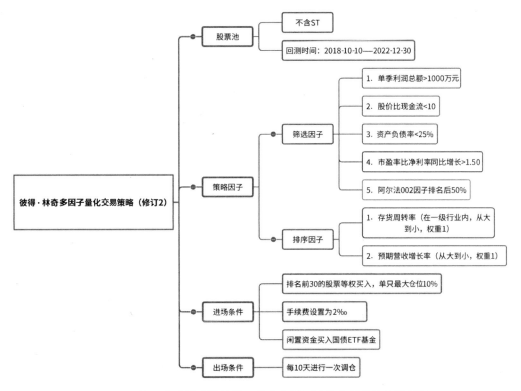

图 4.19　第二次改进后的彼得·林奇多因子量化交易策略思维导图

再次回测后，发现有了进一步改善。如图 4.20 所示，2018 年 10 月 10 日至 2022 年 12 月 30 日，累计收益率为 22.90%，最大回撤为-19.66%，跑赢沪深 300 指数接近 5%，策略总体上比较平稳。

图 4.20　第二次改进后的彼得·林奇多因子量化交易策略年化收益率曲线

4. 彼得·林奇多因子量化交易策略的改进终极思考

彼得·林奇有句很出名的话："选股既是一门科学，又是一门艺术，但是过于强调其中任何一方面都是非常危险的。"

当然，还可以通过进一步的修改，增强策略模型的收益水平，降低其回撤幅度。但我们并不提倡过度修改任何经典的策略或模型，毕竟真理和谬误之间只隔着一个"过度拟合"。因此，还是要回到策略源头进行思考。

在彼得·林奇掌管基金的 13 年中，美国股市基本上处于牛市，而他也选择在牛市尾声功成身退。因此，我们永远无法知道他的辉煌战绩是否可以经受住熊市的考验。换句话说，如果处于牛市中，彼得·林奇多因子量化交易策略获胜的概率应当更高一些。

但如何知道自己身处牛市还是熊市呢？除了观察价值因子和成长因子的表现，还有一种简单的方法可以帮助衡量。这就是下一节要给大家介绍的 CTA 策略，当股市身处熊市时，CTA 策略会表现出明显的赚钱效应。

4.2.3 实战期货案例：经典的 CTA 策略

1. CTA 策略简介

CTA 策略和管理期货是同义词。CTA 策略使用系统（模型驱动）或自由裁量（决策驱动）的方法来交易各种期货和指数。CTA 策略所涉及的市场包括股票、固定收益、货币、商品和价差等，但传统意义上的 CTA 策略通常涉及期货和期权。

国外通常这样解释 CTA 策略：CTA 策略常常作为资产管理人，遵循一套投资策略，利用期货合约和期货合约期权对各种实物商品（如农产品、林产品、金属和能源），以及金融工具衍生合约等（如指数、债券和货币）。CTA 策略采用的交易程序可以通过其市场策略（无论是趋势跟踪还是市场中性），以及金融、农业或货币等细分市场来分类。

2010 年，芝加哥大学布斯商学院兼职教授 Galen Burghard 博士发现，2000—2009 年 CTA 趋势子集与诸多 CTA 指数之间的相关性为 0.97，表明投机性技术趋势跟踪在 CTA 这类交易中占主导地位。

尽管名声在外，但 CTA 策略并不像某些人想象的那么神秘。它们背后的秘密就是动量指标，例如价格移动平均线或价格通道突破模型。

绝大多数的 CTA 策略交易者都是趋势追随者，这意味着当市场显示出明显的上升趋势时，CTA 策略很有可能做多该市场。当市场下跌时，情况完全相同，CTA 策略可以通过做空从下跌中获利。这一主要特征使它们在投资组合多样化方面可以发挥作用。例如，2008 年巴克莱 CTA 指数上涨了 14.09%，而标普 500 指数下跌了 38.49%。

CTA 策略的交易者通常采用自动化系统（例如计算机软件程序）来跟踪价格趋势、执行技术分析和执行交易。一旦一个 CTA 策略被证明是可盈利的，它就会被编码到全球的量化系统中。量化消除了投资者的情绪，并自动进行交易，在生成交易信号到完成市场订单之间通常无人为干预。能否成功地跟踪趋势或用技术分析捕捉到市场波动，在很大程度上决定了 CTA 策略的收益和风险。

CTA 策略可以分为主观 CTA 策略和量化 CTA 策略。

主观 CTA 策略指由管理人给予对商品基本面、技术面、情绪面、宏观经济、政策扰动等因素的分析，结合自身经验，构建商品投资组合并决定买入卖出时点的投资策略。他们交易的核心方法通常是分析天气模式、农场产量、了解石油钻井量等基本面情况。

量化 CTA 策略指管理人通过量化手段，使用金融学、统计学的路径，对数据进行挖掘、分析，构建量化交易模型，并依据模型给出的投资信号进行投资决策的交易策略。他们交易的核心方法通常是进行统计分析或定量分析，并尝试根据此类研究作出预测。许多量化 CTA 策略的交易者都具有数学、统计学和工程学背景。

仔细观察 CTA 策略产生收益的模式，可以明显发现其存在小损失（未实现趋势）、大收益（捕获的趋势）和大回撤的模式。大多数使用 CTA 策略的交易者都是趋势追随者，其趋势跟踪的时间范围可以是短期（几分钟、几小时到几天）、中期（最多 30 天）或长期（2～3 个月）。

CTA 策略有三大配置价值：一是有危机 Alpha 属性；二是拉长周期，以年为单位来看具有绝对收益的产品；三是与其他资产有低相关性。

2. 来自顶级团队的 CTA 策略综述

2021 年 11 月，尤里卡赫奇[①]对旗下的 CTA 策略对冲基金进行了详细的研究，提供了该策略的全貌。

主要内容包括：

2021 年，全球大宗商品价格大幅上涨，尤其是近期能源行业的价格大幅上涨，CTA/托管期货对冲基金在 2021 年的前 3 个季度上涨了 5.89%。

[①] 尤里卡赫奇（Eurekahedge）是在 2001 年创立的另类投资数据资料研究商。客户包括家庭办公室、基金管理公司、基金中的基金、银行和投资公司等金融企业。它是日本第二大金融服务集团瑞穗实业银行的子公司，总部位于新加坡，而其他办公处位于纽约和宿务。

2020 年年初，随着新冠疫情的暴发导致全球经济停摆，能源价格滑入了未知领域，这完全抑制了人们对石油的需求。结果，原油价格跌至 0，期货市场合约价值跌至负值，这在石油行业是前所未有的，也给 CTA 策略带来了诸多挑战。

但与可比基准相比，CTA/托管期货对冲基金指数仍然有足够的吸引力，如图 4.21 所示。

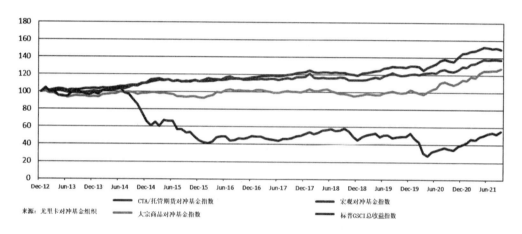

图 4.21 CTA/托管期货对冲基金指数的表现与可比基准对比图

上图显示了 CTA/托管期货对冲基金指数相对于其他投资工具和基准的表现。CTA/托管期货对冲基金指数自 2012 年年底以来产生了 3.69% 的年化收益率，其表现优于其他商品对冲基金指数，如大宗商品对冲基金指数的年化收益率为 2.79%。此外，宏观对冲基金指数同期的年化收益率为 4.69%，优于 CTA/托管期货对冲基金指数和大宗商品对冲基金指数。

如表 4.2 所示，为图 4.21 中 4 个指数的详细风险收益统计。

表 4.2 CTA/托管期货对冲基金指数与可比基准的风险收益统计表

	CTA/托管期货对冲基金指数	宏观对冲基金指数	大宗商品对冲基金指数	标普 GSCI 总收益指数
2013 年平均收益率	0.72%	4.21%	−5.63%	−1.22%
2014 年平均收益率	9.65%	5.35%	4.18%	−33.06%
2015 年平均收益率	1.23%	2.01%	−4.84%	−32.86%
2016 年平均收益率	2.65%	4.32%	8.14%	11.36%
2017 年平均收益率	2.76%	5.05%	0.40%	5.77%
2018 年平均收益率	−3.17%	−2.63%	−5.45%	−13.82%
2019 年平均收益率	5.89%	9.00%	7.14%	17.63%
2020 年平均收益率	7.55%	11.53%	11.19%	−23.72%
2021 年年初至今平均收益率	5.89%	3.20%	11.47%	38.27%
3 年年化收益率	5.71%	6.93%	8.98%	−1.49%
3 年年化波动率	4.57%	4.97%	6.78%	29.03%
3 年夏普比率(RFR=1%)	1.03	1.19	1.18	−0.09
5 年年化收益率	3.56%	5.39%	4.54%	3.64%
5 年年化波动率	4.53%	4.13%	6.01%	23.25%
5 年夏普比率(RFR=1%)	0.56	1.06	0.59	0.11

关键要点包括：

在过去 9 年中，CTA/托管期货对冲基金指数持续产生正收益，但在 2018 年，该基金产生了 3.17% 的亏损。相比之下，大宗商品对冲基金在 9 年中有 6 年获得正收益，并且在 2020 年和 2021 年表现异常出色，连续 2 年实现两位数的正收益。

在年化波动率方面，CTA/托管期货对冲基金指数的 3 年年化波动率为 4.57%，是过去 3 年里最小的，跑赢宏观对冲基金指数和大宗商品对冲基金指数同期的 4.97% 和 6.78%。

还值得注意的是，在 2014 年和 2015 年，当标普 GSCI 总收益指数连续 2 年下跌至少 30%时，CTA/托管期货对冲基金指数分别获得 9.65%和 1.23%的正收益，而同期大宗商品对冲基金指数的收益率为 4.18%和–4.84%，CTA/托管期货对冲基金指数保持了领先优势。

如图 4.22 所示，为 CTA/托管期货对冲基金指数和其他可比基准的相关矩阵。

	CTA/托管期货对冲基金指数	宏观对冲基金指数	大宗商品对冲基金指数	标普GSCI总收益指数
CTA/托管期货对冲基金指数	1	0.67	0.53	0.02
宏观对冲基金指数		1	0.60	0.40
大宗商品对冲基金指数			1	0.51
标普 GSCI 总收益指数				1

图 4.22　CTA/托管期货对冲基金指数和可比基准的相关矩阵

令人惊讶的是，CTA/托管期货对冲基金指数的表现与标普 GSCI 总收益指数的变动无关，相关系数为 0.02。此外，大宗商品对冲基金指数的表现与标普 GSCI 总收益指数呈中度相关，相关系数为 0.51。图 4.23 所示为 CTA/托管期货对冲基金指数的年度业绩分布情况。

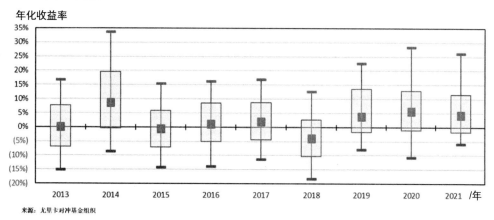

图 4.23　CTA/托管期货对冲基金指数的年度业绩分布图

上图显示了自 2013 年以来 CTA/托管期货对冲基金指数的年度业绩分布。在过去 3 年中，前 10%的 CTA/托管期货对冲基金指数产生了超过 20%的收益率，而后 10%的收益率将损失限制在−11%以内。2021 年，底层 10%的 CTA/托管期货对冲基金指数平均亏损 5.97%，为 2013 年以来的最低亏损。还值得注意的是，从 2019 年至 2021年，CTA/托管期货对冲基金指数连续 3 年取得正收益的收益中位数。

总之，由于大宗商品与股票和债券等传统资产类别的低相关性或负相关性，大宗商品投资传统上被用作投资者对冲通胀和分散投资组合的一种方式。CTA/托管期货对冲基金指数历来产生的年化波动率和夏普比率要低得多，这一特性使它们成为希望将投资组合从传统资产类别中分散出来并降低组合整体波动性的投资者的绝佳选择。需要注意的是，由于直接投资大宗商品存在风险，并且考虑到投资者必须承受的波动范围，所以不太可能获得良好的收益。

在中国市场上，2022 年 CTA 策略私募产品收益的表现也十分不俗。如表 4.3 所示，截至 2022 年 12 月 30 日，市场中的 459 只量化趋势 CTA 基金全年收益率中位数为 2.86%；153 只量化套利 CTA 基金全年收益率中位数为 4.71%；484 只量化多策略CTA 基金全年收益率中位数为 3.47%。而在 2022 年，中国股市的平均股价下跌了19.22%。

表 4.3　量化 CTA 策略私募产品收益统计表

量化 CTA 策略私募产品收益统计（截至 2022-12-30）

	量化趋势CTA(459只)			量化套利CTA(153只)			量化多策略CTA(484只)		
	本周	近1个月	年初至今	本周	近1个月	年初至今	本周	近1个月	年初至今
MAX	16.79%	35.30%	85.01%	18.28%	18.66%	81.97%	12.67%	15.37%	123.81%
10%	1.96%	4.02%	25.17%	1.02%	2.58%	19.08%	2.39%	4.50%	23.96%
20%	1.16%	2.65%	17.21%	0.48%	1.09%	13.17%	1.27%	2.51%	14.34%
30%	0.75%	1.57%	10.22%	0.27%	0.66%	8.88%	0.91%	1.61%	9.08%
40%	0.33%	1.08%	5.84%	0.17%	0.50%	6.01%	0.59%	1.17%	5.91%
50%	0.05%	0.66%	2.86%	0.10%	0.34%	4.71%	0.36%	0.72%	3.47%
60%	−0.16%	0.11%	−0.78%	0.05%	0.14%	3.15%	0.11%	0.29%	0.53%
70%	−0.49%	−0.28%	−4.85%	0.00%	0.14%	1.60%	−0.04%	−0.13%	−2.81%
80%	−1.01%	−1.11%	−9.79%	−0.06%	−0.36%	−1.27%	−0.45%	−0.87%	−6.73%
90%	−2.12%	−2.74%	−17.03%	−0.31%	−1.49%	−10.70%	−1.03%	−2.39%	−12.18%
MIN	−8.94%	−62.86%	−96.55%	−8.67%	−7.99%	−44.32%	−5.86%	−12.96%	−43.83%
最大回撤中位数	0.00%	−2.42%	−13.50%	0.00%	−0.26%	−3.51%	0.00%	−2.19%	−11.86%

3. 经典 CTA 策略简介

这里主要介绍 6 个比较传统和经典的 CTA 策略。

①双动力策略（Dual Thrust）

这个策略是一种区间突破策略，由 Michael Chalek 在 20 世纪 80 年代开发，曾经广为流传，被评为最赚钱的日内交易策略之一。现在该策略也被广泛应用于股票、期货、外汇、数字货币的投资中。

主要逻辑：

突破上轨（上轨=开盘价+K1×价格振幅）时做多；跌破下轨（下轨=开盘价+K2×价格振幅）时做空；

价格振幅=Max(HH–LC,HC–LL)；

N 日收盘价的最高价为 HC；

N 日最低价的最低价为 LL；

N 日最高价的最高价为 HH；

N 日收盘价的最低价为 LC；

K1 和 K2 为自定义系数。

②菲阿里四价策略（Fairy's Four-price）

菲阿里是一位来自日本的交易者，在 2001 年的罗宾斯（ROBBINS-TAICOM）期货冠军大赛中，以 1098% 的收益获得冠军，并且在之后的 2 年里再以 709%、1131% 的收益夺冠。后来菲阿里写了一本书——《1000% 的男人》，书中详尽叙述了他的交易方法。

主要逻辑：

当价格突破上轨，买入开仓；当价格跌穿下轨，卖出开仓。收盘前平仓（或到达止损线平仓）。

菲阿里四价指昨日高点、昨日低点、昨日收盘价、今日开盘价。

上轨=昨日高点；

下轨=昨日低点。

③空中花园策略（Sky Park）

空中花园策略比较看重开盘突破，而开盘突破是目前最快的入场方式（当然出错的概率也最高）。开盘第一根 K 线是收阳还是收阴，是判断日内趋势可能运动方向的标准。为了提高胜率，该策略增加了判断条件，也就是开盘要大幅地高开或者低开，形成一个缺口，因此该策略被命名为"空中花园"。

主要逻辑：

使用空中花园策略的前提是当天为高开或低开，即今日开盘价≥昨日收盘价×1.01或今日开盘价≤昨日收盘价×0.99。如果为高开，则突破上轨买入（将上轨定义为第一根 K 线的最高价）；如果为低开，则突破下轨卖出（将下轨定义为第一根 K 线的最低价）。第二天开盘平掉所有持仓。

④汉斯 123 策略（HANS123）

该策略在外汇市场中较为流行，它将开盘后 N 根 K 线的高低点突破作为交易信号触发的评判标准。这也是一种入场较早的交易模式，配合价格包络带、时间确认、波动幅度等过滤技术，或可提高其胜算。

主要逻辑：

收盘前平仓（或到达止损线平仓）；

在开盘 30 分钟后准备入场；

上轨=开盘后 30 分钟高点；

下轨=开盘后 30 分钟低点。

当价格突破上轨时，买入开仓；当价格跌穿下轨时，卖出开仓。

⑤日均 ATR 波动性突破策略

当一定幅度的 ATR 波动已经发生时，通常意味着日内波动的方向将朝着这个已经完成一定幅度的 ATR 波动方向继续发展，比较基准可以是开盘价，也可以是日内已经创下的新高、新低纪录位置。

主要逻辑：

收盘前平仓（或到达止损线平仓）；

日均 ATR 突破基于今日开盘价与过去 N 个交易日平均 ATR 的关系；

上轨=今日开盘价+N 个交易日平均 ATR×M；

下轨=今日开盘价–N 个交易日平均 ATR×M。

当价格突破上轨时，买入开仓；当价格跌穿下轨时，卖出开仓。

⑥ROB 突破策略

这个策略最早于 1988 年由美国基金经理托比提出。他通过衡量开盘价与最高价、最低价距离的较小者，得出失败突破幅度，后市一旦超过这个幅度，便认为是真正的突破。在实际应用中，早盘的突破、窄幅波动后的突破可作为有效的过滤条件。

主要逻辑：

收盘前平仓（或到达止损线平仓）；

该策略基于过去 N 个交易日的 ORB 指标；

上轨=今日开盘价+N 天 ORB×M；

下轨=今日开盘价–N 天 ORB×M。

当价格突破上轨时，买入开仓；当价格跌穿下轨时，卖出开仓。

4. CTA 策略实战示例

"杯柄形态"来自世界著名量化杂志 *Futures Truth* 2017 年第二期伦迪的一篇文章，它是威廉·欧奈尔使用的一个经典策略，也是一个典型的趋势突破策略。

威廉·欧奈尔（世界十大股神之一）目前是全球 600 位基金经理的投资顾问。他在 1984 年创办的《投资者商报》，现今已经成为《华尔街日报》的主要竞争对手。

如图 4.24 所示，该策略的示意图很像一个带有弯弯杯柄的咖啡杯的侧面。

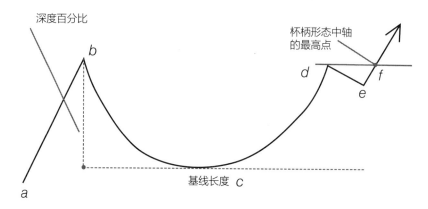

图 4.24　杯柄形态示意图

主要逻辑：

形成时间（由 a 点至 f 点）为 7 周至 65 周，形成阶段大致可分以下几个部分。

阶段一，由 a 点至 b 点。股价先出现一段强而有力的升势，累计升幅至少为 30%。

阶段二，由 b 点至 c 点。之后从 b 点开始调整至 c 点，最理想的调整跌幅为 a 点至 b 点升幅的 20%～30%，但一些预期具高盈利增长的股票则可以有 50%。由 b 点调整至 c 点期间，成交量徐徐下降为沽压不大的利好先兆。在触及 c 点后股价缓缓上升，有一段时间做窄幅横行，营造杯底部分，此部分通常为 U 形，而非 V 形。（只有这样才能调整充分，让不坚定者因疲惫不堪而离开，也使坚守者不会在将来的涨升中轻易卖出。）

阶段三，由 c 点至 f 点。股价由 c 点慢慢上升至 d 点，接近上次高位 b 点附近后，用 1~2 个星期的时间塑造杯子的手柄（d 点至 f 点）。此杯柄部分应该在 c 点至 d 点的上半部分，且在 200 天平均线以上，否则是弱势的表现；而成交量则进一步萎缩，为的是进一步清洗浮筹；且震荡窄幅，是为了不丢失筹码；最后成交量的极度萎缩，说明浮筹基本被清理完毕。K 线特征常体现为一串连续小阴线，成交量呈小豆状，往往只有平常的一半不到。图形看起来恐怖，但实际下跌不多。

阶段四，股价升破杯柄阻力 f 点（同时接近形态中高位 b 点）。此时的成交量大升，较平时增加 50%，且收市价稳定在阻力位上（如 f 点），便可确定形态已被突破，预期股价会呈爆炸性上升，为强烈的追货信号。

为什么不在杯底或杯柄买入呢？因为可能失败。买点不是要在最便宜或者最低点，而是要在最恰当的时机，那样成功的概率才最大。成功的投资者，必须不急不躁，耐心观察，等待买点出现，然后一击即中。

这个策略的主要特征用"泰勒连续不等式"可以提取出几个量化条件，我们在中国股市上进行了一个交叉验证，初步认为有效。主要结论有以下两点：

一是杯底越接近人眼视觉的圆，胜率越高；二是根据数据回测，在价格突破 f 点后，达到 d 点和 c 点垂直距离的 75%时止盈为最优，而下一个最优止盈区间则在 135%一线，但胜率会下降 12%左右。寻找边界和核心参数，并不全是为了优化策略，更重要的是可以评估策略是否过拟合。

这个策略在实际应用中，不同的人对其有不同的叫法，职业交易者管它叫"倍量过左峰"，波浪交易者管它叫"第三浪"，而七禾网曾登出了一篇文章叫"五种底部形态"，其实都是这种方法的变种。

5. CTA 双动力策略实战代码示例

参考代码如下所示：

```
#coding:gbk
"""
CTA 双动力策略:
    HH: N天最高价的最高价, LC: N天收盘价的最低价
```

```
        HC：N 天收盘价的最高价，LL：N 天最低价的最低价
        Range：取 HH-LC 与 HC-LL 的最大值
        上轨 BL：open+K1*Range
        做多：
            进场：hight＞上轨
            出场：low＜下轨
        做空：
            进场：low＜下轨
            出场：hight＞上轨
"""
import pandas as pd
import numpy as np
import time
import datetime


def init(ContextInfo):
    ContextInfo.tradestock = '601398.SH'
    ContextInfo.set_universe([ContextInfo.tradestock])
    ContextInfo.K1 = 0.4
    ContextInfo.K2 = 0.6
    ContextInfo.N = 5    # N 天内进行判断
    ContextInfo.buy = 0
    ContextInfo.holdings = {}
    ContextInfo.profit = 0
    ContextInfo.accountID='testS'


def handlebar(ContextInfo):
    d = ContextInfo.barpos
    #
    if d < ContextInfo.N:    # 不够 N 天则不计算
        return
    #
    buys, sells, BL, SL = signal(ContextInfo)    # 计算调仓买、卖列表

    # 根据买、卖列表进行交易
    trade(ContextInfo, buys, sells, BL, SL)


def signal(ContextInfo):
    buy = {}
    sell = {}
    #
    H = ContextInfo.get_history_data(ContextInfo.N, '1d',
```

```
'high')[ContextInfo.tradestock]
    C = ContextInfo.get_history_data(ContextInfo.N, '1d',
'close')[ContextInfo.tradestock]
    L = ContextInfo.get_history_data(ContextInfo.N, '1d',
'low')[ContextInfo.tradestock]
    open = ContextInfo.get_history_data(1, '1d',
'open')[ContextInfo.tradestock][0]
    print('H', H)
    print('C', C)
    print('L', L)
    print('open', open)
    #
    HH = max(H)
    LC = min(C)
    HC = max(C)
    LL = min(L)
    # Range：取 HH-LC 与 HC-LL 的最大值
    Ra = max(HH-LC, HC-LL)
    # 上轨
    BL = open + ContextInfo.K1 * Ra
    # 下轨
    SL = open + ContextInfo.K2 * Ra
    #
    k = ContextInfo.tradestock
    # 只做多
    # 进场：hight＞上轨
    if H[-1] > BL:
        # buy signal
        hold = ContextInfo.holdings.get(k, 0)
        if hold == 0:
            buy[k] = 1
    # 出场：low＜下轨
    if L[-1] < SL:
        # sell signal
        for k, hold in ContextInfo.holdings.items():
            if hold == 1:
                sell[k] = 1
    #print buy
    #print sell
    return buy, sell, BL, SL          #买入卖出备选


def trade(ContextInfo, buys, sells, BL, SL):
    order = {}
    #
```

```
for k in sells:
    print('ready to sell', k)
    order_shares(k, -ContextInfo.holdings[k]*100, 'fix', SL,
ContextInfo, ContextInfo.accountID)
    ContextInfo.holdings[k] = 0
#
for k in buys:
    print('ready to buy', k)
    order_shares(k, 100, 'fix', BL, ContextInfo, ContextInfo.accountID)
    ContextInfo.holdings[k] = 1
```

4.2.4 实战基金案例：FoF 策略

1. FoF 策略简介

FoF，基金中的基金，也称为多经理投资，它是一种投资于其他类型基金的集合投资基金。换言之，其投资组合包含其他基金的不同标的投资组合。这些持股取代了直接投资于债券、股票和其他类型证券的任何投资。

FoF 通常投资于其他共同基金或对冲基金，并被归为受约束（只能投资于 FoF 管理公司管理的基金）或不受约束（能够投资于整个市场的基金）两类。

从投资策略来看，常见的 FoF 策略有目标日期策略、目标风险策略、动态配置策略等。

①目标日期策略

该策略的核心是在目标时间临近时逐渐降低权益投资比例，这需要优化模型计算出下滑轨道上不同时间阶段的股债配置比例，采用"Target-Though"型曲线设计，并考虑投资者的个人特点。在底层资产选择方面，由于多数头部公司的产品线布局完善，因此投资者多选择这些公司的内部产品作为投资标的，并配置管理成本低廉的指数基金。

②目标风险策略

该策略基金在成立之初会设定一个风险水平，并将基金的资产配置维持为固定比例。通过严格的风险和波动控制，力争实现相应风险程度的收益目标，使产品风格更加清晰，适合风险偏好明确的投资者。在产品设计方面，基金公司会设置不同的目标风险档次以满足不同投资者的需求，如成长型、稳健成长型、保守型和收入型等，对应的目标权益资产比例分别为 80%、60%、40% 和 20%；在底层资产选择方面，头部综合型公司更偏好布局内部产品，而有些公司则采用"内部管理人+全市场基金"的模式运作。此外，还有以 ETF 为投资标的的 ETF-FoF 目标风险组合。

③动态配置策略

该类策略会根据不同资产的风险收益比，结合宏观环境及市场的变化，动态调整不同资产的配置权重，以达到多元资产配置、分散风险的目标。目前，这类策略使用较多的理论模型包括风险平价模型、美林时钟模型和 Black-Litterman 模型等。

除以上主流策略外，还有以行业 ETF 为标的的行业轮动策略 FoF 和限制下行风险的目标回撤策略等。

2. 国内外 FoF 发展现状

美国公募 FoF 的规模自 21 世纪以来不断扩大，其主要得益于美国养老金体系的发展与政策推动。目前，美国养老金体系中，第二支柱中以 401K 为主的 DC 计划和第三支柱的 IRAs 计划均将共同基金作为重要资产配置方向。2006 年，美国颁布了《养老金保护法案》，默认投资选择机制鼓励 DC 计划投资于目标日期或生命周期等基金，这进一步促进了美国公募 FoF 的快速发展，特别是目标日期 FoF 和目标风险 FoF。

截至 2021 年年末，美国公募 FoF 的合计规模为 3.24 万亿美元，占美国共同基金规模的 12.02%。1406 只 FoF 中，混合型 FoF 仍占主导地位。管理人市场集中度非常高，前十大管理人的合计规模占比为 87.49%，其中 Vanguard 和 Fidelity 公司合计市场份额超过一半。

国内的 FoF 起步较晚，首批公募 FoF 始于 2017 年（从时间上看，最早的是南方全天候策略）。如图 4.25 所示，国内 FoF 通常划分为三类 6 种：股票型 FoF、混合型

FoF（偏股混合型 FoF、平衡混合型 FoF、偏债混合型 FoF、目标日期型 FoF）、债券型 FoF。其中按规模计算，偏债混合型 FoF 占比最高，达到 56%；股票型 FoF 占比最低，约为 0.79%。

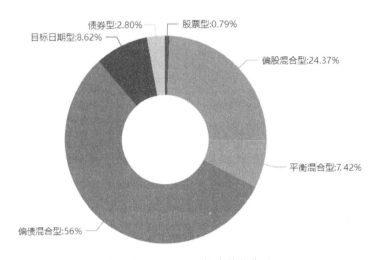

图 4.25　国内 FoF 投资偏好占比

近年来，中国 FoF 的数量和规模都有明显增长。如表 4.4 所示，截至 2022 年 12 月 31 日，全市场共有 379 只公募 FoF，管理规模共计 2089 亿元左右（可查数据累计）。2022 年国内 FoF 全线亏损，年化收益率为正的不足 3 家，亏损最多的 1 只 FoF 年化收益率达到了 −27.41%。预计随着中国个人养老金的落地，FoF 的数量和规模也会迅速上升，而对 FoF 策略的需求也会随之提高。

表 4.4　公募 FoF 的投资偏好统计表

截止日期：2022-12-31

序号	基金类型	数量合计（只）	占比(%)	份额合计(亿份)	占比(%)	资产净值合计(亿元)	占比(%)
1	股票型FoF	8	2.11	18.97	0.93	16.4917	0.79
2	混合型FoF	360	94.99	1 959.88	96.21	2 014.1301	96.41
3	偏股混合型FoF	82	21.64	534.98	26.26	509.0586	24.37
4	平衡混合型FoF	41	10.82	153.56	7.54	155.0941	7.42
5	偏债混合型FoF	148	39.05	1 121.88	55.07	1 169.9270	56.00
6	目标日期型FoF	89	23.48	149.45	7.34	180.0505	8.62
7	债券型FoF	11	2.90	58.29	2.86	58.5966	2.80
8	全部FoF	379	100.00	2 037.14	100.00	2 089.2184	100.00

在中国，投资公募 FoF 的起购金额基本上都是 10 万元。除了起购金额方面的高门槛，FoF 还有一个不足就是开放期不是每天，而是不同的券商有不同的规定，有的是 1 个季度开放 1 周，有的是 1 个星期开放 1 日，其他的时间就无法买卖。另外，和投资普通基金相比，投资 FoF 会多承担一笔管理费，长期下来也是一笔不小的支出。而且，基金运作过程中还需要调仓手续费。但需要明确的是，投资者对这部分费用是无感知的，因此它不像申购、赎回费用那样，需要投资者另外掏钱支付。

投资 FoF 虽然有一些弊端，但 FoF 的选基能力却是投资者需要了解和学习的。

3. FoF 策略的底层逻辑

不论哪一种 FoF，其主要目的都是在实现目标收益（如目标日期基金）及风险分散的基础上，追求相对稳定的收益。

通常来讲，要想从上万只基金中选出好的基金，就得从风险和收益多个维度进行综合考虑。不论一个 FoF 策略建立在多少个维度之上，其最终都可以通过择时能力来评判投资管理者的大势判断水平，通过选股能力来评判投资管理者的细节把控水平，通过信息比率来评判投资管理者的分阶段盈利水平。

因此，建议投资者重点考量这 3 个维度：择时能力、选股能力和信息比率。

①择时能力：二次市场超额收益模型（$R-Rf=\alpha+\beta\times(Rm-Rf)+\gamma\times[(Rm-Rf)^2]+\varepsilon$）回归后得到的 γ 表示基金经理捕捉市场时机的能力，即择时能力。其中，R 为基金复权净值收益序列数据，Rf 为当前无风险收益（折算到用户设定的计算周期），Rm 为标的指数收益序列数据。

②选股能力：二次市场超额收益模型（$R-Rf=\alpha+\beta\times(Rm-Rf)+\gamma\times[(Rm-Rf)^2]+\varepsilon$）回归后得到的 α 表示基金经理的选股能力。其中，R 为基金复权净值收益序列数据，Rf 为当前无风险收益（折算到用户设定的计算周期），Rm 为标的指数收益序列数据。

③信息比率：用于衡量某一投资组合优于一个特定指数的风险调整超额收益水平。信息比率是从主动管理的角度描述风险调整后收益，数值越大表示所获得的超

额收益越高。

公式：信息比率=$E(Rp\!-\!RI)$/跟踪误差。

其中，Rp 为基金复权净值的收益序列数据，RI 为标的指数的收益序列数据，E 为根据时间频率和所选时段决定的收益个数。

4. 一个简单实用的 FoF 策略

设想一个投资场景，一名普通的投资者需要用 FoF 的思想选择出新一年投资的基金。他应当建立一个什么样的模型，才能包含这 3 个维度的衡量？

很明显，用分值是可行的，但与分值排名相比，后者更能体现出这 3 个维度所处的综合位置，于是这个模型的 3 个条件就可以列出来：

第一，择时能力在同类基金中排名前 50%；

第二，选股能力在同类基金中排名前 50%；

第三，信息比率在同类基金中排名前 50%。

这个模型可以放到一些量化工具里去筛选（比如万得、天天基金网等），在 16729 只非货币基金中，有 287 只基金符合以上全部条件，如表 4.5 所示（只列出一部分）。

表 4.5　FoF 策略选股明细

序号	证券代码	证券简称	近 1 年收益率 [是否年化]否 [交易日期]最新 [单位]%
1	000270.OF	建信灵活配置	−7.356574
2	000326.OF	南方中小盘成长	−0.192264
3	000346.OF	建信安心回报 6 个月 A	6.002138
4	000347.OF	建信安心回报 6 个月 C	5.649469
5	000377.OF	上投摩根双债增利 A	−1.488333

续表

序号	证券代码	证券简称	近 1 年收益率 [是否年化]否 [交易日期]最新 [单位]%
6	000463.0F	华商双债丰利 A	2.945990
7	000481.0F	华商双债丰利 C	2.504174
8	000503.0F	中信建投景和中短债 A	2.652882
9	000573.0F	天弘通利	10.484848
10	000612.0F	华宝生态中国 A	2.640923
11	000673.0F	融通四季添利 C	8.816988
12	000727.0F	融通健康产业 A	10.064725
13	000743.0F	红塔红土盛世普益	7.254955
14	000756.0F	建信潜力新蓝筹 A	−1.172529
15	000893.0F	工银瑞信创新动力	−1.838611
16	001040.0F	新华策略精选	2.696853
17	001076.0F	易方达改革红利	1.776791
18	001118.0F	华宝事件驱动	−1.285583
19	001437.0F	易方达瑞享	27.765065
20	001438.0F	易方达瑞享 E	27.536232
21	001470.0F	融通通鑫	14.099037
22	001481.0F	华宝标普油气 A 美元	25.537295
23	001484.0F	天弘新价值 A	−5.303955

选中数量：287。总数：16729。选中比例：1.72%。总耗时：3.748 秒

考虑到最近 1 年收益表现的影响，还可以加入附加条件：近 1 年基金收益大于 0。符合条件的基金就仅剩下 222 只，如表 4.6 所示（只列出部分）。

表 4.6　改进后的 FoF 策略选股明细

序号	证券代码	证券简称	近 1 年收益率 [是否年化]否 [交易日期]最新 [单位]%
1	000346.0F	建信安心回报 6 个月 A	6.002138
2	000347.0F	建信安心回报 6 个月 C	5.649469
3	000463.0F	华商双债丰利 A	2.945990
4	000481.0F	华商双债丰利 C	2.504174
5	000503.0F	中信建投景和中短债 A	2.652882
6	000573.0F	天弘通利	10.484848
7	000612.0F	华宝生态中国 A	2.640923
8	000673.0F	融通四季添利 C	8.81 6988
9	000727.0F	融通健康产业 A	10.064725
10	000743.0F	红塔红土盛世普益	7.254955
11	001040.0F	新华策略精选	2.696853
12	001076.0F	易方达改革红利	1.776791
13	001437.0F	易方达瑞享	27.765065
14	001438.0F	易方达瑞享 E	27.536232
15	001470.0F	融通通鑫	14.099037
16	001481.0F	华宝标普油气 A 美元	25.537295
17	001744.0F	诺安进取回报	12.845850
18	001751.0F	华商信用增强 A	1.840057
19	001752.0F	华商信用增强 C	1.378810
20	001763.0F	广发多策略	11.344770
21	001765.0F	前海开源嘉鑫 A	0.419624
22	001777.0F	前海开源嘉鑫 C	0.333180
23	001903.0F	光大欣鑫 A	0.183824

选中数量：222。总数：16729。选中比例：1.33%。总耗时：3.621 秒

如果投资者想在普通股票型基金中进行选择，符合条件的基金就仅有 15 只，如表 4.7 所示。

表 4.7　再次改进后的 FoF 策略选股明细

序号	证券代码	证券简称	近 1 年收益率 [是否年化]否 [交易日期]最新 [单位]%	投资类型 （二级分类）
1	001040.0F	新华策略精选	2.696853	普通股票型基金
2	002871.0F	华夏智胜价值成长 A	0.413879	普通股票型基金
3	002872.0F	华夏智胜价值成长 C	0.166378	普通股票型基金
4	003298.0F	嘉实物流产业 A	1.848286	普通股票型基金
5	003299.0F	嘉实物流产业 C	1.368256	普通股票型基金
6	006106.0F	景顺长城星化港股通	2.311091	普通股票型基金
7	006195.0F	国金量化多因子 A	13.835716	普通股票型基金
8	006692.0	金信消费升级 A	8.242821	普通股票型基金
9	006693.0F	金信消费升级 C	7.386323	普通股票型基金
10	008923.0F	建信医疗健康行业 A	14.652674	普通股票型基金
11	008924.0F	建信医疗健康行业 C	14.172914	普通股票型基金
12	009240.0F	泰康蓝筹优势	5.675974	普通股票型基金
13	011457.0F	新华行业龙头主题	1.814189	普通股票型基金
14	014198.0F	华夏智胜先锋 C	2.208637	普通股票型基金
15	501219.0F	华夏智胜先锋 A	2.622240	普通股票型基金

选中数量：15。总数：16729。选中比例：0.09%。总耗时：4.273 秒

对于通过 FoF 策略选股的普通投资者来说，收益并不是首选目标，在收益和风险之间尽量选择平衡才是这类策略的优势所在。通过模型和大数据的筛选，再辅以常用的资产配置模型，就是大多数 FoF 的财富密码。

5. FoF 策略实战代码示例

参考代码如下所示：

```python
# 导入函数库
from jqdata import *
import copy
import numpy as np
# 初始化函数，设定基准，等等
# 更新基金池的日期
CHANGE_STOCK_POOL_DAY_NUMBER = 60
# 检查收益的间隔天数
CHECK_FUNDS_RETURNS =10
def initialize(context):
    # 设定沪深 300 指数作为基准
    set_benchmark('000300.XSHG')
    # 开启动态复权模式(真实价格)
    set_option('use_real_price', True)
    # 输出内容到日志 log.info()
    log.info('初始函数开始运行且全局只运行一次')
    # 过滤掉 order 系列 API 产生的比 error 级别低的 log
    log.set_level('order', 'error')
    # 设置手续费是：买入时佣金的万分之一，卖出时佣金的万分之一，无印花税，每笔交易佣金
最低扣 0 块钱
set_order_cost(OrderCost(open_commission=0.0001,close_commission=0.000
1,close_tax=0, min_commission=0), type='fund')
    # 设置滑点
    set_slippage(FixedSlippage(0.01))
    g.funds_pool={}
    g.stock_pool={}
    # 基金池更新的天数
    g.update_funds_days=0
    g.refresh_rate=20 #每 10 天执行一次技术面策略, todo
    g.days=0

g.rates={1:0.14,2:0.13,3:0.12,4:0.11,5:0.1,6:0.1,7:0.09,8:0.08,9:0.07,
10:0.06}
    # 开盘时运行
    run_daily(market_open, time='9:30')

run_daily(update_funds_pool,time='after_close',reference_security='000
300.XSHG')
## 开盘时运行函数
def market_open(context):
```

```python
        check_returns(context)
        sell_not_in_funds_pool(context)
        buy_FoF(context)
pass

def check_returns(context):
    '''
    每隔 30 天检查一次收益，如果大于 30%，卖出
    如果跌幅大于 10%，卖出。
    '''

    if g.update_funds_days % CHECK_FUNDS_RETURNS==0:
        for code in context.portfolio.positions.keys():
            current_data=get_current_data()[code]
            cost=context.portfolio.positions[code].acc_avg_cost
            # 跌幅大于 10%
            current_price=current_data.last_price
            # if(current_price<cost*0.90):
            #     order_target(code,0)
            #     del g.funds_pool[code]
            if(current_price>cost*1.20):
                order_target(code,0)
                del g.funds_pool[code]
pass

    # 找到所有的基金
def findFund(start_day,today):
    df=get_all_securities(['lof','etf'])
    # df=get_all_securities(['stock_fund'])
    codelist=df[df['end_date']>today.date()].index.tolist()
    stock_list_f1=[]
    for t in codelist:
        t_info=get_security_info(t)
        start_dt=t_info.start_date
        if start_dt > start_day:
            continue
        stock_list_f1.append(t)
    return stock_list_f1
# 计算 IR
def cal_info_rate(start_day,end_day,code):
    '''
    计算信息比率
    '''
    df=get_price(code,start_day,end_day,frequency='1d',
                fields=['close'],fq='post')
```

```
    df_hs300=
get_price('000300.XSHG',start_date=start_day,end_date=end_day,
frequency='1d', fields= ['close'],fq='post' )
    df_hs300_returns=df_hs300.pct_change()

#    计算收益
    fund_return=df.pct_change()
    df_concat=pd.concat([fund_return,df_hs300_returns],axis=1)
    df_concat.columns=['f','b']
#    计算超额收益
    excess_returns=df_concat['f']-df_concat['b']
    avg_excess_return=excess_returns.mean()
        #跟踪误差/技术周期
    trace_err=np.sqrt(np.square(excess_returns).sum()/(60-1))
        #
    info_rate= avg_excess_return/trace_err
    return info_rate

def get_FoF_rank(context):
    '''
    取得基金信息比率的排名
    '''
    split=60
    count=545
    #计算 IR 的周期
    priod=(int(count/split))
    log.info(priod)
    today=context.current_dt
    tradingday=get_trade_days(start_date=None,end_date=today,
count=count)
    start=tradingday[0]
    fundCodeList=findFund(start,today)
    all_fund_df=pd.DataFrame(fundCodeList,columns=['code'],
index=fundCodeList)

    for j in range(priod):
        k=j*60
        array=tradingday[k:k+60]
        st=array[0]
        ed=array[59]
        info_rates=[]
        for code in fundCodeList:
            info_rate=cal_info_rate(st,ed,code)
            info_rates.append([code,info_rate])
        infostr='info_rate'+str(j)
```

```
        #把当前时间段所有基金的 ir 转化成一个 df，以便排名。
        df2=pd.DataFrame(info_rates,columns=['code',infostr],
index=fundCodeList)
        #对 DF2 进行排名
        rank_series=df2[infostr].rank(ascending=False)
        #把 rank_series 转成 df
        rank_df=pd.DataFrame(rank_series)
        #把每次的排名进行拼接
        all_fund_df=pd.merge(all_fund_df,rank_df,left_index=True,
right_index=True)
    #对每个 fund 的排名，按行计算方差      #
    var_df=pd.DataFrame(all_fund_df.var(axis=1))
    var_df=var_df.sort_values(by=0)
    return var_df[0:10]


def set_FoF_pool(context):
    '''
    根据选择的基金，设置基金池
    '''
    log.info("更新股票池日期:{}".format(context.current_dt))
    fund_df=get_FoF_rank(context)
    #   清空基金池
    g.funds_pool={}
    #将资金分为 10 份
    j=1
    for i,row in fund_df.iterrows():
        r=g.rates[j]
        #   设定每个的系数
        g.funds_pool[i]=r
        j=j+1
pass



def update_funds_pool(context):
    '''
    每日收盘后要运行这个方法，进行基金池更新
    '''
    if g.update_funds_days% CHANGE_STOCK_POOL_DAY_NUMBER==0:
        set_FoF_pool(context)

    g.update_funds_days=(g.update_funds_days+1) %
CHANGE_STOCK_POOL_DAY_NUMBER
pass
```

```python
def sell_not_in_funds_pool(context):
    '''
    每天开仓时，卖掉不在基金池的股票
    '''
    for code in context.portfolio.positions.keys():
        if code not in g.funds_pool.keys():
            order_ = order_target(security=code,amount=0)
            if order_ is not None and order_.filled:
                log.info("交易 卖出 平仓",code,order_.filled)
pass

def buy_FoF(context):
    '''
    开仓买入，
    '''
    log.info("当前账户总价值:{}".format(context.portfolio.total_value))
    for code in g.funds_pool.keys():
        if code in context.portfolio.positions.keys():

            continue
        rate=g.funds_pool[code]
        m=rate*context.portfolio.total_value
        log.info("买入基金{0},数量{1}".format(code,int(m)))
        order=order_target_value(code, int(m))

pass
# ============================================================
```

4.3　机器学习

机器学习是人工智能领域的一个重要分支，主要期望建立算法模型，从过去的数据和经验中进行学习，提炼挖掘出有价值的信息来解决我们的实际问题。近年来，随着数据量的积累、计算机运算能力的提升，机器学习领域发展迅猛，带领着人工智能这一概念席卷全球，与此同时也从方方面面改变着我们的生活。如现在常见的人脸识别技术、机器翻译系统、信用卡欺诈检测等，处处都有着机器学习的身影。机器学习在这些领域的成功实践也让我们有必要探讨一下其在量化交易领域中的应用。下面我们将按照机器学习的常见分类方式，从监督学习、无监督学习和深度学习 3 个方面对模型的搭建过程、注意事项及应用效果进行介绍。

4.3.1　监督学习在量化交易中的应用

1. 监督学习的含义

在机器学习领域，监督学习是一种很重要的学习模式。它指的是我们在数据有正确标签的情况下建立模型，并通过这一正确标签让模型进行自我修正，使其预测结果不断地朝着正确的方向迈进。

以解决信用卡欺诈问题为例，我们通过历史数据搭建模型以区分违约用户和信用良好的用户。那么在历史数据中，我们不光要知道用户的收入水平、家庭情况等特征信息，还要知道每个用户对应的标签信息，即在当前特征下，用户的标签是违约用户还是信用良好的用户。根据这些特征信息和标签信息所构建的分类模型，就属于监督学习模型。在使用监督学习构建量化交易策略时，我们同样可以采用这种思路，除每只股票的基本信息外，还要对历史数据中过去一段时间内股票的收益从大到小排序。将排名靠前、未来有较大概率表现好的股票记为"上涨股"，将其余的股票记为"非上涨股"，从而进行有监督的机器学习。

上述划分"上涨股"和"非上涨股"的过程就是监督学习中很重要的一步——提取标签。如图 4.26 所示，在监督学习建模的一般流程中，我们首先需要从所有可获取的数据源中拉取所需原始数据。获取完数据后，根据实际的建模需求确定并提取标签。接下来，将获得的原始数据进行清洗和加工，剔除脏数据，提取有效特征。紧接着，将加工好的数据输入搭建的模型中进行训练，根据模型评估指标表现的好坏不断地调节模型参数。最后，选择表现最好的模型存储，用它来开展后续的预测工作。

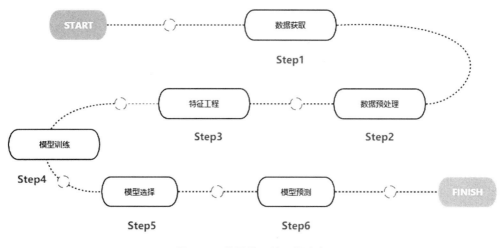

图 4.26   监督学习的一般流程

2. 数据获取

数据获取是机器学习建模的第一步，也是至关重要的一步。建模的根本目的是从历史数据中发现有价值的信息，以此来推演未来，帮助我们在解决实际问题时作出更好的决策。因此，越是丰富的优质数据，越能为我们提供更多的有效信息。常规的行情、财务数据可以通过一些标准化的数据库或者数据接口获取，如雅虎财经、新浪财经、万得等。除此之外，还可以尝试借助爬虫技术获取互联网上的舆情信息。数据的获取应根据实际的建模目标展开，即应尽可能地围绕着最终的模拟方向寻找满足我们需求的数据。

3. 数据预处理

收集完数据后，获取的数据往往来自不同的数据源。由于来自标准化数据库或者数据接口的数据可能是已经被清洗、整理好的数据，而现实中来自不同数据源的原始数据通常会出现缺失值、无效值及以不同标准表示同一变量等问题。所以我们需要评估获取到的数据，识别数据质量或结构中出现的任何问题，通过修改、替换或删除数据等方式来清理、加工数据，以确保处理后的数据集符合后续的机器学习要求。

4. 特征工程

被清洗干净且结构统一的数据是特征工程能成功进行的前提。在完成对数据的预处理之后，就可以展开特征工程部分的实践。特征工程主要是从原始数据中提取、创造输入机器学习模型的特征值，用来在提高模型精度的同时加速训练过程。

为达到满意的建模效果，特征工程往往是一个循环往复的过程。我们可以根据模型的训练效果，不断地修改、添加或删除部分特征。因此，特征工程是机器学习中最耗时和乏味的，但同时也是最具有创造性和"乐趣"的一部分。在这一过程中，具有投资方面专业知识的人士可以大放异彩，充分利用自己的专业知识从繁杂的原始数据中提取有价值的特征。

特征工程是一项具有创造性的工作，因而在多数情况下没有特殊的限制，可以让大家充分发挥自己的才能。但在量化交易领域，我们通常还是需要保证自己构造的特征不会向后窥探，包含记录创建时刻之后的信息。如使用整个时间段的平均值或者标准差来标准化数据时，往往会隐晦地将未来的信息泄露到我们创建的特征中。下面，我们将总结一些常用的处理方法，使用示例数据提供代码样例，方便大家根据需要选择合适的代码片段。

```
……
# 查询个股在 2022 年 7 月 1 日至 2022 年 9 月 1 日的行情数据
python
# 从 tushare 接口提取一些示例数据
import tushare as ts
import pandas as pd
ts.set_token('查取的 token 值')
api = ts.pro_api()
prices = api.daily(ts_code='000001.SZ,
600000.SH',start_date='20220701',end_date='20220901')[['ts_code','trad
e_date','open','high','low','close','vol']]
prices=prices.sort_values(by=['trade_date'],ascending=True).reset_inde
x(drop=True)
……
```

如图 4.27 所示，为监督学习特征工程。

	ts_code	trade_date	open	high	low	close	vol
0	000001.SZ	20220701	15.00	15.07	14.84	14.92	779243.32
1	600000.SH	20220701	8.01	8.04	7.98	7.99	178467.87
2	000001.SZ	20220704	14.95	14.98	14.75	14.94	834968.07
3	600000.SH	20220704	7.99	8.00	7.94	7.96	182220.09
4	600000.SH	20220705	7.96	8.00	7.94	7.98	213222.43

图 4.27   监督学习特征工程

①特征变换

很多时候，成交量、市值、收益等特征会出现数据倾斜，大多数数据都集中在某一范围内，数据尾部拖曳很长，且尾部数据点的数值很大。而一些机器学习模型，如线性回归模型，会假设输入的变量数据是服从正态分布的。因此，我们需要应用一定的变换技巧，使倾斜的数据服从正态分布，以提高模型的表现能力。

参考代码如下所示：

```
……
# 对成交量进行对数变换
prices['vol_log'] = prices['vol'].apply(np.log)
……
```

②特征缩放

特征缩放可以消除特征间量纲的影响，使不同维度的特征被放在一起比较，从而大大提高模型的准确性。除了树模型，多数监督学习模型均需要进行特征缩放。常见的缩放方法有：标准化、归一化、最大最小值归一化、稳健归一化等。以标准化特征缩放为例，我们可以简单地定义一个 lambda 函数，并在任何需要进行特征缩放的地方应用该函数。

```
参考代码如下所示：
……python
# 对 close 价格进行标准化
zscore_scaling = lambda x: (x - x.rolling(window=100,
min_periods=40).mean())\
/ x.rolling(window=100, min_periods=40).std() # 定义标准化的 lambda 函数
prices['z_close']
=prices.groupby('ts_code').close.apply(zscore_scaling)
……
```

在上述标准化的过程中有一点非常值得注意，我们定义了一个可以对每只股票分组应用的 lambda 函数。在 lambda 函数中，我们应用了滑动时间窗口这一技巧，使用当前记录时刻前 100 天的数据来计算该区间内的平均值和标准差，从而可以有效地避免向后窥探数据。

③技术分析指标

在挖掘特征的过程中，拥有量化经验的专业人士可能想根据需要添加一些股票、期货交易中的常用技术分析指标因子。实际操作中，可以根据情况自行编写代码计算相关分析因子，也可以借助开源的金融量化库。受大家喜爱的 TA 库(Technical Analysis Library)就可以帮助我们在金融时间序列数据集（开盘、收盘、高、低、交易量）中进行特征工程。

参考代码如下所示：

```python
……python
# 添加 TA 库所有特征示例
import ta
ta_exmdata = prices.loc[prices["ts_code"] == "600000.SH"].copy()
ta_exmdata = ta.add_all_ta_features(
ta_exmdata, "open", "high", "low", "close", "vol", fillna=False)
……
```

④其他表述形式

根据选择模型的需要，对一些常见的特征表述形式进行处理，如进行数据分箱，将连续数值转换为离散的类别变量，或者用独热编码、序号编码等编码格式对月份、星期等类别变量做处理。

参考代码如下所示：

```python
……python
# 提取月份信息，并对其进行独热编码处理
prices['date_mon'] = pd.to_datetime(prices.trade_date).dt.month
one_hot_frame = pd.DataFrame(pd.get_dummies(prices['date_mon']))
month_names = ['mon_'+str(num) for num in one_hot_frame.columns]
one_hot_frame.columns = month_names
```

```
prices = pd.concat([prices,one_hot_frame],axis=1)
......
```

5. 模型训练

完成特征加工后，我们就获得了模型的输入部分，可以据此开始构建量化模型。前面我们描述了通过划分"上涨股"和"非上涨股"来提取标签的过程，如此时待预测的标签为类别变量，就可以搭建一个分类模型来预测股票会上涨还是下跌。如果模型的标签是连续的数值型变量，比如直接预测股票的价格或是股票具体涨了多少，我们就可以采用回归模型来进行预测。如图 4.28 所示，为监督学习常用模型思维导图。

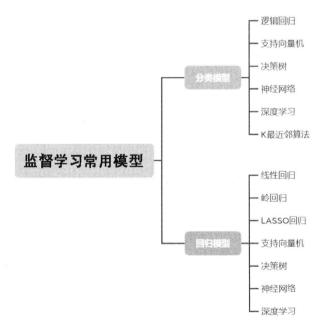

图 4.28　监督学习常用模型思维导图

根据学习目标的不同，首先确定要构建分类模型还是回归模型。而后考虑到具体的学习任务中，样本和特征个数的不同，以及各模型在不同应用场景中表现性能的差异，再进一步确定适合实际应用场景的模型进行建模。一般来说，当数据量较少、开发的特征数量较多时，我们倾向于选择高偏差、低方差的模型，如线性回归模型、朴素贝叶斯模型、逻辑回归模型，以及核函数为线性的支持向量机模型。而当遇到数据量较大、特征较少的数据集时，选择低偏差、高方差的模型通常会表现更好，如决策树模型、支持向量机模型、神经网络模型等。除此之外，挑选可用模型时，往往还需要考虑实际计算资源，涉及业务场景时的模型可解释性，以及模型对异常数据的敏感度等方面。

划定可用的模型范围后，可以从最简单的模型开始尝试。如果经过优化后，模型已经满足实际需求，那么即可采用该模型。或者也可以多选择几个模型，最后在计算效率、测试效果等诸多方面的比较下挑选最合适的模型。在建模过程中，为了确定模型的最优参数组合、查看模型的实际表现效果，通常需要将数据集划分为训练集、验证集和测试集。通过训练集训练模型，用验证集确定合适的模型参数，最后在测试集上查看模型最终的模拟效果。相比于其他的机器学习建模，如果构建的量化模型是回归模型，又由于市场交易具有时序性，那么目前常规的方法就是按照时间来划分数据集，避免数据集向后窥探，泄露未来信息。

回到实际的模型开发过程中，对于上述数据集划分、模型构建及寻找最优的模型参数组合，我们均可以利用相应的机器学习语言库进行开发。如前面罗列的大部分监督学习模型，相应开发环节都可以通过调用 Scikit-Learn 库相关的 API 接口实现。除此之外，一些被广泛应用、表现良好的集成模型，如 LightGBM、XGBoost 等也可以找到相应的 Python 开源框架。在这里，我们延续前文所述的分类思路，搭建一个分类模型，根据前 10 天的每只股票的收益情况，预测后 10 天收益排名前 200 的股票。

这里筛选出了在 2022 年 1 月 1 日前上市的 4639 只股票，将训练数据集的起始日期设为 2018 年 1 月 1 日，测试日期设为 2020 年 1 月 1 日至 2022 年 3 月 1 日。计算[(t+2 天的收盘价)–(t+1 天的收盘价)]/(t+1 天的收盘价)作为每只股票第 t 天的收益，将前 10 天的每日收益作为输入特征，累加上后 10 天的每日收益，随后将后 10 天收益排在前 200 的股票计为"上涨股票"，将其余的股票计为"非上涨股票"。此部分参考代码所用的行情数据 stock_data 变量同样采用前文所述的 tushare 接口获取，获取代码不再复述。

参考代码如下所示：

```python
……python
import pandas as pd
import numpy as np
from lightgbm import LGBMClassifier
from sklearn.metrics import roc_auc_score
import matplotlib.pyplot as plt
import seaborn as sns

# 直接读取获取的行情数据
stock_data = pd.read_csv(r"filename.csv")
# 计算每只股票的每日收益值
stock_data[['open','high','low','close','vol']] =
stock_data[['open','high','low','close','vol']].astype(float)
stock_data['trade_date'] = pd.to_datetime(stock_data.trade_date)
stock_data =
stock_data.sort_values(by=['trade_date'],ascending=True).reset_index(d
rop=True)
target_lambda1 = lambda x:x.shift(-1)
target_lambda2 = lambda x:x.shift(-2)
stock_data['close_1'] =
stock_data.groupby('ts_code').close.apply(target_lambda1)
stock_data['close_2'] =
stock_data.groupby('ts_code').close.apply(target_lambda2)
stock_data['target'] = stock_data.apply(lambda
x:(x['close_2']-x['close_1'])/x['close_1'],axis=1)
stock_data.target = stock_data.target.fillna(0)
pivot_stock_data = stock_data.pivot(index = 'trade_date', values =
'target', columns = 'ts_code')
pivot_stock_data = pivot_stock_data.ffill().fillna(0)  # 存在 2017 年还没有
开放证券的公司，填充空值为零
def generate_fe(data,p1,time_horizon,test_horizon,up=200):
    """
    生成模型的输入数据，取前 10 条数据的收益值作为特征，后 10 条数据的累计收益作为是否为
"上涨股"的评判依据。
    取前 200 只股票标记为 "上涨股"，作为此次训练的标签。
    :param data:每只股票每天的收益值
    :param p1: 交易日期
    :param time_horizon:特征数据时间长度
    :param test_horizon:累计收益时间长度
    :param up: 划定 "上涨股"的数量
    :return: 加工好的特征、标签及当前数据切片的最后一个交易日
    """
```

```
    train_df = data.loc[:p1].iloc[-time_horizon - 1:-1]
    test_df = data.loc[p1:].iloc[:test_horizon]
    cum_val = test_df.cumsum()
    sort_li = cum_val.iloc[-1].sort_values()  # 按照最后的日期的累计和排序
    up_index = sort_li.iloc[-up:].index
    y = [1 if ii in up_index else 0 for ii in test_df.T.index]  # 打标签，累
计收益靠前的股票记为 1，其他记为 0
    X = train_df.T
    last_date = test_df.index[-1]  # 获取测试集最终日期
    return X, y, last_date

while True:

    X1, y1, p1 =
generate_fe(pivot_stock_data,p1,time_horizon,test_horizon,up)
# x：前 10 天的 target，y：后 10 天的累计收益，pf：后 10 天的最后一天
    p1 = p1 + pd.offsets.Day(1)
    if p1 > start_test:
        break
    Xtrain.append(X1)
    ytrain.append(y1)

# 模型训练
Xtrain = np.vstack(Xtrain)
ytrain = np.hstack(ytrain)
model = LGBMClassifier(num_leaves=25, n_estimators=100)
model.fit(Xtrain, ytrain)
# 查看模型训练情况
print(f'训练数据上的 auc 值：
{round(roc_auc_score(ytrain, model.predict_proba(Xtrain)[:,1]),3)}')
……
```

6. 模型选择

　　模型选择涉及 2 个方面：一方面，在构建模型的过程中会涉及一些模型参数，我们要选择当前模型表现最优时的参数组合；另一方面，如果搭建了多个模型，我们就需要选择模拟效果最好的模型作为最终模型。

　　这就需要我们客观、真实地评估自己搭建的模型。对量化模型的评估通常可以从 2 个方面展开：一是可以通过模型在测试集上的表现来评估，回归模型可以采用

均方误差来衡量，分类模型则可使用分类的正确率、召回率、AUC 等指标来衡量；二是可以通过模型构建的策略组合的实际收益情况来进行评价。下面我们将此次分类模型预测股票的平均收益情况与所有股票收益的均值做了对比，可以看出随着时间的推移，预测结果的收益情况较基线收益还是存在较为显著的提升的。

参考代码如下所示：

```python
……python
predict = []
while True:
    X = pivot_stock_data.loc[:start_test].iloc[-time_horizon - 1:-1].T
    future_variation =
pivot_stock_data.loc[start_test:].iloc[:test_horizon]

    # 预测
    pro = pd.Series(model.predict_proba(X)[:, 1], index=X.index)
# 根据排名，计算筛选出优质股票的预估收益
    goods = future_variation.loc[:, pro.sort_values().index[-200:]]
    goods = goods * pd.Series(np.arange(200) / 199 + 1, index=goods.columns)
    predict.append((goods.sum(axis=1)) / 200)

    start_test = future_variation.index[-1] + pd.offsets.Day(1)
    if start_test > pd.to_datetime(end_test):
        break

predict_results = pd.concat(predict)
# 绘图
plt.figure(figsize=(10,5))
plt.plot(benchmark.index, benchmark.cumsum(),color='b',label='基线收益')
plt.plot(test_results.index, test_results.cumsum(),color='g',label='预测
股票累计收益')
plt.legend(loc='upper left')
plt.xlabel('时间')
plt.ylabel('收益')
plt.show()

……
```

如图 4.29 所示，为模型预测累计收益与基线收益的对比情况。

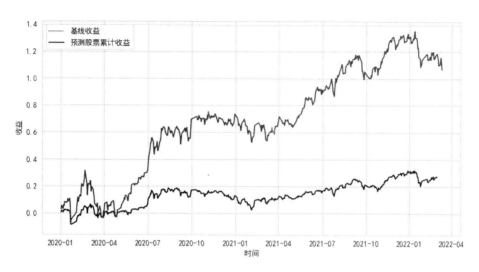

图 4.29　模型预测累计收益与基线收益对比图

4.3.2　无监督学习在量化交易中的应用

在前一小节中，我们介绍了机器学习、监督学习的基本概念，且探讨了监督学习在量化交易领域的具体应用。在这一小节中，我们将聚焦于无监督学习，介绍它与监督学习的区别，并以无监督学习中的常见算法 K-means 聚类为例，研究无监督学习在投资交易领域中的应用。

1. 无监督学习的含义及应用现状

正如前面所说，监督学习最鲜明的一个标志是在模型训练时有明确的标准来监督、调节模型，使模型训练的结果逐渐靠近模拟目标。因此，训练数据集中不光有特征数据，还包含了标签数据。而无监督学习中没有任何的数据标注，只有特征数据本身。它更倾向于从一堆无标签数据中挖掘数据的内在结构，识别不同的数据模式。

举一个简单的例子，假设一位小朋友第一次吃苹果，她可以记住苹果的颜色、味道、形状等信息。当她下次见到苹果时，就能通过之前记忆的信息知道这是苹果，并将其与其他水果区分开。然而，此时的她还无法将自己看到的苹果实物与人们口中的"苹果"一词挂钩，因为她还不知道"苹果"这一标签。这种不存在标签，模型仍然可以自己从数据中学习知识的方式就是无监督学习。

无监督学习在现实中也应用广泛，主要用于解决聚类和降维这两类问题。聚类主要指在探究了数据内部结构后，凭借对数据的了解对其进行分组。例如，现实世界中的很多问题都缺乏能帮助我们进行人工标注的先验知识，或者人工标注的成本太高，无法对庞大数据集中的数据一一进行标签判断。此时就需要一种方法帮我们选出具有代表性的样本，在没有类别信息的基础上将成千上万的样本自动划分为不同的类别，无监督学习就可以帮助我们完成这一工作。类似的应用还包括利用它进行社交网络分析，划分联系紧密的群体，或者用它做用户细分，对顾客进行分组促销，等等。

无监督学习能够对数据进行聚类分组的原因在于它会试图寻找数据潜在的内部分布结构，我们可以理解将其作为无监督学习的根本目标是更多地研究、洞察数据本身。这也意味着我们可以利用无监督学习从原始数据中筛选出有效的基本信息，达到降低数据维度这一目的。通常情况下，剔除冗余信息，将降维后的数据再送入监督学习模型，可以大大提高我们的训练效率。在量化交易机器学习模型的训练过程中，如果遇到入模特征非常多的情况，我们也可以考虑利用降维这一技巧来进行处理。

2. 聚类算法简介

聚类算法可以有效地帮助我们挖掘数据中潜在的数据模式，寻找相似的数据点并将其划分为一组。拓展到量化交易领域，我们可以利用它将股票归类，筛选出最适合投资的股票集合。常见的聚类模型有很多，每个模型都根据自己对相似的定义来划分数据，因此各自适应的场景也有一定的差异。如 K-means 聚类模型衡量的是数据点到质心（聚类中心）的距离，使得它更倾向于寻找高维领域呈圆形、球形或者超球面的类，对数据聚集形态呈层状的狭长数据集并不友好。而层次聚类添加了对数据集间距离的考量，使得它相较于紧凑型的数据集合，更倾向于划分狭长的数据集合。此外，还有基于密度的聚类模型，如 DBSCAN。该方法对有噪声的数据集具有很强的适用性，会将分布相对密集的数据点聚到一起，并将游离在集合之外的数据点标记为噪声。如图 4.30 所示，为不同聚类算法的适用场景。

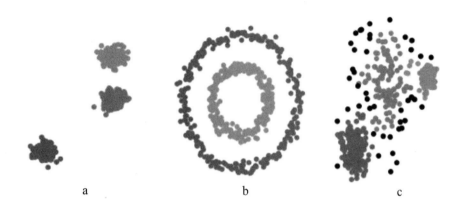

图 4.30　不同聚类算法的适用场景

不同聚类算法适应的数据集不同，但目标都是尽可能划分出具有代表性的数据子集。我们将这些对内具有相似性质、对外具有一定区分度的数据子集称为"簇"。此次主要介绍的是聚类算法中运用最为广泛的 K-means 方法，该方法名称中的 K 为预先设定的簇的数量，means 表达簇中心是通过计算样本点的均值而得来的。下面我们将描述利用该方法构建模型的主要步骤，并使用该方法对股票数据集进行划分，最终筛选出符合我们要求的股票数据集。

K-means 方法可以被简单地概括为分配和优化两步。分配指的是算法先随机选择 K 个数据点作为簇的中心，并根据剩下的数据点到各个簇中心的距离，将它们分配到与之距离最近的簇。然后，逐步对当前的分配进行优化。将分配在当前簇内所有点的均值作为该簇新的中心点，更新簇中心位置，重新计算其余数据点到簇中心的距离，再次将这些数据点分配到当下与之距离最近的簇内。重复优化过程，不断移动簇中心位置到数据集合的中心，调整簇内的数据点，直至所有的簇不再发生变化。

从上述对 K-means 方法的介绍中不难看出，使用 K-means 方法展开聚类工作最重要的第一步就是确定簇的数量，也就是初始化时的 K 值。目前，K 值仍然是通过观察数据集可视化结果或者通过调整 K 值观察聚类算法的表现来确定的。所以，在介绍确定 K 值的方法前，我们有必要先总结一下如何评估一个聚类模型输出结果的好坏。

可以想到，我们希望生成的聚类模型，其簇中的元素彼此一定最相似，而簇间的数据最好不同，这样才能充分地将数据集划分开。因此，我们通常从紧凑型和可分性两个角度来评价搭建的聚类模型。最简单、直接的方法是将数据集可视化，通过观察，判断其效果是否满足我们的需求。而对于无法轻易用可视化查看的数据集，我们可以借助一些指标对其进行定量的判断。若数据集本身存在标签，那么可以运用外部指标，如调整兰德系数、准确度等。但对于大多数不存在标签的数据集，我们往往使用一系列的内部指标，如轮廓系数、误差平方和、紧密度、分割度等。

再回到建模初期如何设置簇的数量 K 的问题，上述介绍的评价指标不光可以帮助我们衡量一个模型的好坏，还可以让我们更加合理地确定未知数据集的聚类数量。K-means 最常用的选择 K 值的方法是手肘法，该方法中用到的最核心的指标就是误差平方和。我们通过不断增加 K 值，观察误差平方和的变化。随着簇的数量（K 值）的增加，样本逐渐被分配到自己邻近的簇内，误差平方和随之减小。当 K 值小于真实簇的数量时，每次增加 K 值，误差平方和的下降幅度都会很大；而当 K 值达到真实簇的数量后，误差平方和的下降幅度会迅速减小。如图 4.31 所示，当我们绘图表示这一变化趋势时，真实 K 值附近会出现一个明显的拐点，整体图形类似手肘的形态，因此该方法被称为手肘法。我们也通过拐点处 K 值的取值来推算真实簇的数量。

除了运用以误差平方和为评判标准的手肘法，我们往往还可以结合轮廓系数进行综合判断。通过误差平方和，我们可以了解每个数据点距离簇的中心有多近，而轮廓系数为我们描述的是数据点相较于其他簇，与自身所在的簇有多相似。轮廓系数取值为 –1 到 1，且越接近 1，数据划分就越合理。因此，使用轮廓系数来确定簇的数量时，应选择系数较大时对应的 K 值。如图 4.32 所示，为轮廓系数确定 K 值示意图。

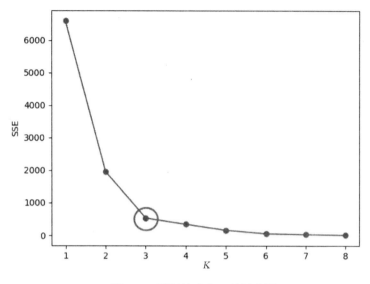

图 4.31　手肘法确定 K 值示意图

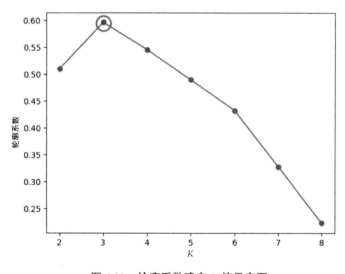

图 4.32　轮廓系数确定 K 值示意图

确定好 K 值大小后，便可以根据离初始簇中心的远近分配数据集内的数据点。然而，现实中还存在一个问题，即初始簇中心的分布通常对聚类模型的效果影响很大。根据初始簇中心不同，聚类的结果就可能不同。当 2 个或多个簇中心被随机初始化到了同一个簇内的时候，往往会因为陷入了局部最优而很难再被更新到其他地方，导致模型最终达不到预期效果。为了避免这一现象，一般会在开始前设置多次的随机初始，计算每次的代价函数，最后选取代价函数最小的结果。

3. 聚类算法在量化交易中的应用

前面我们描述了使用 K-means 方法构建模型的主要步骤，接下来我们将使用该方法对股票数据集进行划分，通过 3 次聚类迭代，最终筛选出符合我们要求的股票数据集。我们获取了 2018 年 1 月前上市的 4057 只股票自 2018 年 1 月 1 日至 2022 年 1 月 1 日的数据，通过计算平均年收益和变化方差来展现每只股票的收益情况。图 4.33 为聚类迭代流程图。

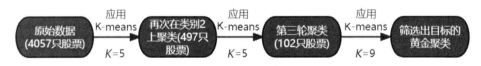

图 4.33　聚类迭代流程图

K-means 方法同样可以通过调用我们前面介绍的 Scikit-Learn 库中的相关 API 接口实现。下面以第一次搭建聚类模型为例，演示中间的迭代过程及相关封装函数。首先，通过手肘法和轮廓系数作图，以此来确定第一轮簇的数量。

参考代码如下所示：

```python
……python
from sklearn.cluster import KMeans
from sklearn import metrics
import matplotlib.pyplot as plt

def plot_cluster(df,feature_li, max_loop=50):
    """
    绘制不同数量簇下聚类的表现情况，用于确定聚类数量
    :param df: 加工好的输入数据
    :param feature_li: 数据中的特征列
    :param max_loop: 最大尝试的簇数量
    """
    X = df[feature_li]
```

```
sse_within_cluster = {}
silhouette_score = {}

for k in range(2, max_loop):
    kmeans = KMeans(n_clusters=k, random_state=10, n_init=10)
    kmeans.fit(X)
    sse_within_cluster[k] = kmeans.inertia_
    silhouette_score[k] = metrics.silhouette_score(X, kmeans.labels_,
random_state=10)

    plt.figure(figsize=(10,6))
    plt.subplot(211)
    plt.plot(list(sse_within_cluster.keys()),
list(sse_within_cluster.values()))
    plt.xlabel("簇的数量")
    plt.ylabel("簇内误差平方和")
    plt.title("K-Means 聚类后的簇内误差平方和")
    plt.xticks([i for i in range(2, max_loop)])

    plt.subplot(212)
    plt.plot(list(silhouette_score.keys()),
list(silhouette_score.values()))
    plt.xlabel("簇的数量")
    plt.ylabel("轮廓系数值")
    plt.title("K-Means 聚类后的轮廓系数值")
    plt.xticks([i for i in range(2, max_loop)])

    plt.subplots_adjust(top=0.92, bottom=0.08, left=0.10, right=0.95,
hspace=0.5, wspace=0.35)
......
```

得到的结果如图 4.34 所示。

从上图中可以看出，当 K 值为 4～5 时，误差平方和开始出现拐点，而轮廓系数在 K 值达到 5 之后猛然下降。所以，我们第一轮选择划分五类。设定簇中心数量后，我们应用该参数进行聚类，并获得聚类后各个类别的平均年收益和平均方差值。

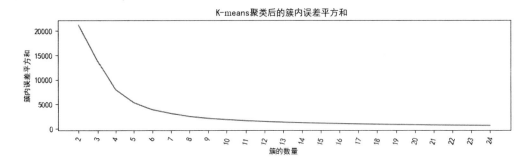

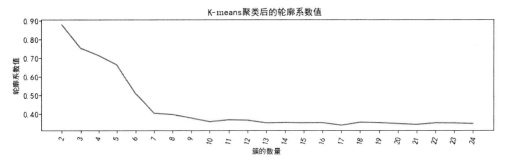

图 4.34　确定 K 值

参考代码如下所示：

```python
……python
def apply_cluster(df, feature_li, clusters=2):
    """
    应用聚类
    :param df:处理好的输入数据
    :param feature_li:特征列
    :param clusters:设置的聚类数量
    :return:最终的聚类结果
    """
    X = df[feature_li]
    kmeans = Kmeans(n_clusters=clusters, random_state=10, n_init=10)
    kmeans.fit(X)
    score = metrics.silhouette_score(X, kmeans.labels_, random_state=10)
    df['cluster'] = kmeans.labels_
    sse_within_cluster = kmeans.inertia_

    print("clustering performance")
    print("--------------------------------")
    print("silhouette score: " + str(score.round(2)))
```

```
    print("sse withing cluster: " + str(round(sse_within_cluster, 2)))

    return df

# 计算聚类后各簇的平均年收益和平均方差值
first_cluster = apply_cluster(df_clean, clusters=5)
first_cluster_out = (
    first_cluster
    .groupby('簇')
    .agg({"平均年收益":"mean", "平均方差值":"mean", "数量":"count"})
    .sort_values('平均年收益')
    .reset_index()
)
first_cluster_out
......
```

得到的结果如图 4.35 所示。

	类别	平均年收益	平均方差值	数量
0	0	-0.052057	0.110124	3458
1	2	0.268566	0.670249	497
2	3	0.589436	2.135372	83
3	1	0.854617	4.850576	18
4	4	1.457441	17.964358	1

图 4.35 第一轮聚类迭代后各簇收益情况

初始划分的 5 个类别中,大部分数据均集中在类别 0 中,该类别整体表现出收益较低、波动小的特性。剩下的类别 1、类别 3、类别 4 总体收益很高,但方差也很大。因此,第二轮聚类我们选择在类别 2 筛选出的数据中展开,继续按照第一轮中的步骤迭代挑选合适的股票子集。得到的结果如图 4.36 所示。

	类别	平均年收益	平均方差值	数量
0	0	0.074322	0.610731	87
1	3	0.205830	0.478270	171
2	2	0.267617	1.036252	89
3	4	0.398588	0.558448	102
4	1	0.569590	1.020996	48

图 4.36　第二轮聚类迭代后各簇收益情况

第二次聚类迭代时，我们根据 K 值绘图分析的结果，仍然选择生成 5 个聚类子集。其中，类别 3 和类别 4 收益可观，方差变化较低。为进一步缩小筛选范围，我们添加夏普比率这一指标作为辅助评判标准。得到的结果如图 4.37 所示。

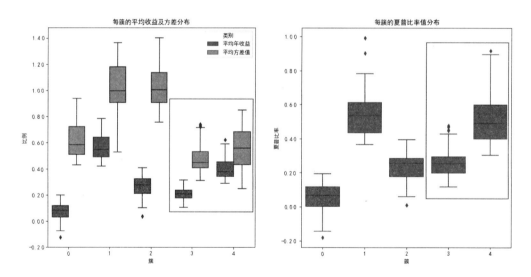

图 4.37　第二轮聚类迭代后各簇收益情况箱形图

在图 4.37 中，类别 3 和类别 4 在左图中表现较为集中，而从右图夏普比率的比较中可以看出，类别 4 较类别 3 表现更为良好。因此，第三轮筛选在类别 4 中展开。得到的结果如图 4.38 和图 4.39 所示。

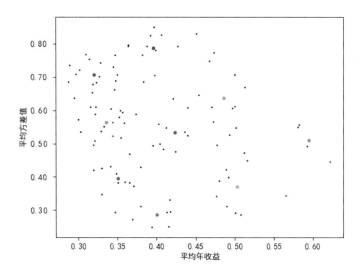

图 4.38 第三轮聚类迭代数据分布

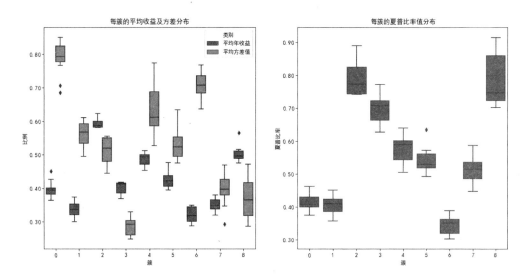

图 4.39 第三轮聚类迭代后各簇收益情况箱形图

在第三轮聚类迭代中共设置了 9 个簇中心，从图 4.38 中可以看出划分后的数据分布情况。聚类完成后，各个类别的表现情况如图 4.39 所示。其中，类别 3 和类别 8 较其他类别而言，在收益相对更高的同时方差值也相对更低，且在夏普比率图上的表现也更为出色。因此，类别 3 和类别 8 中的 17 只股票也就是我们筛选出的"黄金聚类"，可以在此范围内开展进一步的研究工作，为量化交易提供参考。

4.3.3 深度学习在量化交易中的应用

前面我们从监督学习和无监督学习的角度介绍了一些常见的传统机器学习模型在量化交易领域的应用。在标准化的建模流程下，我们使用已经构建的有效特征作为输入，选择合适的模型实现建模目标，预测未来的股票收益。接下来将主要探讨深度学习在量化交易中的应用情况。

深度学习是机器学习领域的一个分支，目前普遍认为近代深度学习是从 2006 年发展起来的。简单来说，我们可以将其理解为一种模拟人类大脑学习数据的算法，主要通过多层人工神经网络堆叠，增加模型深度来提升模型的训练效果，处理更为复杂的现实问题。区别于前面介绍的传统机器学习模型，深度学习模型的结构更为复杂，因此建立模型时需要有大量的数据作为支撑。与此同时，深度学习模型多层的神经网络结构使得数据可以以非线性的形式穿过网络，模型能够自动从这些数据中提取深度特征，获取的内在信息往往比人工经验构造的特征更丰富。在此基础上，深度学习模型对计算资源的要求也相对较高。对传统机器学习模型的训练更为快速，使用 CPU 计算足以完成模型训练过程；而对深度学习模型的训练通常需要 GPU，甚至 TPU 加速。

深度学习可以应用于监督、无监督或者半监督的学习任务中。现实生活中，与图像识别有关的人脸验证、目标检测、图像问答、自动驾驶，自然语言领域的文本分类、摘要提取、智能客服、翻译系统，以及量化领域利用深度学习进行新闻的情感分析，提取舆情因子，捕获市场情绪等都是深度学习实际落地的产物。可以看出，深度学习已经被广泛运用在生活中的各个领域。

深度学习算法的不断迭代发展使其在现实生活中取得了良好的应用效果。目前常用的深度学习算法主要有卷积神经网络、生成对抗网络和循环神经网络等。卷积神经网络最大的特点是多了卷积层和池化层，用来从数据中自动处理、提炼特征。它的主要用途就是我们前文所提到的图像识别和目标检测，可以在有效降低图片维度的同时尽可能保留图片的信息。

在量化领域研究中，有专家学者有效尝试了卷积神经网络在量化领域的应用，将一段时间内的股票因子数据组合成类似二维"图片"的形式送入卷积神经网络，使得其有了学习时间序列的能力。生成对抗网络是一种无监督学习算法，能够自动地发现、学习数据的内在模式，生成类似于原始数据集的新数据。该算法由生成器和判别器两组神经网络构成，其中生成器用来生成尽可能与原始数据相近的假数据，而判别器则用来尽可能地将真实数据与生成的虚假数据区分开，在二者的相互博弈中学习出相当好的模拟数据作为输出。生成对抗网络目前主要用来生成样本数据，合成图像、音乐、文本，转换修复图像，开发动画人物等。相应地，生成对抗网络在量化领域也存在潜在的应用价值，如可以尝试用它来弥补量化交易始终面临的小样本问题，以及合成金融时间序列，预测未来股价走势。

除上面简单介绍的 2 种深度学习算法，常见的还有被广泛应用于序列分析场景的循环神经网络。该算法的优势在于能够更好地处理序列信息，因此也可向量化场景迁移。一般的人工神经网络只能单独处理一个个的输入，即前一个输入和后一个输入之间是完全没有关联的。信息沿着一个方向从输入层经过隐藏层到达输出层，直接通过网络不会经过同一个节点两次。所以，人工神经网络只思考当前的输入，对于时间上接收过的信息是没有记忆的，无法很好地通过历史长期数据预测接下来将要发生什么。而循环神经网络中的信息会进行一个环状循环，当它进行判断时，它会思考当前输入以及历史中接收到的重要信息，这也是它更有利于处理时间序列、文本分析、金融或者天气预测等问题的原因。

随着循环神经网络算法的发展，在传统循环神经网络（RNN）的基础上，目前还衍生出了长短期记忆网络（LSTM）和门控循环单元（GRU）两种网络模型。常规的传统循环神经网络具有短期记忆的特点，当相关信息与当前预测位置间的距离变大时，传统循环神经网络会丧失连接到远距离信息的能力。与此同时，它的网络结构还伴随着梯度爆炸和梯度消失的问题。

为了解决这些问题，人们对传统循环神经网络进行了改进，引入了门单元这一概念，通过门单元决定是否基于信息的重要性对其进行存储、删除。在长短记忆网络中我们有 3 种门，即输入门、遗忘门和输出门。这些门决定是否让信息进入（输入门），是否因为这些信息不重要而将其删除（遗忘门）或者决定是否使其影响当前时刻的结果（输出门）。长短记忆网络通过这一精心的结构设计有效解决了梯度消失的问题，使得模型可以记录长时间段的输入信息，也因此得名长短记忆网络。与长短记忆网络相比，门控循环单元的结构更为精简，仅设置了更新门和重置门，因而当训练数据集很大时，可以在一定程度上节省时间。

在此次的深度学习应用实践中，我们选择使用长短记忆网络搭建回归模型，以前 29 天的历史数据预测第 30 天的股票价格。同样地，深度学习模型的搭建也可以采用一些现有的开源框架，目前常见的有 PyTorch、TensorFlow 等。我们这次使用在 TensorFlow 基础上再次封装的高级 API 模块 Keras 完成模型开发工作，该模块代码更为简洁，易于理解。

获取从 2012 年 1 月 1 日至 2022 年 6 月 1 日的历史数据，将前 80%作为训练集，后 20%作为测试集。以下为标签提取及模型定义部分的示例代码。

```python
……python

from keras.models import Sequential
from keras.layers import LSTM
from keras.layers import Dense, Dropout
from tensorflow.keras.wrappers.scikit_learn import KerasRegressor
from sklearn.model_selection import GridSearchCV
import matplotlib.pyplot as plt

# 已经获取的历史行情数据
prices = pd.read_csv(r"file_name.csv")\
[['ts_code','trade_date','open','high','low','close','vol']]
# 划分数据集
test_split = round(len(prices)*0.1)
df_for_training= prices[:-test_split][features]
print(df_for_training.shape)
df_for_training = df_for_training.dropna(how='any')
print(df_for_training.shape)
df_for_testing= prices[-test_split:][features]
print(df_for_testing.shape)
```

```python
# 对训练、测试数据进行缩放
scaler = MinMaxScaler(feature_range=(0,1))    # 缩放数据
df_for_training_scaled = scaler.fit_transform(df_for_training)
df_for_testing_scaled = scaler.transform(df_for_testing)
# 标签提取
def input_func(data, past_days):
    """
    创建模型训练时的输入数据，划分特征 X 和 Y 值
    :param data: 预测股票的历史行情数据
    :param past_days: 设置用于预测的数据天数
    :return:模型输入的特征及 Y 值
    """
    x_li = []
    y_li = []
    for i in range(past_days,len(data)):
        x_li.append(data[i-past_days:i,:])
        y_li.append(data[i,-2])
    return np.array(x_li), np.array(y_li)
# 生成测试数据
train_X,train_Y=input_func(df_for_training_scaled,30)
test_X,test_Y=input_func(df_for_testing_scaled,30)

# 模型搭建
def build_model(optimizer):
    grid_model = Sequential()
    grid_model.add(LSTM(50,return_sequences=True,input_shape=(30,5)))
    grid_model.add(LSTM(50))
    grid_model.add(Dropout(0.2))
    grid_model.add(Dense(1))
    grid_model.compile(loss='mse',optimizer = optimizer)
return grid_model
grid_model =
KerasRegressor(build_fn=build_model,verbose=1,validation_data=(testX,t
estY))
parameters = {'batch_size' : [16,20],
        'epochs' : [8,10,12],
        'optimizer' : ['adam','Adadelta']}
grid_search = GridSearchCV(estimator = gridsearch_model,
            param_grid = parameters,
            cv = 2)
grid_search = grid_search.fit(train_X,train_Y)
print(grid_search.best_params_)
best_model=grid_search.best_estimator_.model
```

```
prediction=best_model.predict(test_X)

# 对预测结果逆缩放后绘图
plt.plot(original, color = 'red', label = '真实股价')
plt.plot(pred, color = 'blue', label = '预测股价')
plt.title(' 预测股价')
plt.xlabel('时间')
plt.ylabel(' 股票价格')
plt.legend()
plt.show()
……
```

以 300218.SZ 股票为例进行实验，模拟效果如图 4.40 所示。预测股价相较于真实股价存在一定程度的滞后，不过在时间尺度上的总体拟合效果还是可以为我们提供一些参考价值的。

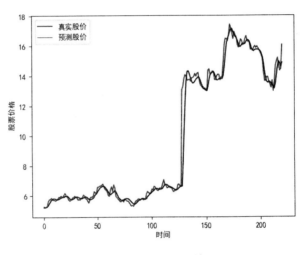

图 4.40　深度学习应用效果图

5

第 5 章
量化交易中的重要问题

5.1　量化交易与哲学问题

5.1.1　哲学与量化交易

哲学是研究普遍的、基本问题的学科，包括存在、知识、价值、理智、心灵、语言等领域。人类研究和建立哲学，就是为了更清楚地看到思想上的"偏见"和"谬误"。

从这个意义上讲，量化交易的建立也是如此：一是为了发现市场上存在的"偏见"；二是通过系统化、自动化的交易方式，避免自己在交易中产生"偏见"。

5.1.2　哲学三问对量化交易的启示

通常人们会通过哲学三问（我是谁、从哪里来、到哪里去）去了解哲学，同样，量化三问（适合什么交易策略、交易策略的逻辑源头、交易策略在现实中的演变）也是每个交易者在开始投资前首先要考虑的问题。

适合什么交易策略：金融市场中之所以有这么多种交易逻辑和模型能共生，是因为并不是每一种方法都适合任何市场状态。因此，在这个复杂的生态系统中，每个人的资金不同、时间不同、心态不同，就注定了需要找到适合自己的方法和策略，这也是哲学上首先要认清自己是谁的问题。

交易策略的逻辑源头：模型对应了市场"偏见"，但"偏见"有时是真的，有时是假象。这就要求投资者认真考量策略的源头，从本质上去认识量化信号的来源，识别哪些可用，哪些可以短期用，哪些根本不可用。

交易策略在现实中的演变：即使市场上真实存在着某种"偏见"，但这种"偏见"也不会每时每刻都存在，就如哲学中所讲的"历史会重演，但绝不会简单地重复"，"真理"通常每隔一段时间就换一个身份存在于市场中，这就更需要研究者具有哲学的思想。

当然，这里并不是要把量化交易神圣化，而是说，学习量化交易本身也是一个思想渐进的过程。

5.1.3   量化交易中的哲学示例："简单"或"复杂"

交易者应当采用简单策略还是复杂策略？这是在很多量化社区中都存在的古老问题，也是一个哲学思考。

在列出简单策略与复杂策略的一系列优缺点之前，有必要概述如何判断每种方法的相对优点。核心问题是每个投资者对于他们试图通过系统交易实现的目标都有一组自己的特定偏好，因此也有一个"目标函数"。

设想有这么三类人：

第一类，拥有很多资金，但可能需要定期提取收益。保住本金并最大限度地减少损失，对这类投资者来说很重要。

第二类，拥有相对较少的资金，只对增加总财富感兴趣。如果可以获取更大的收益，则整体损益权益曲线的波动性可能并不会让这类投资者焦虑。

第三类，觉得开发量化交易策略只是一种智力游戏，他们实际上可能将实现正收益视为自己爱好的"副产品"。

很明显，这三类投资者有许多不同的偏好，而这些与讨论简单和复杂的系统交易策略是相关的。

1. 简单策略

更易于被研究和部署到市场，它们需要不太复杂的数据和基础设施，有些甚至可以手动执行（手工量化者），即使信号本身是自动生成的。

简单策略的优点包括：

①数据优势。更简单的策略通常利用已开发资产类别中的现成价格或数量数据。此类数据的获取成本非常低，甚至是免费的。它们通常体积很小，可以通过易于使用的 API 从许多供应商处直接下载。

②研究方便。有大量的回测环境可以测试"简单"风格的策略，从商业产品（如 TradeStation 或 MetaTrader5）到开源库（如 QSTrader、Backtrader 和 Zipline），更简单的策略通常可以在这些框架中轻松实现。

③成本较低。使用简单的工具估算交易成本相对容易，这反过来又使确定策略是否有可能在样本外获利变得更加直接。

④设备简单。低频执行的技术分析类型策略可以通过相对简单的计算机及网络实现自动化。

⑤容量较好。由于在高流动性市场中使用简单的策略，容量反而不太可能受限。

2. 复杂策略

更体现策略者的智商，而且它们往往拥有更好的夏普比率。也就是说，它们提供了更好的每单位波动率的预期收益。对于希望最大程度地减少损益和波动的投资者来说，这是一个需要考虑的重要指标。

复杂策略的优点包括：

①低相关性。更高级的策略往往与整体市场及由其他交易策略组成的任何现有投资组合的相关性较低，这通常会导致更高的整体投资组合夏普比率。

②盈利能力强。凭借先进的算法，可以合理地估算交易成本。这意味着通常更容易确定策略是否可能在样本外获利。因此，许多糟糕的想法在实盘前就很容易被检测出来。

③统计优势。与更简单的策略相比，复杂策略都会进行统计分析，这样部署策略的样本外性能下降往往较小，可以很好地防止过度拟合。

④高阿尔法。在整个市场中使用复杂策略的人比较少，且通常来说该策略的传播速度较低，因此阿尔法衰减得更慢。

⑤组合优秀。复杂策略通常与投资组合和风险管理等更先进的方法齐头并进，这有助于使投资者的目标与战略绩效保持一致。

使用简单策略虽然更容易实施、测试和交易，但简单性可能会以牺牲统计稳健性和长期盈利能力为代价。当然，复杂策略也存在某些缺点：比如通常需要统计分析、时间序列分析、随机微积分或机器学习方面的知识来处理一些更高级的系统交易方法。

总之，策略是否被认为"简单"，在很大程度上取决于投资者的教育背景和技术能力。与自学成才的量化高手相比，那些拥有数学、物理学博士学位的人对"简单"的定义可能截然不同。在科技发展的今天，散户也能够通过相对便宜的云计算、更廉价的数据供应商，以及开源研究框架进行复杂的分析，这让"简单"与"复杂"之间的界限进一步变得模糊。

总体而言，简单的交易策略更适合多数量化交易者。

5.2　算法交易简介

量化交易实质上包括两层意思，即定量分析+算法交易。

对于**定量分析**，机器学习已成为一种流行的量化分析工具。但是，要记住，机器学习的好坏取决于给定的数据。如果你没有足够的数据，或者数据质量很差，那么你作出的预测就会不准确。

对于**算法交易**，可以这样描述，即用基于简单或复杂数学模型的计算机算法和程序来识别和利用的交易机会。这里的模型，来源于定量分析的结论。

有的人强在定量分析上，而有的人强在算法交易上。前者更侧重金融知识，后者更侧重计算机知识，更难的是如何把它们联系起来。

5.2.1　什么是算法交易

算法交易是指利用电子平台，输入涉及算法的交易指令，以执行预先设定好的交易策略。算法中包含许多变量，包括时间、价格、交易量等。在许多情况下，由"机器人"发出指令，而无须人工干预。

算法交易被广泛应用于投资银行、养老基金、共同基金，以及其他买方机构投资者，以把大额交易分割为许多小额交易来应对市场风险和冲击。

算法交易专注于订单的执行过程，在执行过程中根据数学模型、统计数据、市场实时信息等多方面的信息通过预先设计好的算法进行下单，核心目标是又好又快地完成交易订单。

5.2.2　算法交易的迭代

算法交易与高频交易策略同源，时至今日已经发展到第三代：

* 第一代算法交易，平均买入法。

投资者发现在某一个价格无法实现大单的买入或卖出，于是就创建了平均买入法，即在全部（部分）交易时间内，持续等间隔地买入或卖出。虽然这个方法解决了大单进出市场的问题，但在成交价格上常常无法取得最优。

- 第二代算法交易，反向买入法（下跌买入，上涨卖出）。

为了让大单以更好的价格成交，投资者会在投资方向上进行反向操作。例如，当天计划买入 1000 万元，投资者会设定在价格跌破分时均线时才买入，这样会让成交具有更大的价格优势。虽然这个方法可以取得一定的价格优势，但在极端市场情况下（比如买入价格一直在分时均线之上）很难完成既定的交易。

- 第三代算法交易，量能跟踪法（十档量价、订单流）。

为了更好地兼顾成交量和成交价，投资者更多地开始采用量能跟踪的方法来参与市场。例如，在买入时，通过对十档挂单薄厚的计算，决定以多少价格和多少金额买入。这类方法最终演化成高频交易策略，也是做市商们普遍采用的策略。

5.2.3　算法交易的常用因子简介

算法交易中用到的因子有很多，有些甚至很另类，这里仅列举常用的三类因子。

（1）跨市场因子：在股票市场中，涨跌具有比较高的一致性，个股与指数、个股与板块都有比较强的联动效应，所以我们可以根据它们之间的联动关系来做一些因子。

①大盘上涨的时候，个股没涨，那么之后有可能需要补涨；

②个股相对大盘涨了很多，这个时候大盘下跌了，此时有补跌的可能。

总之，跨市场因子赚取的是跟随大盘的钱。具体可以参考《市场交易策略》（*Intermarket Trading Strategies*）一书。

（2）订单薄因子：主要根据订单薄的不平衡和流动性缺失等信息来描述方向，通常以十档或全档订单为主要观测点。

①订单薄需要注意因子归一化的问题；

②买一档/卖一档、买二档/卖二档之间在流动性缺失的时候可能不是完全对应的。

注意：涨跌停的时候一侧的订单薄价格为 0。

总之，订单薄因子赚取的是跟随大单的钱。具体可以阅读论文"A Stochastic Model for Order Book Dynamics"。

（3）订单因子：主要根据过去的订单成交信息来对价格进行预测。

①短期、中期、长期都具有一定的有效性；

②对于主动成交多、换手率高（活跃）、挂单比较多（流动性好）的股票，订单因子应该更有效。

总之，订单因子赚取的是潜在知情者的钱，具体可以参考《高频交易》一书。

5.2.4　算法交易实战示例

下面以一种常见的做市算法高频策略为例：为流动性较差的品种提供流动性，赚取流动性缺失的利润。如图 5.1 所示，盘口挂单稀疏，流动性缺失，如果挂单在 11.92 和 12.02，两边都成交则可以赚取中间 0.10 的价差。

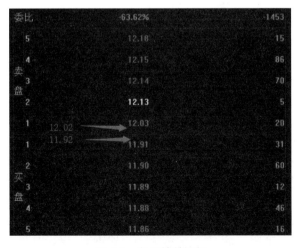

图 5.1　盘口挂单明细

风险：单边成交后价格可能向着不利的方向移动。

技巧方法：以上明显的价差机会通常很难被捕捉到，因此可以利用订单数据来构建一个算法函数，并利用阈值作为方向开关进行短期的方向预测。

公式示例：

OBS=(2*(df["bv1"]–df["av1"])+(df["bv2"]–df["av2"]))/3/(df["av1"]+df["bv1"]+df["av2"]+df["bv2"])。

示例中的公式给一档挂单分配了更高的权重，是为了更好地预测短期买卖方向，如图 5.2 所示。

```
1
2   def calc_factor(df):
3       obs =(2* (df["bv1"]-df["av1"])+(df["bv2"]-df["av2"]))/3/(df["av1"]+df["bv1"]+df["av2"]+df["bv2"])
4       return obs
```

图 5.2　盘口预测买卖方向

5.3　低风险策略的研究方向

5.3.1　什么是低风险策略

任何交易都有风险，但确实有一些交易策略的风险很低。这些策略主要是利用了规则来规避风险，比如可转债的强制赎回制度等。

5.3.2　常用的低风险策略

1. 分级基金策略

分级基金策略是最著名的低风险策略之一，曾经风靡一时。虽然目前已经风光不再，但仍然有必要让投资者了解，因为未来可能还会有类似的机会出现。

分级基金又叫"结构型基金"。通常我们所谈到的分级基金是将母基金产品分为

A、B 两类份额，分别给予不同的收益分配：A 类份额投资者每年获得固定的约定收益；B 类份额投资者在支付了 A 类份额的约定收益后，享受剩余收益或承担剩余风险。

这其实是一个带杠杆的投资工具，是分级基金 A 借钱给分级基金 B 炒股，分级基金 B 给分级基金 A 付利息。为了保障分级基金 A 的本金和利息，分级基金的合同中往往都规定了下折条款，即当分级基金 B 的净值跌到一定程度时，通过下折来恢复杠杆，并付给分级基金 A 一部分本金和利息。

交易策略：分级基金 A 和分级基金 B 的市场交易价格合并为母基金的价格，低于母基金的净值。投资者通过在场内买入同样份数的 A 份额和 B 份额，然后将其合并成母基金，再通过向基金公司赎回母基金，从而赚取差价。

2. 打新策略

打新策略也是一种低风险策略。曾经有段时间，打新并不需要持有股票，这让打新并赚取上市当天的溢价几乎是零风险。

打新策略也叫打新股策略。公司申请上市被批准后，会向市场募集资金，并出售部分股份，个人或投资机构从线上或线下申购这部分新股股权，称为打新股或者新股申购。

申购新股必须在发行日之前办好上海证券交易所或深圳证券交易所的证券账户。从 2015 年起，线下的投资机构与个人都可以在证券交易所申购新股，线上的申购可由本人进行。

交易策略：A 股每年都会有 5%～15%（且呈逐年下降趋势）的打新溢价。分账户打新的收益比较喜人，50 万元左右一个账户是合适的区间。当下打新策略的难点在于对打新底仓的选择。全面注册制实施后，打新策略更强调上市公司的基本面量化，如何评估和衡量一个新上市公司是否存在溢价，将越来越考验投资者的专业能力。

3. 可转债策略

可转债策略也是一种低风险策略。除了可转债，打新几乎是一个零风险的操作。可转债还可以利用平摊的方式来等待股价的异动，其风险大大低于股票，但收益明显高于股票。

可转债是可被债券持有人按照发行时约定的价格转换成公司普通股票的债券。如果债券持有人不想转换，则可以继续持有债券，直到偿还期满时收取本金和利息，或者在流通市场出售变现。如果债券持有人看好发债公司股票的增值潜力，那么可以在宽限期之后行使转换权，按照预定的转换价格将债券转换成为股票，发债公司不得拒绝。该债券利率一般低于普通公司的债券利率，企业发行可转债可以降低筹资成本。可转债持有人还享有在一定条件下将债券回售给发行人的权利，发行人在一定条件下拥有强制赎回债券的权利。

交易策略：摊大饼式的打地鼠策略。即在可转债被低估时（比如 2021 年 1 月）买入溢价低的可转债，等待上涨时卖出；出现强赎条件时，买入低于 100 元的可转债，博弈正股上涨。

4. 商品期货 ETF 策略

商品期货 ETF 策略也是一种低风险策略。其风险低于期货，但波动性与单一品种的期货相比更加平滑，对于交易者而言更加友好。

商品期货 ETF 指使用商品期货合约组合等方式进行申购赎回的交易型开放式指数基金。目前股市中有黄金、有色金属、能源化工和豆粕四类 ETF，可与对应的期货品种实施价差博弈。另外，由于期货市场与股票市场存在跷跷板效应，所以这样的配置也会在组合中降低风险。

交易策略：通常来讲，ETF 的波动要滞后于期货，当价差比较大时，可以进行对冲交易。目前研究这类策略的人比较少，参与的资金也比较少，能源化工 ETF 在 2022 年原油价格的大涨中受益很多，成交量不断放大，更适合与期货股票进行"一揽子交易"。

5. LOF 策略

LOF 策略也是一种低风险策略。目前，国内对冲私募基金中涉及 LOF 策略的收益相当惊人，而且，其回撤几乎可以忽略不计，唯一不足的是品种和规模上的欠缺。

LOF（Listed Open-ended Fund），中文称为"上市型开放式基金"，可以在场内买卖，也可以在场外申购和赎回（在场内也可以申购和赎回）。

LOF 和 ETF 的区别主要有四点：第一，ETF 是指数型的开放式基金，是被动管理型基金；LOF 可能是指数型基金，也可能是主动管理型基金。第二，在申购和赎回时，ETF 投资者付出和得到的是"一揽子股票"（ETF 成分股），而 LOF 投资者付出和得到的都是现金。第三，ETF 申购和赎回时，需要的资金量很大，普通投资者无法参与；而 LOF 申购多是以 1000 元为底线，赎回没有限制。第四，在行情软件里，ETF 的净值是实时更新的，而 LOF 的净值每天只有一个。

交易策略：利用折价和溢价进行套利，也可以进行跨市场套利。

6. 期权备兑策略

期权备兑策略也是一种低风险策略。该策略是期权操作过程中相对比较基本，但非常有效的一种策略，适合各种低风险的投资者。

期权备兑策略收益的最大来源仍是现货的上涨，认购期权卖出只能提供增厚部分的收益，因此运用备兑卖出认购期权策略的前提条件是投资者在卖出期权之前，标的资产不会有较大的下跌。通常情况下，投资者应当选择轻度虚值或平值期权合约。在期权备兑策略减仓之后，若价格高于卖出的认购期权的行权费用，则要接受标的资产被出售、超出行权价格部分的收益无法实现这一现实。

交易策略：在持有股票标的（股指期货多头、股票 ETF 多头）的同时，卖出对应的看涨期权作为增厚收益的来源。这样就可在获得股票收益的同时，还可获得相应的权利金。但相对应地，当价格超过期权行权价的时候，无法获得超出行权价部分的收益。

5.3.3　低风险策略的利与弊

低风险策略十分受市场欢迎，比如常见的对冲交易策略。但由于中国市场限制做空，所以相对来讲低风险策略更多的是利用市场规则来实现相对低风险和相对高收益，比如利用外资持仓警戒线可以酌情进行加减仓操作（将外资持股比例达 26% 视为警戒点，达 28%则暂停外资购买，达 30%会被强制减持，这里不包括因公司回购等导致外资持股被动达到 30%的情况）。

以 2023 年 1 月为例，洽洽食品就被外资买到"上限"了（根据香港证券交易所的公告，因境外投资者持股超过总股本的 28%，自 1 月 3 日起暂停买盘）。当被外资买到上限，下一个预期就是被外资卖出，所以股价会出现短期的头部。

当然，只要市场上存在低风险策略，就会很快被量化团队挖掘出来。一旦策略被大量应用，其溢价就会迅速缩小到无法覆盖其成本。因此，策略迭代和交易执行速度是低风险策略生存的首要条件。

5.4　量化实战策略优化的注意事项

5.4.1　避免过度拟合的方法

对策略的优化很容易掉入过度拟合的陷阱，通常有 5 种方法可以让研究者尽可能地避免过度拟合。

1. 在合理的范围内复杂化或简化模型

大部分研究者在优化模型的过程中，都会增加条件，以增加夏普比率。但增加条件并不是优化模型的唯一方向，降低模型复杂度也是一个可行方向。有的模型过于简单，优化时就要增加条件；而有的模型可能效果很好，其弊端是过于复杂，这就需要降低复杂度。在使用神经网络的过程中，主要的优化方向就是简化，通过移除层或者减少神经元的数量使得网络规模变小，这样就不会让策略陷入过度拟合的陷阱。从经验来讲，7～19 个神经元的效果是最优的。

2. 减少在历史数据上的优化次数

不论是采用传统方法还是使用神经网络的方法进行优化，其本质都是让模型能够抵御历史数据上的扰动（神经网络的说法是梯度降低），从而获得更大的收益风险比。理论上来讲，优化的次数越多，在历史数据上得到的效果越好，但在未来的效果通常会越差（泛化效果越差）。神经网络采用的办法是在训练集和测试集上同步观测目标函数情况（比如收益风险比），直到达到一个均衡即停止。但在模型原理不清晰的情况下，仍然无法规避过度拟合。所以，对于历史数据的优化应当限定一定次数，在神经网络中使用的是早停规则。

3. 使用历史数据增强

不论使用什么样的历史数据，都有其局限性。因此，对训练集中的数据进行修改后再进行优化就成为一种常用方法。在神经网络领域，数据增强指的是扩大数据的规模，也就是增加数据集中数据的数量。目前受欢迎的数据增强技术包括翻转、平移、滚动、缩放、添加噪声等。研究人员采用增加测试数据集的方法来减少过度拟合现象，因为随着数据量的增加，模型无法过度拟合所有样本，所以必须进行泛化处理。比较有名的方法如蒙特卡罗模拟法，传统的方法还包括步进式优化。

4. 使用正则化惩罚机制

正则化是一种降低模型复杂度的方式。它通过在损失函数中添加一个惩罚项来实现正则化。最常见的技术是 L1 和 L2 正则化：L1 惩罚项的目的是使权重绝对值最小化，L2 惩罚项的目的是使权重的平方最小化。传统交易者会对重要的 K 线进行标识（比如涨跌幅），从而以此为标准判断走势。只是它的逻辑比较模糊，1000 个交易者很可能会有 1001 种标识方法。

5. 使用丢弃法检验模型

传统的交易者通常会丢弃一些条件，以观测策略的效果，俗称压力测试。这种方法在神经网络中叫丢弃法，是一种避免神经网络过度拟合的正则化技术。像 L1 和 L2 这样的正则化技术，是通过修改代价函数来减少过度拟合的；而丢弃法则是在训练的每一次迭代过程中，随机地丢弃神经网络中的神经元，这就等同于训练不同的神经网络。不同的神经网络会以不同的方式发生过度拟合，所以丢弃的净效应将会减少过度拟合的发生。

5.4.2　特别关注对出场条件的优化

投资市场上有一句老话："会买的是徒弟，会卖的才是师父。"这说明对出场细节的处理上更考验研究者的水平。对于出场条件的优化，重点可以从以下 4 个维度进行思考。

（1）**自身维度**：用出场条件进行参数优化，选取数据集和测试集时应当注意，要包含至少一个完整的波动周期（即上涨，下跌，横盘整理）。

（2）**周边维度**：比如排序法，即在"一揽子股票"中按阶段涨跌幅度出场。

（3）**现金维度**：用无风险利率（银行月末）及低风险收益来进行平衡。

（4）**当下维度**：最近的市场状态代表了主力资金的投资偏好，是有惯性的。

关于出场的方法一共五类 21 种，本书在 3.2 节进行了详细论述，研究者可以自行对照优化。

5.4.3　关于优化的几点说明

当每次交易有损失的时候，投资者常常会质疑自己的交易规则和策略；当投资者处于一个连续的无盈利时期，也会有进一步优化的冲动。但在优化前，先要想清楚以下这 5 个问题。

（1）当前的投资品种是否适合当前的策略，而非策略本身需要优化。不同的投资品种都有其特定的规则，在开始优化策略前，先要研究明白那些市场规则。

（2）在趋势市场中是否用了非趋势策略。很多投资者会利用市场的发展趋势来制定策略。但是不同时期会有多种趋势出现，投资者应该注意哪些策略是与当前趋势相关的。这种情况下可能不是策略本身有问题，而是投资者的选择有问题。

（3）进场和出场规则是否在某些方面经过了充分验证，或者这些规则是否建立在不可行的假设之上。例如，在涨跌停时选择进出场，很可能在实际交易过程中无法执行。

（4）策略是参考了所有的信号来交易，还是只参考了其中某些特定的信号。如果交易时并没有参考所有的信号，那么这将可能大幅影响策略的整体收益。投资者应当确认漏掉的交易信号是否真的能让自己有利可图，如果是的话，就应该把这些信号加入交易条件。

（5）问题是否出在资金管理上。交易最重要的一个方面就是资金管理。每笔交易都应做到对投资者来说风险最小，理想的损失每次最好不要超过投资者总本金的1%。当然，有的时候也可能只是交易成本的问题。例如，账户每次交易的手续费过高，就需要换一个收费较少的证券公司。

5.5　GPT 在量化交易中的应用

2022 年 11 月 30 日，OpenAI 公司推出了全新的对话式通用人工智能工具——ChatGPT。它表现出了令人惊艳的语言理解、生成知识及推理能力，可以很好地理解用户意图，做到有效的多轮沟通，回答的内容完整全面且逻辑清晰。

5.5.1　ChatGPT 的诞生是一次世界级的技术革命

ChatGPT 上线 5 天后，其活跃用户数量高达 100 万人，2 个月后达 1 亿人，已经成为历史上用户数量增长最快的应用程序。除了被广大用户追捧，ChatGPT 还受到了各国政府、企业界、学术界的广泛关注，使人们看到了解决自然语言处理这一人工智能核心问题的有效路径。它的出现不仅会给搜索引擎带来巨大的挑战，还将取代很多人的工作，更将颠覆很多领域和行业，其中也包括量化交易领域。

5.5.2　从 4 个维度理解 GPT 系列大模型

对于普通人而言，可以从以下 4 个维度理解 GPT 系列大模型：

首先是模型的规模。GPT 是目前规模最大的语言模型之一，GPT 3.5 含有 1750 亿个参数。这意味着该模型可以处理庞大复杂的数据集，并在许多自然语言处理任务中提供精确的结果。

其次是模型的应用场景。GPT 系列大模型是生成式语言模型，可以让机器自动生成与输入相关的内容。这种模型可被用于完成对话、翻译等自然语言处理任务，非常适合人机交互。

再者是模型的机理。GPT 系列大模型采用了深度学习算法中的转换器，这种算法以人工智能的方式理解和生成自然语言。通过对大量人类语言数据集的学习，GPT 系列大模型可以从中自动发现语言的规律，进而提高自己的性能。

最后，对于普通人而言，GPT 系列大模型的意义在于，它们可以实现更自然、更人性化的人机交互，从而更好地服务于人类社会。例如，它们可以作为搜索引擎、聊天机器人等应用场景的核心模型，为人们提供更便捷和高效的服务。

目前，除了 ChatGPT，还有微软公司的 New Bing 等，这些大模型功能也很强大。同时，国内公司，比如 360、科大讯飞等也已经上线了很多版本的 GPT。

5.5.3　GPT 可以帮助投资者更快速地入门量化交易

GPT 作为一个通用型的人工智能模型，给既不会编程也不懂交易的投资者提供了一条很好的学习路径。下面是与 GPT 对话的量化交易策略编写示例，共分成三步：

第一步，让 GPT 总结一下巴菲特的投资逻辑（如果不懂投资逻辑）；

第二步，让它将上述投资逻辑写成 Python 代码（如果不懂 Python 编程）；

第三步，让它帮助添加一个筛选条件，并将其写入之前的代码（如果想加入一个条件）。

5.5.4　GPT 在量化交易中的具体应用示例

1. 示例 1

如图 5.3 所示，为利用 GPT 回答问题 1 的演示界面。

图 5.3　GPT 在量化交易中的应用一

　　具体提问 1：请以投资专家的身份，总结一下巴菲特的投资逻辑。

　　GPT 回答 1：作为一名投资专家，我认为巴菲特的投资逻辑可以被总结为以下几点。

　　①寻找具有持久竞争优势的优质企业：这是巴菲特投资中最核心的逻辑。他强调要投资具有"护城河"优势的企业，这些企业拥有独特的品牌、技术、规模经济和管理团队等优势，能够使其在激烈的市场竞争中脱颖而出，持续创造高额利润。

　　②坚守价值投资原则：巴菲特强调以低于真实价值的价格买入股票，重视投资的安全边际原则。他认为，价值投资就是在股票的价格明显低于其实际价值时才购买。这样可以在市场波动时降低投资风险，并增加长期投资收益。

　　③长期投资理念：巴菲特主张长期投资，他认为投资要有耐心，以持

有股票的时间换取企业的成长。只有长期持有优质企业，才能不断积累并充分享受到企业价值增长带来的财富效应。

④研究是基础的投资方法：巴菲特是一个勤奋的研究者，他花费大量时间去阅读公司的财务报表、产业报告等材料并进行详细的分析。通过对企业的深入了解，他可以挖掘出具有潜力的优质投资机会。

⑤独立思考：巴菲特强调独立思考，避免盲目跟风。他认为投资者应该根据自己的理解和判断来进行投资决策，而不是受到市场情绪和他人意见的影响。

⑥专注并且谨慎：巴菲特是一个专注于投资的人，并在投资过程中保持谨慎。他认为投资最重要的是坚守自己的投资原则和风格，具有自律性，并始终关注风险管理。

综上所述，巴菲特的投资逻辑在于寻找具有持久竞争优势的优质企业，采用价值投资原则，强调长期投资，重视研究和独立思考，并在投资中保持专注和谨慎。因此，投资者若要学习巴菲特的投资智慧，就需要具备深入的研究功底、独立的投资思考能力，以及长期寻找并坚定持有优质企业的信念。

2. 示例 2

如图 5.4 所示，为利用 GPT 回答问题 2 的演示界面。

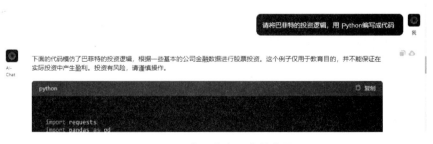

图 5.4　GPT 在量化交易中的应用二

　　具体提问 2：请将巴菲特的投资逻辑，用 Python 编写成代码。

　　GPT 回答 2：下面的代码模仿了巴菲特的投资逻辑，根据一些基本的公司金融数据进行股票投资。这个例子仅用于教育目的，并不能保证在实际投资中产生盈利。投资有风险，请谨慎操作。

```
import requests
import pandas as pd
# 股票相关信息获取 API
API_URL=相应的 API 接口地址
#设置 API 调用的私有密钥
API_KEY = "your_api_key_here"
def get_stock_data(ticker):
financial_ratios_url=f"{API_URL}ratios/{ticker}?apikey={API_KEY}"
income_statement_url=f"{API_URL}financials/income-statement/{ticker}?a
pikey={API_KEY}"
balance_sheet_url=f"{API_URL}financials/balance-sheet/{ticker}?apikey=
{API_KEY}"

financial_ratios=requests.get(financial_ratios_url).json()[0]
income_statement=requests.get(income_statement_url).json()['financials
'][0]
balance_sheet=equests.get(balance_sheet_url).json()['financials'][0]
Return{**financial_ratios,**income_statement, *balance_sheet}
def filter_stocks(stock_list):
buffett_stocks = []
for ticker in stock_list: data = get_stock_data(ticker)
    # 巴菲特投资逻辑的基本要求
criteria1 = float(data['ROE']) > 15
criteria2 = float(data['Debt to Equity']) < 0.5
criteria3 = float(data['Net Income']) > 0
criteria4 = float(data['Current ratio']) > 1
If criteria1 and criteria2 and criteria3 and criteria4:
buffett_stocks.append(ticker)
return buffett_stocks
stock_list = ["AAPL", "MSFT", "GOOGL", "AMZN", "FB", "TSLA", "BRK-A"]
buffett_stocks = filter_stocks(stock_list)
print("满足巴菲特投资逻辑的股票:", buffett_stocks)
```

　　请注意，你需要在 https://financialmodelingprep.com 上注册一个账户并获得一个私有的 API_KEY。在上述代码中，将其替换为 your_api_key_here。

这个脚本使用了一个简化的巴菲特投资逻辑，基于以下 4 个标准：

①净资产收益率（ROE）超过 15%；

②负债和股东权益比率（Debt to Equity）小于 0.50；

③净收入（Net Income）大于 0；

④流动比率（Current Ratio）大于 1。

根据这个逻辑，我们检查了 7 个示例股票（包括苹果公司、微软公司、谷歌公司等的股票），并打印出满足这些条件的股票。

3. 示例 3

如图 5.5 所示，为利用 GPT 回答问题 3 的演示界面。

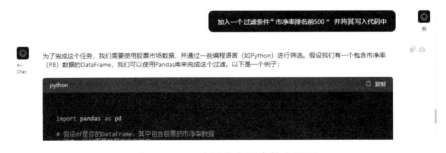

图 5.5　GPT 在量化交易中的应用三

具体提问 3：加入一个过滤条件"市净率排名前 500"，并将其写入代码中。

GPT 回答 3：为了完成这个任务，我们需要使用股票市场数据，并通过一些编程语言（如 Python）进行筛选。假设我们有一个包含市净率（PB）数据的 DataFrame，我们可以使用 Pandas 库来完成这个过滤。以下是一个例子：

```
import pandas as pd
# 假设 df 是你的 DataFrame，其中包含股票的市净率数据
# 首先，我们需要按照市净率排序
df = df.sort_values('PB', ascending=True)
# 然后，我们可以取前 500 的数据
top_500 = df.iloc[:500]
```

在这个例子中，我们首先对市净率（PB）进行排序，然后选取前 500 的数据。这将给你一个新的 DataFrame，其中包含市净率排名前 500 的数据。

请注意，以上代码假设你已经有了一个包含股票市净率数据的 DataFrame。实际上，你可能需要从某个股票市场数据源获取这些数据，然后将其转化为 DataFrame。这可能需要使用到一些数据抓取工具和 API。

另外，如果你想在一个特定的时间段内进行筛选，你可能需要额外的代码来处理时间相关的问题。例如，你可能需要将日期转化为正确的格式，然后在筛选时使用这个日期。

当然在此基础上，你也可以加入第四步、第五步……例如，让它加上中文注释（如果你读不懂代码），或者让它将这个 Python 策略改写成 Java 语言版（如果你不懂 Python，只懂 Java 语言）。

5.5.5　GPT 在资产配置量化交易策略的具体应用示例

第 2.2 节提到过风险评估模型，可以通过 GPT 帮我们进一步计算。

如图 5.6 所示，利用 GPT 在资产配置策略的风险平价模型的演示界面。

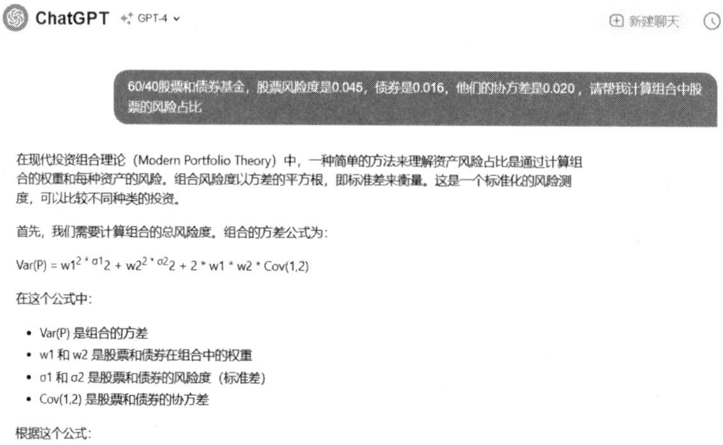

图 5.6　GPT 在资产配置策略的风险平价模型

具体提问 1：60/40 股票和债券基金，股票风险度是 0.045，债券是 0.016，他们的协方差是 0.020，请帮我计算组合中股票的风险占比。

GPT 回答 1：在现代投资组合理论（Modern Portfolio Theory）中，一种简单的方法来理解资产风险占比是通过计算组合的权重和每种资产的风险。组合风险度以方差的平方根，即标准差来衡量。这是一个标准化的风险测度，可以比较不同种类的投资。

首先，我们需要计算组合的总风险度。组合的方差公式为：

$$Var(P) = w1^2 * \sigma1^2 + w2^2 * \sigma2^2 + 2 * w1 * w2 * Cov(1,2)$$

在这个公式中：

- $Var(P)$ 是组合的方差；

- w1 和 w2 是股票和债券在组合中的权重；

- $\sigma1$ 和 $\sigma2$ 是股票和债券的风险度（标准差）；

- $Cov(1,2)$ 是股票和债券的协方差。

根据这个公式：

组合风险 = sqrt((w1^2 × σ1^2) + (w2^2 ×σ2^2) + (2 × w1 × w2 × 协方差 12))。

其中，w1 为股票权重，w2 为债券权重，σ1 为股票风险，σ2 为债券风险。

将给定数据代入公式：

组合风险 = sqrt((0.3997^2 × 0.045^2) + (0.6003^2 × 0.0162^2) + (2 × 0.3997 × 0.6003 × 0.0002))，

组合风险 = sqrt((0.1596 × 0.002025) + (0.36036 × 0.00026244) + (0.00004796))，

组合风险 = sqrt(0.0003234 + 0.000094552 + 0.00004796)，

组合风险 = sqrt(0.000465912)，

组合风险 = 0.02158 (保留 5 位小数)。

股票风险贡献 = w1×σ1/组合风险 = 0.3997 × 0.045 /0.02158 = 0.08333 (保留 5 位小数)。

债券风险贡献 = w2 × σ2/组合风险 = 0.6003 × 0.0162/ 0.02158 = 0.04516 (保留 5 位小数)。

综上，组合风险为 2.16%，其中股票风险贡献为 8.33%，债券风险贡献为 4.52%。

需要注意的是：GPT 在一些细节方面还有待完善，可能不同接口端输出的结果不一样，重在通过 GPT 实现目标任务框架的搭建，提高工作效率。

后记

感谢"量化漫步"团队的付出与贡献

本书的成功出版，离不开"量化漫步"团队的辛苦付出与贡献，他们为这本书贡献了自己的知识、时间与精力。在获得授权的情况下，本书采纳了他们很多的成果。

特别感谢"量化漫步"团队的每一位成员，他们分别是：

卢洪波，负责量化交易策略的制定、分析与优化，世界经济学博士，全球特许金融科技师，金融交易师，就职于国内某资产管理公司，负责量化交易策略的分析与优化，先后从事过期货、股票等各市场交易，形成了一套胜率较高的量化交易系统。

经伟，专注于 FoF 策略、米伦坎普量化交易策略等的代码实现，系统架构师。毕业于四川大学，高级工程师，曾就职央企，从事信息技术工作，参与过重点信息工程项目，长期从事数据分析、系统架构设计工作。

王舸洋，专注于资产配置量化交易策略、高频交易策略等的代码实现，解决方案架构师。着力于大数据平台、信息化系统的设计与落地。创业者，有多年 BA、BI、DA 经验。

甘勇，专注于彼得·林奇多因子量化交易策略、阿尔法因子建模等的代码实现，全栈工程师。

孔玲芝，专注于算法模型实战案例策略编写与代码实现，数据分析师。中国海洋大学地球物理专业硕士，现就职于金融行业的大数据智能风控公司，任数据分析师一职。

王昕，专注于基本面量化交易策略的编写与代码实现，系统架构师。曾任职于国际咨询公司，拥有 10 多年系统架构设计经验、长期从事数据挖掘分析、企业数字化转型工作。

谢伟杰，专注于因子建模策略编写，金融分析师。毕业于中山大学，持有 CFA、FRM、CQF 证书，曾在国内外银行、保险机构及基金公司任职，具有 10 多年投资资产管理和风险管理的实战经验，擅长量化因子的设计、分析和挖掘。

梁磊，专注于阿尔法量化交易策略的编写，数据分析师。先后担任国有大行金融科技系统架构师、高级数据分析师等职位，拥有 10 多年金融业数据挖掘分析、系统架构设计、数字化转型的实战经验。

陈章念，专注于贝塔量化交易策略的编写，金融分析师。任职于国内头部大数据上市公司，担任资深 AI 架构师。负责为多家中大型商业银行、券商机构的金融系统实现 AI 赋能。

王光伟，专注于打板策略的编写，创业者。拥有 10 多年商业 BI、数据挖掘建模和业务数字化的实战经验，其编写的打板量化交易策略与埋伏跟庄策略，挖掘出众多热点板块龙头股、妖股、连板股。

还要感谢一路支持我的朋友，如果没有这些朋友的帮助，这本书很难有这么好的品相。值新书发布之际，我对这些朋友表示真诚的感谢。

附录 A
进入量化行业的面试指南

国内量化行业目前仍处于发展阶段，2022 年上半年百亿级量化私募基金就继续扩容至 37 家。与之而来的是，国内量化相关行业管理规模和管理人数的快速增长。在当前互联网环境下行的大趋势下，金融科技产业，特别是其中的量化行业吸引着大量计算机、理工科相关专业人才的目光。国内的量化行业岗位多集中于公募基金、私募基金、券商（量化研究部和金融工程研究部），还包含一些大型的金融软件公司。面对众多机会，想投身或转行进入量化行业的人们应如何进行面试准备，成功把握时机呢？

要合理进行面试准备，首先需要充分了解量化行业的相关岗位，选择适合自己的目标岗位，随后有针对性、有侧重地学习与之相匹配的技能，发挥自身优势，弥补略有欠缺的地方。虽然岗位介绍中的招聘职位可能都是量化交易策略开发，但依据具体的工作内容细分下来，可以将岗位大致划分为以下 4 个类别，实际的岗位要求也各有侧重。

（1）量化交易策略研发：通常要求统计学基础良好，对量化相关的金融知识有一定要求。

（2）量化模型算法研发：通常要求应聘者具备一定的数据挖掘、模型算法搭建背景，相关的数学专业、工程专业、物理专业的人才均符合要求。

（3）**量化系统研发**：一般要求计算机专业或者计算机能力强的应聘者，拥有相关软件、系统开发经历更佳。

（4）**量化相关的销售岗位**：了解量化和衍生品的概念和卖点，要求具有较强的沟通和销售能力，与此同时最好可以通识了解量化金融知识及公司内研发产品的技术亮点。

根据量化岗位的不同，面试官往往根据岗位的实际工作要求来考核应聘者。应聘者在求职面试的过程中，首先要选择自己喜欢且更为擅长的岗位，在此基础上根据岗位能力要求来进行充分的面试准备。通常情况下，面试官考核的内容包括以下 6 个方面。

（1）**对统计学知识的考核**：对于与量化交易策略、算法相关的研发岗位，统计学往往是研发深度的基石。此环节多是对条件概率、数据分布、期望值计算、假设检验等概念的考核，考核方式以选择题、计算题为主。面试者在准备过程中可参考李航老师的《统计学习方法》，系统性地学习、回顾相关的统计学知识。

（2）**对基础数学知识的考核**：主要考核一些基本的数学知识、递推计算等，通常会在笔试中以等比、等差数列的计算形式出现，考查应聘者对数字的敏感程度。

（3）**对编程能力的考核**：主要查看面试者以往的项目经历，综合评价与实际开发岗位的契合度。考核内容根据具体岗位的不同略有差异，线上笔试多以编程实操，或者网络协议、数据结构、操作系统等相关基础理论为主。面试者可以根据应聘岗位，结合之前应聘者给出的建议进行前期的准备工作。网络上也有专门的编程刷题网站，如大家经常使用的 LeetCode、牛客网等，可以在上面查看可能的出题形式，进行线上编程练习。

（4）**对数据挖掘、分析能力的考核**：考核面试者的建模能力，将实际的业务问题转化为具体的数学模型。涉及模型搭建、调优的基本流程，以及相关模型的理论基础、应用场景等。

（5）**对金融知识的考核**：根据面试者的金融背景进行考核，深度、广度不限。

初入量化行业的面试者可根据自身情况及面试的岗位进行准备，了解股票、期货、债券的基本含义，基础的技术指标及常用策略等。

（6）对性格素质的考核：关于性格素质方面的考核，根据面试岗位及其所属团队的文化氛围的差异，可能对应聘者有不同的期待。通常而言，主要考核面试者在面试过程中表现出来的逻辑思维能力、职业道德与操守。除此之外，有的面试官可能会关注面试者对市场的洞察力与关注情况、遇到问题的钻研程度、团队协调能力等。如果面试的是管理岗位，则可能更多关注面试者在工程项目开发中的统筹管理能力。面试时根据自身性格真实表现即可，落落大方的状态可能更能赢得面试官的青睐。

以上为梳理总结的量化面试中出现概率较高的六大类考核。看到这里的求职者也不必过多紧张，在实际的面试过程中，面试官往往会根据面试岗位的要求选取其中几项必需的技能进行考核。例如，如果我们想进入量化行业从事数据开发的工作，那么面试官可能更多地会考查我们对数据仓库、数据集市建设的理解及与之相关的工作经历。熟悉金融量化的基础知识，懂得策略开发的流程及应用场景将会更加有利于我们在底层数据加工、建设时梳理库表结构，提高数据应用层的使用效率。面试前我们更有针对性地进行这两方面的准备即可。

另外，一些相关工作经验较少的求职者或者应届生，也不必过多地拘泥于以往简单的项目履历。可以在前期的准备过程中，花点时间参加一些线上的量化比赛或者网络项目开发，撰写自己的技术博客，展现自己平常积累的经验，提高自己的竞争力。所谓"不积跬步，无以至千里"，从最小的事情做起，日积月累的诚意也可以打动面试官，获得你想要的工作机会。

最后，我也想鼓励那些目前正在寻找机会、想要改变的求职者，不必等到考取了一些金融行业的资质证书后再来进行面试准备，可根据自己要应聘的岗位的要求和实际的时间安排来做规划。如果时间充裕，就可以根据以往的知识积累来做应试准备。如果岗位对证书的要求不高，就可以连同其他要考核的内容一起，一边做各项准备，一边多多参加面试。

　　面试官不光是这场面试的考核者，他更有可能是大家以后的同事，或者是步入这个行业后的领路人，和面试官多多交流可以帮助大家更全面地了解这个行业，更清晰地了解我们要努力的方向。在实际面试的过程中，我们可能在刚开始尝试的时候也会遇到很多困难，遭遇很多次拒绝。但只要不急不躁、永不气馁，我们就总能从失败的过往中汲取经验，帮助自己更好、更快地成长。最后，希望大家都可以找到心仪的工作，在事业发展的道路上蒸蒸日上！

附录 B
量化交易常用参考书与网站指南

很多刚踏入量化交易领域的人在实践初期可能会感到不知所措。例如，一些已经具备一定金融量化基础，形成了初步策略思路的人可能会不知如何使用 Python 来开发自己的策略。而很多已经掌握 Python 编程基础的人，可能不知道如何在量化交易场景中用好这个工具。

因此，在这一小节中我们将针对这两种情况，向大家介绍量化交易领域中常用的一些参考书及网站，希望能够在繁杂的网络信息里帮助大家减少信息搜集的工作，更快速、精准地开启量化实践之路。

B.1 Python 环境搭建

首先，Python 作为当前大家进行量化开发的主流编程工具，它具有良好的数据处理、模型搭建及可视化的功能，且拥有大量已经开发好的优秀库函数，我们可以通过简单的调用实现想要的功能。要想使用 Python 进行量化开发，我们首先需要搭建好一个合适的环境。

通常情况下，我们可以选择直接安装 Python。在 Python 官网获取所需的安装包，下载后在本地完成配置，此时本地已实现了 Python 代码编辑的基本运行环境。或者可以选择下载安装 Anaconda，它是集成了 Python、Python 库及相关依赖的数据科学开发工具，内置了数百个数据分析经常会使用的库函数。量化交易中常用的关键库函数在其中已基本涵盖，无须后续自己进行更多的环境管理、模块版本匹配工作，更适合进行量化交易策略的开发。用网络上常用的比喻来理解的话，Anaconda 和 Python 相当于汽车和发动机，安装 Anaconda 相当于买了一辆车，无须自己安装发动机和其他的零配件；而 Python 更像是发动机，提供了 Anaconda 的工作内核。

不论是选择安装 Python 还是 Anaconda，安装完成后我们在本地就已具备了运行 Python 语言的能力，但此时更多的还是使用 Python 自带的编辑界面 Idle。为了更好地实现代码开发，人们普遍在此基础上使用 Jupyter Notebook 或者 PyCharm 编辑器来编写、修改代码，查看代码运行效果。Jupyter Notebook 是以网页的形式打开的，可以在网页页面中直接编写、运行代码，配置方式相对简单，且 Linux 机器上也可以搭建 Jupyter Notebook 服务器。PyCharm 则在代码调试、项目管理方面存在明显的优势，是 Python 开发者另一常用的编辑器，而且官方提供的免费社区版本足以支持绝大多数开发者的应用需求。

B.2　Python 入门

搭建好量化代码开发的基础环境后，对于尚未接触过 Python 编程的读者，我们总结梳理了一些基础的入门参考资料。这部分内容大多来源于众多 Python 开发者入门时的经验之谈，大家可以在此基础上根据自己的学习习惯进行适合自己的学习规划。

Python 基础包括廖雪峰官方网站、菜鸟教程、W3Schools、《Python 编程：从入门到实践》（Eric Matthes）、《Python 数据分析基础》（Clinton W. Brownley）、*Python for Finance*（Yves Hilpisch）等学习资源。

数据分析常用库函数的学习资源包括 Pandas 中文参考文档（数据分析）、NumPy

中文参考文档（数据分析）、Matplotlib 中文参考文档（可视化绘图）、Scikit-Learn 中文社区（机器学习）、PyPI（Python 第三方库函数仓库）等。

B.3　量化交易策略研发

具备了基础的 Python 编程能力后，我们就可以使用它来进行量化交易策略的研发。一个完整的量化交易策略搭建过程，需要从数据采集、数据加工这一环节做起，利用加工好后的数据进行策略开发，最后对开发好的策略进行回测，查看策略的表现情况。

关于数据采集的学习资源将在下一小节进行详细的介绍，这一小节将聚焦于对金融量化相关的技术指标加工、常用量化平台及量化交易入门图书的介绍，希望大家在初次尝试研发自己的策略时，可以在这些平台或图书中获取更多的有用信息。

在数据加工这一环节，除了前面介绍的 Pandas 和 NumPy，我们还可以使用 TA-Lib、Pandas TA 和 TA 库进行更多的量化技术指标加工，每个库内都包含了丰富的技术指标加工函数及时间序列处理函数。

在策略研发阶段，我们可以在国内的量化平台中查看其最新的量化研究报告及相关资讯，获取开发策略的灵感和思路。国内常用的量化平台有聚宽、万矿、RiceQuan、掘金量化、果仁网、同花顺量化、优矿、经管之家、知乎-量化等，以及金融领域三大顶级期刊：*The Journal of Finance*、*Journal of Financial Economics* 和 *The Review of Financial Studies*。

量化交易策略构建完毕，我们还需要对其进行最后的回测。Zipline、Backtrader 和 PyAlgoTrade 等回测框架可供大家参考学习。

以上是按照量化交易策略开发的关键环节总结的学习资源，希望会对大家有所帮助。

附录 C
量化交易常用的数据接口

C.1 股票

1. 聚宽

（1）实时行情数据

1）get_current_data()：

获取当前单位时间（当天/当前分钟）的涨跌停价、是否停牌、当天的开盘价等。

返回值：字典，key：股票代码、valueh 是用于如下属性的对象：

- last_price：最新价。

- high_limit：涨停价。

- low_limit：跌停价。

- paused：是否停止或者暂停交易，当停牌、未上市或者退市后返回 True。

- is_st：是否是 ST（包括 ST、*ST），是则返回 True，否则返回 False。

- day_open：当天开盘价。

- name：股票现在的名称，可以用这个来判断股票当天是否是 ST、*ST，是否快要退市。

- industry_code：股票现在所属行业的代码。

2）get_price ()：

```
get_price(security,start_date=None,end_date=None,frequency='daily',
fields=None,skip_paused=False,fq='pre',count=None,panel=True,fill_paus
ed=True)
```

获取历史数据，可查询多个标的的多个数据字段，返回 DataFrame。函数 get_price 参数解析如表 C.1 所示。

表 C.1　函数 get_price 参数说明

名　　称	说　　明
security	一只股票的代码或者一个股票代码的 list
count	与 start_date 二选一，不可同时使用数量，返回的结果集的行数，即表示获取 end_date 之前几个 frequency 的数据
start_date	与 count 二选一，不可同时使用字符串或者 datetime.datetime/datetime.date 对象，开始时间
end_date	结束时间
frequency	单位时间长度

该接口也可以获取当前行情数据，security 可以是一只股票的代码或者一个股票代码的 list，返回 dataframe 对象或者 Pandas 的 Panel 对象。在 end_date=context.current_dt 时，可以获得当前行情数据，详情参考聚宽官网的 API 文档。

（2）历史数据

1）attribute_history ()：

```
attribute_history(security,count,unit='1d',fields=['open','close',
'high','low','volume','money'],skip_paused=True,df=True,fq='pre')
```

查看某一只股票的历史数据，可以选这只股票的多个属性，默认跳过停牌日期。取当天数据时，不包括当天的，即使是在收盘后。security 为股票代码，unit 为时间长度，几天或者几分钟，现在支持 'Xd'、'Xm'，X 是一个正整数，分别表示 X 天和

X 分钟（不论是按天还是按分钟，回测都能拿到这 2 种单位的数据）。注意，当 X＞1 时，field 只支持['open','close','high','low','volume','money']这几个标准字段。

2）history ()：

```
history(count,unit='1d',field='avg',security_list=None,df=True,
skip_paused=False, fq='pre')
```

获取多只股票的历史行情数据，不包括当天的。

返回值：dataframe 对象，行索引是 datetime.datetime 对象，列索引是股票代号。

示例：

```
history(5, security_list=['000001.XSHE', '000002.XSHE'])
```

查询结果如图 C.1 所示。

	000001.XSHE	000002.XSHE
2022-09-05	12.48	17.07
2022-09-06	12.51	17.58
2022-09-07	12.33	17.55
2022-09-08	12.38	17.49
2022-09-09	12.65	18.09

图 C.1　个股历史数据

（3）交易日数据

1）get_all_trade_days ()：

获取所有交易日，不需要传入参数，返回一个包含所有交易日的 numpy.ndarray，每个元素为一个 datetime.date 类型。

2）get_trade_days ()：获取指定范围交易日。

```
get_trade_days(start_date=None, end_date=None, count=None)
```

start_date：开始日期，与 count 二选一。

3）get_trade_day ()：根据标的获取指定时刻标的对应的交易日。

获取指定时刻标的对应的交易日。返回一个 dict，key 为标的代码，value 为标的在此时刻对应的交易日。

```
get_trade_day(["RB1901.XSGE","000001.XSHE"], query_dt="2019-01-04
22:00:00")
    {'RB1901.XSGE': datetime.date(2019, 1, 7), '000001.XSHE':
datetime.date(2019, 1, 4)}
```

（4）获取标的信息

1）get_all_securities ()：获取所有标的的信息。

get_all_securities(types=[ ]，date=None)：获取平台支持的所有股票、基金、指数、期货、期权信息。其中，types 用来过滤 securities 的类型，list 元素可选'stock'、'fund'、'index'、'futures'、'options'、'etf'、'lof'、'fja'、'fjb'、'open_fund'、'bond_fund'、'stock_fund'、'QDII_fund'（QDII 基金）、'money_market_fund'、'mixture_fund'。types 为空时返回所有股票，不包括基金、指数和期货，返回 pandas.DataFrame。

示例（取得所有股票代码的数组）：

```
stocks=list(get_all_securities(['stock']).index)
```

2）get_security_info ()：获取单个标的的信息。

```
get_security_info(code, date=None)
```

code 为证券代码，目前仅支持股票。

（5）获取成分股信息

1）get_index_stocks ()：获取指数成分股。

```
get_index_stocks(index_symbol, date=None)
```

index_symbol：指数代码。date：字符串对象或者 datetime.date/datetime 对象。返回值：成分股股票代码 list。

2）get_industry_stocks ()：获取行业成分股。

```
get_industry_stocks(industry_code, date=None)
```

3）get_concept_stocks ()：获取概念成分股。

```
get_concept_stocks(concept_code, date=None)
```

获取一个概念板块在给定日期的所有股票。

concept_code：概念板块编码，返回股票代码的 list。

4）get_industries ()：获取行业列表。

get_industries(name, date=None)

name：行业代码。取值如下：

- "sw_l1"：申万一级行业。

- "sw_l2"：申万二级行业。

- "sw_l3"：申万三级行业。

- "jq_l1"：聚宽一级行业。

- "jq_l2"：聚宽二级行业。

- "zjw"：证监会行业。

返回值：pandas.DataFrame。各 column 的含义如下：

- index：行业代码。

- name：行业名称。

- start_date：开始日期。

5）get_concepts ()：获取概念列表。

get_concepts()：获取所有的概念板块列表。

返回值：pandas.DataFrame。各 column 的含义如下：

- index：概念代码。

- name：概念名称。

- start_date：开始日期。

（6）财务数据

1）get_fundamentals ()：查询财务数据。

```
get_fundamentals(query_object,date=None,starDate=None)
```

参数如下。

query_object：一个对象，可以通过全局的 query 函数获取 Query 对象。

date：查询日期，一个字符串格式或者 datetime.date/datetime.datetime 对象，可以是 None，使用默认日期。这个默认日期在回测和研究模块上有以下差别。

- 回测模块：默认值会随着回测日期的变化而变化，等于 context.current_dt 的前一天（实际生活中我们只能看到前一天的财务报表和市值数据，所以要用前一天）。

- 研究模块：使用平台财务数据的最新日期，一般是昨天。

statDate：财务报表统计的季度或者年份，一个字符串。有以下 2 种格式。

- 季度：格式是"年+'q'+季度序号"。例如，'2015q1'、'2013q4'。

- 年份：格式就是年份的数字。例如，'2015'、'2016'。

返回：返回一个 pandas.DataFrame，每一行对应数据库返回的每一行（可能是几个表的联合查询结果的一行），列索引是你查询的所有字段。注意：为了防止返回数据量过大，我们每次最多返回 5000 行。

在相关股票上市前、退市后，财务数据返回各字段为空。

示例：

```
q = query( valuation ).filter( valuation.code == '000001.XSHE' )
df = get_fundamentals(q, '2015-10-15')
```

其中，valuation 是财务数据的市值数据表名，code 是该表的一个字段。该查询可以获得 000001.XSHE 在该指定时间的市值数据。

2）get_fundamentals_continuously ()：查询多日的财务数据。

```
get_fundamentals_continuously(query_object,end_date=None,count=None,panel=True)
```

查询多日财务数据的参数如下所示。

query_object：一个对象，可以通过全局的 query 函数获取 Query 对象。

end_date：查询日期，一个字符串（格式类似'2015-10-15'）或者 datetime.date/datetime.datetime 对象，可以是 None，使用默认日期。这个默认日期在回测和研究模块上有以下差别。

- 回测模块：默认值会随着回测日期的变化而变化，等于 context.current_dt 的前一天（实际生活中我们只能看到前一天的财务报表和市值数据，所以要用前一天）。

- 研究模块：使用平台财务数据的最新日期，一般是昨天。

count：获取 end_date 前 count 个日期的数据。

panel：在 pandas 0.24 版后，panel 被彻底移除。获取多标的数据时建议将 panel 设置为 False，返回等效的 dataframe。

返回：默认 panel=True，返回一个 pandas.Panel。

建议将 panel 设置为 False，返回等效的 dataframe。

（7）交易相关接口

1）OrderStyle：下单方式。

函数 OrderStyle 相关参数如表 C.2 所示。

表 C.2　函数 OrderStyle 参数说明

名　称	说　明
MarketOrderStyle	市价单
LimitOrderStyle	限价单
StopMarketOrderStyle	停止单

2）order：按股数下单。

```
order(security, amount, style=None, side='long', pindex=0,
close_today=False)
```

函数 order 相关参数如表 C.3 所示。

表 C.3　函数 order 参数说明

参　数	说　明
security	标的代码
amount	购买股数
style	None，代码 MarketOrder
side	'long'/'short'，操作多单还是空单，默认为多单，股票、基金暂不支持开空单
close_today	平今字段，仅对上海国际能源中心、上海期货交易所、中金所生效，其他交易所将会报错（其他交易所没有区分平今与平昨，均按照先开先平的方法处理）

返回：Order 对象或者 None，如果订单创建成功，则返回 Order 对象；失败则返回 None。

3）order_target：按目标股数下单。

```
order_target(security,amount,style=None,side='long',pindex=0,close
_today=False)
```

买卖标的，使最终标的的数量达到指定的 amount。注意使用此接口下单时若指定的标的有未完成的订单，则先前未完成的订单将会被取消。

函数 target 相关参数如表 C.4 所示。

表 C.4　函数 target 参数说明

参　　数	说　　明
security	标的代码
amount	期望的最终数量
style	None，默认 MarketOrder，其余参见 OrderStyle
side	'long'/'short'，操作多单还是空单，默认为多单，股票、基金暂不支持开空单
close_today	平今字段，仅对上海国际能源中心、上海期货交易所、中金所生效，其他交易所将会报错（其他交易所没有区分平今与平昨，均按照先开先平的方法处理）

返回：Order 对象或者 None，如果创建委托成功，则返回 Order 对象；失败则返回 None。

4）order_value：按价值下单。

```
order_value(security,value,style=None,side='long',pindex=0,close_today=False)
```

买卖价值为 value 的标的。函数 order_value 相关参数如表 C.5 所示。

表 C.5　函数 order_value 参数说明

参　　数	说　　明
security	标的代码
value	value=最新价*手数*保证金率（股票为 1）*乘数（股票为 100）
style	None，代码 MarketOrder
side	'long'/'short'，操作多单还是空单，默认为多单，股票、基金暂不支持开空单
close_today	平今字段，仅对上海国际能源中心、上海期货交易所、中金所生效，其他交易所将会报错（其他交易所没有区分平今与平昨，均按照先开先平的方法处理）

5）order_target_value：目标价值下单。

```
order_target_value(security,value,style=None,side='long',pindex=0,close_today=False)
```

调整标的仓位到 value 价值，注意使用此接口下单时若指定的标的有未完成的订单，则先前未完成的订单将会被取消。

函数 order_target_value 相关参数如表 C.6 所示。

表 C.6　函数 order_target_value 参数说明

参　　数	说　　明
security	标的代码
value	期望的标的最终价值，value=最新价*手数*保证金率（股票为 1）*乘数（股票为 100）
style	None，代表 MarketOrder
side	'long'/'short'，操作多单还是空单，默认为多单，股票、基金暂不支持开空单
pindex	在使用 set_subportfolios 创建了多个仓位时，指定 subportfolio 的序号，从 0 开始，比如 0 为指定第一个 subportfolio，1 为指定第二个 subportfolio，默认为 0
close_today	平今字段，仅对上海国际能源中心、上海期货交易所、中金所生效，其他交易所将会报错（其他交易所没有区分平今与平昨，均按照先开先平的方法处理）

返回：Order 对象或者 None，如果创建委托成功，则返回 Order 对象；失败则返回 None。

6）cancal_order：撤单。

（8）交易常用对象

1）g：全局变量对象。

全局对象 g，用来存储用户的各类可被 pickle.dumps 函数序列化的全局数据。如果不想 g 中的某个变量被序列化，则可以让变量以 '_' 开头，这样一来，这个变量在序列化时就会被忽略。

2）context：策略信息总览，包含账户、时间等信息。

context 的属性参考表 C.7。

表 C.7　context 对象说明

参　　数	说　　明
subportfolios	当前单个操作仓位的资金、标的信息，是一个 subportfolio 的数组
portfolio	账户信息，即 subportfolios 的汇总信息 portfolio 对象，单个操作仓位时，portfolio 指向 subportfolios[0]
current_dt:	当前单位时间的开始时间，[datetime.datetime]对象
universe	查询 set_universe()设定的股票池，比如 ['000001.XSHE', '600000.XSHG']
run_params	表示此次运行的参数，详情参考聚宽 API 官网文档

2. Tushare

（1）股票列表

stock_basic 相关参数说明如表 C.8 所示。

表 C.8　函数 stock_basic 参数说明

参　　数	说　　明
is_hs	是否沪深港通标的：N 否，H 沪股通，S 深股通
list_status	上市状态：L 上市，D 退市，P 暂停上市，默认是 L
exchange	交易所：SSE 上交所，SZSE 深交所，BSE 北交所
ts_code	TS 股票代码
market	市场类别：主板、创业板、科创板、CDR、北交所
name	名称

示例：

```
pro = ts.pro_api()
#查询当前所有正常上市交易的股票列表
data=pro.stock_basic(exchange='',list_status='L',fields='ts_code,
symbol,name,area,industry,list_date')
```

（2）交易日历

trade_cal：获取各交易所交易日历数据，默认提取上交所。相关参数说明如表 C.9 所示。

表 C.9　函数 trade_cal 参数说明

参　　数	说　　明
exchange	交易所：SSE 上交所，SZSE 深交所，CFFEX 中金所，SHFE 上期所，CZCE 郑商所，DCE 大商所，INE 上能源，非必选
start_date	开始日期，非必选
end_date	结束日期，非必选
is_open	是否交易：0 休市，1 交易

（3）日线行情

daily：5 点～16 点入库。本接口是未复权行情，停牌期间不提供数据。相关参数说明如表 C.10 所示。

表 C.10　函数 daily 参数说明

参　　数	说　　明
ts_code	股票代码（支持多个股票同时提取，逗号分隔）
trade_date	交易日期
start_date	开始日期
end_date	结束日期

输出 DataFrame。

（4）每日指标

daily_basic：获取全部股票每日重要的基本面指标，可用于选股分析、报表展示等。相关参数说明如表 C.11 所示。

表 C.11　函数 daily_basic 参数说明

参　　数	说　　明
ts_code	股票代码
trade_date	交易日期
start_date	开始日期
end_date	结束日期

返回关键字段如表 C.12 所示。

表 C.12　函数 daily_basic 返回字段说明

参　数	说　明
turnover_rate	换手率
turnover_rate_f	换手率（自由流通股）
volume_ratio	量比
PE	市盈率

（5）通用行情接口

pro_bar：未复权、前复权、后复权、指数、数字货币、ETF、期货、期权的行情数据，未来还将整合包括外汇在内的所有交易行情数据，同时提供分钟数据。不同数据对应不同的积分要求，具体请参阅每类数据的文档说明。相关参数说明如表 C.13所示。

表 C.13　函数 pro_bar 参数说明

参　数	说　明
ts_code	股票代码
start_date	开始日期
end_date	结束日期
api	pro 版 API 对象，如果初始化了 set_token，则可不需要此参数
asset	资产类别：E 股票，I 沪深指数，C 数字货币，FT 期货，FD 基金，O 期权，CB 可转债（v1.2.39），默认为 E
adj	复权类型(只针对股票)：None 未复权，qfq 前复权，hfq 后复权，默认 None，目前只支持日线复权，同时复权机制是根据设定的 end_date 参数动态复权，采用分红再投模式，具体请参考常见问题列表里的说明，如果获取跟行情软件一致的复权行情，可以参阅股票技术因子接口
freq	数据频度：支持分钟(min)/日(D)/周(W)/月(M)K 线，其中 1min 表示 1 分钟（2min 表示 2 分钟，以此类推），默认为 D。对于分钟数据有 600 积分的用户可以试用（请求 2 次）

续表

参　　数	说　　明
ma	均线，支持任意合理 int 数值。注：均线是动态计算得出的，要设置一定时间范围才能获得相应的均线，比如 5 日均线，开始和结束日期参数跨度必须要超过 5 日。目前只支持单一股票提取均线，即需要输入 ts_code 参数。例如 ma_5 表示 5 日均价，ma_v_5 表示 5 日均量
factors	股票因子（asset='E'有效），tor 换手率，vr 量比
adjfactor	复权因子，在复权数据时，如果此参数为 True，返回的数据中则带复权因子，默认为 False。该功能从 1.2.33 版本开始生效

（6）个股资金流向

moneyflow：获取沪深 A 股票资金流向数据，分析大单小单成交情况，用于判别资金动向。相关参数说明如表 C.14 所示。

表 C.14　函数 moneyflow 参数说明

参　　数	说　　明
ts_code	股票代码
trade_date	交易日期
start_date	开始日期
end_date	结束日期

（7）沪深港通资金流向

moneyflow_hsgt：获取沪股通、深股通、港股通每日资金流向数据，每次最多返回 300 条记录，总量不限制。每天 18～20 点完成当日更新。相关参数说明如表 C.15 所示。

表 C.15　函数 moneyflow_hsgt 参数说明

参　　数	说　　明
trade_date	交易日期
start_date	开始日期
end_date	结束日期

3. 券商

（1）中泰证券 XTP 交易接口

（2）QMT 量化交易系统

QMT 量化交易系统是一套可以自行回测、模拟和交易的量化交易系统，支持 Python 及 VBA 语言编程，可以程序化地访问证券公司进行自动交易。快速投资 QMT 系统是目前实盘使用最多的量化交易系统之一。除了支持量化交易，还支持多种专业交易工具，如一揽子交易、算法交易、文件单、星空图，目前大多数券商都支持 QMT 量化交易。

（3）PTrade

量化交易软件 PTrade（Personalise Trade）是一款为高净值、机构投资者打造的专业交易软件，提供了普通交易、日内回转交易、自动交易、算法交易、量化投研/回测/实盘等各种交易工具，满足各种交易场景和用户需求，帮助用户提高交易效率。

量化交易软件 PTrade 包含 5 个模块：行情、交易（普通交易）、工具（自动交易工具）、量化（量化交易）、日内（日内回转交易）。

C.2　期货

1. 聚宽

（1）获取单只期货信息

get_security_info(code)，code 为期货代码。

返回值：一个对象。相关参数说明如表 C.16 所示。

表 C.16　函数 get_security_info 参数说明

参　数	说　明
display_name	中文名称
name	简写名称
start_date	开始日期
end_date	结束日期
type	futures（期货）

（2）获取所有期货信息

```
get_all_securities(types=['futures'])
```

返回值：一个对象。相关参数说明如表 C.17 所示。

表 C.17　函数 get_all_securities 参数说明

参　数	说　明
display_name	中文名称
name	简写名称
start_date	开始日期
end_date	结束日期
type	futures（期货）

（3）期货结算价与持仓量

futures_sett_price：期货结算价。

futures_positions：期货持仓量。

```
get_extras(info,security_list,start_date=None, end_date=None,
df=True)
```

相关参数说明如表 C.18 所示。

表 C.18　函数 get_extras 参数说明

参　　数	说　　明
info	['futures_sett_price', 'futures_positions']中的一个
security_list	标的列表
start_date/end_date	开始/结束日期，同[get_price]
df	返回[pandas.DataFrame]对象还是一个 dict，同[history]

返回值：df=True:[pandas.DataFrame]对象，列索引是期货代号，行索引是[datetime.datetime]。

（4）取得期货行情数据

```
get_price(security,start_date,end_date,frequency,fields,skip_
paused-False,fq='pre',panel=True)
```

相关参数说明如表 C.19 所示。

表 C.19　函数 get_price 参数说明

参　　数	说　　明
security	标的物代码，支持一个或者多个
count	与 start_date 二选一，不可同时使用。数量，返回的结果集的行数，即表示获取 end_date 之前几个 frequency 的数据
start_date	与 count 二选一，不可同时使用。字符串或者 datetime.datetime/datetime.date 对象，开始时间
end_date	用法同上
frequency	单位时间长度，几天或者几分钟
fields	字符串 list 选择要获取的行情数据字段，默认是 None（表示['open','close','high', 'low','volume','money']这几个标准字段），支持的所有字段: ['open','close','low','high', 'volume','money','factor','high_limit','low_limit','avg','pre_close','paused','open_interest']
skip_paused	是否跳过不交易日期（包括停牌，未上市或者退市后的日期）。如果不跳过，停牌时会使用停牌前的数据填充（对期货没有停牌的情况）。上市前或者退市后数据都为 NaN，但要注意:

续表

参　　数	说　　明
	默认为 False，当 skip_paused 是 True 时，获取多个标的时需要将 panel 参数设置为 False（panel 结构需要索引对齐）
panel	获取多标的数据时建议将 panel 设置为 False，返回等效的 dataframe
fill_paused	对于停牌股票的价格处理，对期货没有意义

（5）获取期货 bar 数据

```
get_bar(security,count,unit,fields,include_now,end_dt,fq_ref_date,
df=False)
```

相关参数说明如表 C.20 所示。

表 C.20　函数 get_bar 参数说明

参　　数	说　　明
security	标的物代码，支持一个或者多个
count	大于 0 的整数
unit	bar 的时间单位，支持标准 bar 和非标准 bar
fields	获取数据字段：['date', 'open', 'close', 'high', 'low', 'volume', 'money', 'open_interest'（持仓量，是期货和期权特有的字段），'factor'（后复权因子）]
include_now	取值 True 或者 False，表示是否包含当前 bar
end_dt	查询的截止时间
df	是否返回[pandas.dataFrame]对象。默认为 False，返回的是 numpy.ndarray 对象

返回值：

```
df=False
```

若 security 为字符串格式的标的代码，则返回一个 numpy.ndarray 对象。

若 security 为 list 或者 tuple 格式的标的代码，则返回一个 dict，key 为标的代码，value 为 numpy.ndarray 对象。

```
df=True
```

若 security 为字符串格式的标的代码，则返回 pandas.DataFrame，dataframe 的 index 是一个整数数组。

若 security 为 list 或者 tuple 格式的标的代码，则返回 pandas.DataFrame，dataframe 的 index 是一个 MultiIndex。

（6）获取期货 tick 数据

```
get_ticks(security, start_dt, end_dt, count, fields ,skip , df)
```

支持 2010 年 1 月 1 日至今的 tick 数据，提供买一卖一数据。每 0.50 秒一次快照。如果要获取主力合约的 tick 数据，可以先使用 get_dominant_future(underlying_symbol,dt) 获取主力合约对应的标的，然后再用 get_ticks() 获取该合约的 tick 数据。相关参数说明如表 C.21 所示。

表 C.21　函数 get_ticks 参数说明

参　　数	说　　明		
security	标的物代码，支持一个或者多个		
start_date	开始日期		
end_date	结束日期		
count	取出指定时间区间内前多少条的 tick 数据		
fields	datetime	时间	datetime
	current	当前价	float
	high	当日最高价	float
	low	当日最低价	float
	volume	累计成交量（手）	float
	money	累计成交额	float
	position	持仓量	float
	a1_v	一档卖量	float
	a1_p	一档卖价	float
	b1_v	一档买量	float
	b1_p	一档买价	float

续表

参　　数	说　　明
skip	默认为 True，过滤掉无成交变化的 tick 数据；当指定 skip=False 时，返回的 tick 数据会保留无成交有盘口变化的 tick 数据
df	默认为 False，返回 numpy.ndarray 格式的 tick 数据；df=True 的时候，返回 pandas.DataFrame 格式的数据
security	标的物代码，支持一个或者多个

2. Tushare

（1）期货合约信息

fut_basic：获取期货合约数据。相关参数说明如表 C.22 所示。

表 C.22　函数 fut_basic 参数说明

参　　数	说　　明
exchange	交易所代码：CFFEX 中金所，DCE 大商所，CZCE 郑商所，SHFE 上期所，INE 上海国际能源交易中心
fut_type	合约类型：1 普通合约，2 主力与连续合约，默认取全部

（2）交易日历

trade_cal：获取各大期货交易所日历数据。相关参数说明如表 C.23 所示。

表 C.23　函数 trade_cal 参数说明

参　　数	说　　明
exchange	交易所代码：CFFEX 中金所，DCE 大商所，CZCE 郑商所，SHFE 上期所，INE 上海国际能源交易中心
start_date	开始日期
end_date	结束日期
is_open	是否交易：0 休市，1 交易

（3）日线行情

fut_daily：获取期货日线行情数据。相关参数说明如表 C.24 所示。

表 C.24 函数 fut_daily 参数说明

参 数	说 明
trade_date	交易日期（YYYYMMDD 格式，下同）
start_date	开始日期
end_date	结束日期
ts_code	合约代码
exchange	交易所代码

（4）每日持仓排名

fut_holding：获取每日成交持仓排名数据。相关参数说明如表 C.25。

表 C.25 函数 fut_holding 参数说明

参 数	说 明
trade_date	交易日期（YYYYMMDD 格式，下同）
start_date	开始日期
end_date	结束日期
symbole	合约或产品代码
exchange	交易所代码

（5）仓单日报

fut_wsr：获取仓单日报数据，了解各仓库的仓单变化。相关参数说明如表 C.26 所示。

表 C.26 函数 fut_wsr 参数说明

参 数	说 明
trade_date	交易日期（YYYYMMDD 格式，下同）
start_date	开始日期

续表

参　　数	说　　明
end_date	结束日期
symbole	合约或产品代码
exchange	交易所代码

（6）每日结算参数

fut_settle：获取每日结算数据。相关参数说明如表 C.27 所示。

表 C.27　函数 trade_cal 参数说明

参　　数	说　　明
trade_date	交易日期（YYYYMMDD 格式，下同）
start_date	开始日期
end_date	结束日期
ts_code	合约代码
exchange	交易所代码

（7）南华期货指数行情

index_daily：获取南华期货指数每日行情。相关参数说明如表 C.28 所示。

表 C.28　函数 index_daily 参数说明

参　　数	说　　明
trade_date	交易日期（YYYYMMDD 格式，下同）
start_date	开始日期
end_date	结束日期
ts_code	合约代码

好书分享

理工男谈理财:
构建受益一生的财富体系
ISBN: 9787121444616
定价: 109.90元

交易的密码:
用算法赚取第一桶金
ISBN: 9787121457630
定价: 79.00元

基金投资全攻略:
养只金基下金蛋
ISBN: 9787121454837
定价: 118.00元

基金投资百问百答小红书
ISBN: 9787121389108
定价: 99.00元

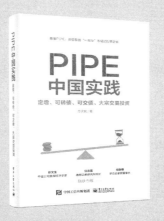

PIPE中国实践
ISBN: 9787121441707
定价: 100.00元

资产配置百问百答:
个人如何做好资产配置
ISBN: 9787121437212
定价: 99.00元

反侵权盗版声明

电子工业出版社依法对本作品享有专有出版权。任何未经权利人书面许可，复制、销售或通过信息网络传播本作品的行为；歪曲、篡改、剽窃本作品的行为，均违反《中华人民共和国著作权法》，其行为人应承担相应的民事责任和行政责任，构成犯罪的，将被依法追究刑事责任。

为了维护市场秩序，保护权利人的合法权益，我社将依法查处和打击侵权盗版的单位和个人。欢迎社会各界人士积极举报侵权盗版行为，本社将奖励举报有功人员，并保证举报人的信息不被泄露。

举报电话：（010）88254396；（010）88258888

传　　真：（010）88254397

E-mail：　dbqq@phei.com.cn

通信地址：北京市万寿路 173 信箱

　　　　　电子工业出版社总编办公室

邮　　编：100036